SISTEMA DE PLANEJAMENTO CORPORATIVO

ENFOQUE SISTÊMICO

SISTEMA DE PLANEJAMENTO CORPORATIVO

ENFOQUE SISTÊMICO

RENATO GOMES PERRONE

QUALITYMARK

Direção Editorial	Produção Editorial
SAIDUL RAHMAN MAHOMED editor@qualitymark.com.br	EQUIPE QUALITYMARK

Capa	Editoração Eletrônica
WILSON COTRIM	UNIONTASK

CIP-Brasil. Catalogação-na-fonte
Sindicato Nacional dos Editores de Livros, RJ

P543s
Perrone, Renato Gomes
Sistema de planejamento corporativo: enfoque sistêmico/ Renato Gomes Perrone. – Rio de Janeiro: Qualitymark, 2006.
304p.

Inclui bibliografia
ISBN 85-7303-627-3

1. Planejamento empresarial.
I. Título.

06-0172

CDD 658.401
CDU 65.012.2

2006
IMPRESSO NO BRASIL

Qualitymark Editora Ltda.
Rua Teixeira Júnior, 441
São Cristóvão
20921-405 – Rio de Janeiro – RJ
Tel.: (0XX21) 3094-8400

Fax: (0XX21) 3094-8424
www.qualitymark.com.br
E-mail: qualitymark.com.br
QualityPhone: 0800-263311

Agradecimento

O autor agradece ao Cel. Engº da Aeronáutica Sebastião Eulálio de Oliveira Lima, cujos argumentos convincentes ajudaram a decidir a publicação do presente livro.

Apresentação

Ao tentar desenvolver um trabalho, que sintetizasse a percepção dos problemas gerenciais, resultado de minhas atividades, seja como executivo de uma multinacional de alta tecnologia, seja como consultor independente, decidi deliberadamente, em primeiro lugar, não apresentar um trabalho de conclusões, ou de práticas que foram consideradas ótimas, em um determinado momento, para "excelentes" empresas. Isso porque não mais acredito que as instituições possam ser mudadas, por imposição de modelos desenvolvidos, onde e por quem quer que seja; como, também, estou convencido de que não existe nenhum receituário ou fórmula, nenhum *checklist* ou conselho, que possa descrever uma "realidade" empresarial ou gerencial padrão.

"Realidade", para mim, somente aquela que criamos, através de nossa própria percepção, resultado de nosso engajamento, com outras pessoas e com eventos de que participamos. Assim, torna-se uma utopia o desejo de transmitir nossa própria visão de mundo; pois nada, realmente, se transfere; tudo é sempre novo, diferente e único para cada um de nós.

Mesmo antes de ler qualquer livro de administração empresarial ou manuais de "sucesso", e de conhecer as leis próprias de seus eventos, formulados por uma ciência fenomênica ou por terceiros, já vivemos nossa realidade, criada por nós mesmos, baseada em nossa experiência, em nossa própria atividade, em nosso próprio interesse, em nossa própria formação educacional. Daí considerarmos esta "realidade" como nosso próprio mundo e a compreendermos ao nosso modo.

O importante, então, é aquilo que, para nós, a administração empresarial é, antes mesmo de qualquer pergunta ou reflexão.

Em segundo lugar, e por uma razão muito mais importante, aprendi que a Física, que serviu de modelo para a ciência da administração gerencial, em sua nova versão, baseada agora na indeterminação e na probabilidade estatística, explica, convincentemente, que não existe nenhuma realidade objetiva, esperando para nos revelar seus segredos.

Baseado nessa linha de pensamento, interpretei meu objetivo, e procuro com este trabalho, apresentar material para instigar, até provocar, o engajamento do leitor. Sei que a experiência, o interesse e a formação profissional de cada um despertarão idéias, expectativas diversas e diferentes experiências daquelas que vivenciei.

Também, para mim, não é importante que estejamos, eu e o leitor, de acordo nas interpretações e nas aplicações.

Dessa forma, a sistematização do presente trabalho foi apenas um recurso didático, por mim usado, baseado em minha vivência profissional. Não representa, em absoluto, nenhuma pretensão ou tentativa de solução, *a priori*, dos problemas gerenciais, informacionais ou de planejamento corporativo da empresa ou de uma *holding*.

Estes, na realidade, residem muito mais na percepção, nos paradigmas e na vontade de cada um dos membros do corpo gerencial da empresa, do que na proposta, eventual, ou na busca de soluções precipitadas.

Na verdade, quanto mais se afasta o nível gerencial do nível operacional, em direção ao nível corporativo, menores são as possibilidades de aplicação dessas soluções miraculosas, pré-fabricadas, metodológicas, estruturadas e ecumênicas, sugeridas por terceiros. Soluções que, muitas vezes, são propostas, sem a preocupação, ao menos, de identificar e definir, em primeiro lugar, o próprio problema.

Finalmente, as "verdades" e "heresias" contidas neste trabalho são de minha exclusiva responsabilidade e solicito, dos eventuais leitores, compreensão, críticas e contribuições, que visem ao aprimoramento deste documento e sua possível continuação.

Renato Gomes Perrone
Rio de Janeiro

Sumário

1

Introdução

A. Considerações Gerais

1. O Porquê deste Livro

O autor tem sido perguntado sobre as razões pelas quais decidiu escrever um livro sobre a arte gerencial, quando já existem autores de renome internacional, tais como Peter Drucker, Michael Porter, Igor Ansoff e outros.

A resposta é simples. Em primeiro lugar, o autor já possui cinco filhos, já plantou várias árvores e estaria faltando, portanto, a terceira razão de sua passagem por esta vida e que seria, obviamente, escrever um livro. No entanto, por outro lado, não tem a mínima intenção, nem a pretensão, de competir, em quantidade ou qualidade, com nenhum dos autores acima ou outros não citados.

Em segundo lugar, o que levou o autor, pretensiosamente, a escrever o presente livro foram as experiências, nem sempre positivas e agradáveis, que vivenciou, por mais de três décadas, como executivo em uma empresa multinacional, multidivisional, orientada à comercialização de linha de produtos de alta tecnologia, e como professor em instituições de ensino, no Brasil e em países latino-americanos, em nível pós-graduação. Foi esta, na verdade, a razão mais forte para a iniciativa de escrever o livro. Tais experiências confirmaram aquilo que alguns séculos antes de Cristo já dizia o filósofo chinês Confúcio:

> *"Se me fosse dado governar o mundo, a primeira coisa que faria seria dar o verdadeiro sentido às palavras, porque as definições antecedem às ações".*

Confirmando a máxima confuciana, o autor considera que a maior carência gerencial, atualmente, encontra-se na desinformação, na ignorância ou na confusão de conceitos gerenciais fundamentais e essenciais para a perfeita compreensão do processo decisório, principalmente do nível corporativo e, conseqüentemente, da autoridade, da responsabilidade e das medidas de desempenho de cada nível executivo.

Muito poucas empresas, têm-se apercebido da importância e da necessidade, em torno de questões gerenciais não resolvidas que, devido ao fechamento da economia e do mercado, por anos, imobilizou e amorteceu o corpo gerencial brasileiro e o excluiu dos movimentos mais importantes, ocorridos a nível internacional. Isso impediu que a gerência, principalmente no nível corporativo, se formasse ou se reestruturasse, através de uma reciclagem educacional, em torno de conceitos mais consistentes com condições de mundo, de mercado e de futuro.

Dentre estas questões ganha destaque a discussão acerca da importância do nível gerencial corporativo das empresas e do verdadeiro papel que a este nível cabe desempenhar hoje e, cada vez mais, no futuro próximo.

Em se tratando do nível corporativo (quando ele existe na empresa), além da falta de uma clara e correta definição da missão da empresa, de seus objetivos estratégicos, existem problemas gerenciais corporativos relevantes que, infelizmente, parecem não ser considerados pela maioria das empresas ou, pelo menos, têm sido mal avaliados em seus efeitos.

a. Confusão conceitual

A inobservância ou confusão de alguns desses conceitos, cujos enunciados poderiam até ser considerados irrelevantes ou acadêmicos há 30 anos, pode hoje significar a própria sobrevivência da empresa.

Nesta babilônia conceitual, confunde-se Processo de Planejamento Estratégico Corporativo com projeções financeiras em longo prazo ou até mesmo como o resultado de um somatório de planos operacionais, divisionais ou setoriais; imagina-se, estrategicamente pressionado pelo mercado, em orientar os negócios para *marketing*, mas continuam as confusões conceituais, departamentalizadas, entre atividades de *marketing* e vendas; planejam-se novas estruturas organizacionais, baseadas no conceito de Unidades de Negócios, visando a uma maior competitividade, mas são mantidas as tradicionais estruturas contábeis, baseadas em rateios de custos e centralização gerencial.

Além disso, investe-se em Tecnologia da Informação, abrangendo Informática e Automação Industrial, mas apenas são informatizados procedimentos ou automatizados processos industriais, com perniciosa formação de "ilhas" tecnológicas, departamentalizadas. E mais: cria-se, muitas vezes por cópia ou influência alienígena, a função de *Chief Information Officer* – CIO, dentro da estrutura operacional da empresa ou da corporação, esquecendo-se de que, obrigatoriamente, esta função deveria estar, no que tange ao aspecto organizacional, no nível corporativo.

Em se tratando de Sistemas de Informação; confunde-se Informação com Informática, prevalecendo, ainda, a idéia de que a formação de um Banco de Dados, seja administrativo, seja industrial, significa a disponibilidade de um Sistema de Informação Gerencial. Transformam-se Programas de Qualidade Total e Re-engenharia, por exemplo, em modismos onerosos, por falta de uma percepção sistêmica do negócio e da missão da empresa e de como estes programas se inserem nas estratégias, supostamente bem definidas, dentro de um processo de Planejamento Estratégico Corporativo.

b. O nível corporativo

Para que haja uma melhor compreensão do leitor, em relação às diferenças essenciais dos níveis corporativo e operacional que serão enfatizadas ao longo do presente livro, pode ser feita uma analogia de um sistema empresa com o sistema "homem". Esta analogia é válida, visto que o primeiro é um sistema social, mais complexo, é verdade, mas isomorfo ao segundo, cujos componentes interativos são seres humanos.

Se considerarmos, portanto, o nível corporativo de uma empresa ou o conjunto de empresas como seu isomorfo cerebral humano (consciente e interagindo com seu meio social e seu ecossistema), ele seria o nível que garantiria a evolução e a perpetuação da empresa. Da mesma forma, o sistema biológico homem é garantido, em sua evolução e perpetuação, através de uma complexa interação dialética e informacional com seu meio ambiente.

Este nível seria, basicamente, proativo e responsável pelo "desenvolvimento" do sistema empresa, da mesma forma que o é para o sistema biológico humano. A interrupção definitiva ou eventual do fluxo informacional, mantido com o meio sociocultural externo, através do nível corporativo do cérebro, levará o sistema "homem", em linguagem médica, ao estado de "coma", ou seja, a uma condição de vida apenas vegetativa, metabólica e meramente reativa.

O mesmo fenômeno ocorre no sistema empresa – a inexistência ou falência do nível corporativo manterá ou levará seu sistema gerencial a um estado de "coma" empresarial, com idêntica sintomatologia de seu isomorfo humano, ou seja, paralisia gerencial.

Já no sistema biológico humano, a sobrevivência e o "crescimento" do sistema são mantidos pelas trocas de matéria e energia, com o seu meio ambiente (alimentos, água, ar e várias formas de energia). Essa troca é feita através de processos metabólicos complexos, da mesma forma que seu análogo, em um sistema empresa, o nível operacional garantiria sua sobrevivência, seja através de trocas materiais e energéticas com o meio externo (consumidores e fornecedores), seja através de matéria-prima, produtos acabados, serviços etc.

A interrupção deste fluxo material e energético, com o meio ambiente, da mesma maneira que em um sistema biológico humano, levaria, fatalmente, à falência e à morte.

Dessa forma, por analogia, pode ser dito que o nível corporativo garante a evolução e a perpetuação da empresa, através de interação informacional com seu meio ambiente (mercado, governo, sociedade, ecossistema etc.), enquanto o nível operacional garante a sobrevivência, através do intercâmbio de matéria e energia (produtos, serviços, recursos etc.).

c. O nível corporativo e a gerência de uma multinacional

A empresa multinacional, companhia que estende as suas operações comerciais, sob direção única, a dois ou mais países, impôs-se à atenção pública, durante os 50 anos que se seguiram à Segunda Guerra mundial.

A multinacional, como qualquer empresa moderna, tem que satisfazer numerosas necessidades do governo do país onde seus produtos ou serviços são comercializados. O governo local, além de ser um cliente importante, é igualmente fonte de uma extensa e crescente gama de autorizações e restrições, que comandam a comercialização e a utilização de produtos e serviços.

Em vista disso, a filial ou subsidiária local precisa ter influência e poder sobre seus próprios mercados – sobre preços, custos e meios de persuadir seus consumidores. De modo semelhante, esta unidade local deveria ser levada a procurar influência e poder no Estado onde opera, pois só sobrevive com o consentimento e o apoio deste. Esse exercício de poder não é, na verdade, um problema de escolha, mas sim de necessidade e sobrevivência.

Esta atribuição, indiscutivelmente, caberia ao nível corporativo da empresa, pois, como foi visto, este nível é caracterizado pela atenção gerencial, prioritariamente, dirigida ao meio exterior. Além disso, é um nível gerencial que, sob ponto de vista informacional, tem todas as características de um sistema **aberto**, com relação ao meio político, bem como os meios econômico, social e ambiental, nos quais a corporação está inserida. Além disso, por sua natureza, é um sistema gerencial proativo, com relação às interações com este mesmo meio.

Já o nível operacional, por sua vez, é caracterizado pela atenção gerencial, dirigida, basicamente, a situações internas. Além disso, suas interações com o meio são ao nível fisiológico de trocas comerciais, com o fim, exclusivamente, de garantir a sobrevivência do sistema empresa. Sob o aspecto informacional, é um sistema gerencial **fechado**, pois, sob um regime de alta competição e de disputa de recursos limitados, a informação operacional passa a ser um segredo valioso. Por sua natureza, o nível operacional é um sistema gerencial reativo e agressivo, com relação ao meio onde atua.

Pelo exposto, quando analisamos os Sistemas Gerenciais de uma Corporação Multinacional, identificamos o nível corporativo apenas no ambiente onde está situada a sede de Corporação. Lá, se aplicam todas aquelas características que serão examinadas, ao longo do livro, para aquele nível.

A Corporação, entretanto, quando "vê" uma Filial ou Subsidiária em outro país, a considera uma unidade operacional sua, e o processo gerencial que lhe é delegado, cobrado e controlado fica dentro daquelas características típicas do nível operacional, com relação ao meio onde o mesmo opera comercialmente. E, precisamente, uma das características deste nível de sobrevivência, em regime de permanente disputa de fatias de mercado ou recursos, tende a gerar anticorpos, resistências ou reações locais, manifestadas ou por medidas governamentais protecionistas (como reserva de mercado) ou por deterioração de imagem institucional perante o meio social.

Esta dualidade de pressões recebidas pela gerência local, operacional por parte da corporação, e corporativa por parte do meio ambiente, é o que o autor chama de "dilema" gerencial das empresas multinacionais. Este é um problema, com todas suas conseqüências adversas que afloram em longo prazo, que só pode ser administrado (quando reconhecido e identificado) pela gerência local.

Esta mesma situação, mas em menor grau e complexidade, vale para executivos locais, de empresas *holdings* operando em diferentes locais geográficos, dentro de um mesmo país, mas com culturas, mercados, governos e sociedades de características diferentes.

d. Sistema de planejamento corporativo

Na grande maioria das empresas, sejam elas maduras, sejam elas jovens, o corpo gerencial, em todos os níveis, está focado nos tópicos e nas urgências do dia-a-dia. A empresa está crescendo rapidamente, e, por isso, aderir a um processo de planejamento operacional parece ser o mais recomendado e justificável para esta fase. A empresa, agora, atingiu sua maturidade no mercado, mas entrou em um processo de estagnação e indiferença.

O crescimento e a experiência adquiridos foram excelentes, mas somente se levarem à consecução da missão empresarial definida. Neste momento, torna-se evidente que o planejamento operacional, por mais eficiente que tenha sido, foi necessário, mas não foi suficiente. Logo, faltou algo no sistema de planejamento da empresa ou do grupo.

O sistema de planejamento é um processo contínuo, parte integrante e inalienável do processo decisório do nível gerencial correspondente (corporativo ou operacional). Além disso, é bastante diferenciado e só termina no momento em que o processo decisório correspondente não é mais válido, por omissão ou por falência.

Sendo assim, qualquer documento, denominado "Plano", seja ele corporativo, seja ele, estratégico ou de execução, de longo ou curto prazo, é apenas um retrato circunstancial, formal ou não, em um determinado momento ou abrangendo um determinado lapso de tempo, dentro deste processo continuado.

O planejamento corporativo, ao contrário do que usualmente é entendido, de maneira alguma é o somatório de planos operacionais setoriais ou divisionais, mas sim uma ferramenta de referência no tempo, que servirá para avaliação dos desvios do processo decisório corporativo.

e. Missão ou *core business*

Existe um axioma militar, válido para qualquer sistema social humano, que diz: *"A organização é função da missão"*. Torna-se, portanto, difícil, senão impossível, gerenciar, com eficácia, uma organização sem que seja explicitada, com correção e clareza, sua missão, sua *raison d'être* ou seu *core business*. Apesar de óbvia e axiomática esta afirmação, pouquíssimas empresas conseguem definir, corretamente, sua missão e, conseqüentemente, medir sua eficácia.

f. Enfoque sistêmico

Para que seja obtido um eficiente sistema de planejamento corporativo ou uma correta definição da missão (ou *core business*) de uma empresa, já não é mais possível utilizar o enfoque analítico, cartesiano, pelo qual o perfeito conhecimento de cada uma das partes levará, necessariamente, ao perfeito conhecimento do todo.

O "Sistema", incluindo as partes e mais as relações entre elas, torna-se, assim, uma entidade nova, não mais uma simples soma das partes. O Enfoque Sistêmico, na verdade, não muda em nada a realidade; é apenas uma outra maneira de ver e observar as coisas.

Como modo de ver, ele serve de disciplina mental para o estudo de situações complexas, no tempo e no espaço em que as relações entre as partes componentes nem sempre são óbvias.

Fixando-se em objetos ou fenômenos e nas relações entre eles, numa perspectiva têmporo-espacial e teleológica, o enfoque sistêmico permite ao observador, atento da realidade, obter perspectivas novas, relações insuspeitadas e inéditas entre partes, afastadas entre si. Isso porque a capacidade humana de observar, a olho nu, os fenômenos só permitem a percepção de um número relativamente pequeno de inter-relações.

A disciplina rigorosa que o enfoque sistêmico impõe, ao introduzir novos elementos no discurso, como relações do sistema com seus subsistemas, ou com o metassistema em que ele está inserido, permite e obriga que se tenha sempre presente a meta ou o *telos* do sistema e sua relação com as metas parciaïs de seus subsistemas. Isso acontece porque o estudo isolado de subsistema escamoteia do discurso a noção fundamental de meios e fins.

Esta escamoteação desaparece quando o subsistema é confrontado com o sistema do qual faz parte.

2. *Desenvolvimento das Empresas*

Existem algumas verdades imutáveis, no processo de desenvolvimento das empresas ou de grupos empresariais:

- o êxito de uma organização depende, essencialmente, da força de sua cultura e da clareza de sua missão;

- que essa mesma cultura e missão se convertam em forças poderosas de inovação e renovação, em todos os níveis da organização e não, simplesmente, de uns poucos;
- a pujança e o progresso de uma empresa ou de um grupo depende, quase que exclusivamente, do desenvolvimento e do calibre dos homens que a compõem e, principalmente, de seu corpo gerencial, tanto corporativo como operacional.

Se, por estarem inadequadamente estruturadas para as dimensões que atingiram, essas empresas já tinham suficientes desafios. Devido às crises econômicas internas e à complexidade do mercado externo, as inadequações tendem a tornar-se mais graves e críticas, quando a empresa cresce ou quando surge a necessidade da formação de uma *holding* ou de um Grupo, sem a necessária e devida contrapartida, em termos de aperfeiçoamento gerencial e estrutura organizacional.

Isso porque esse tipo de formação organizacional irá exigir, cada vez mais, a máxima flexibilidade gerencial, obtida por um eficiente processo de "desconcentração gerencial", somente exeqüível através de uma clara definição de seus Processos, de seus Sistemas Gerenciais e de seus correspondentes Sistemas de Informação, pois essas organizações já não podem mais ser gerenciadas pelos executivos "ecléticos" e centralizadores do passado. Um novo estilo gerencial, baseado na participação e na delegação, portanto, se impõe.

As organizações que não adotarem esse novo enfoque e essa nova postura, modificando seus paradigmas gerenciais, estarão impedindo o adequado aproveitamento do potencial de seus recursos humanos. Na verdade, estarão emperrando o seu processo decisório e estarão, conseqüentemente, reduzindo sua capacidade de inovação e sua possibilidade de desenvolvimento e, em alguns casos, colocando em risco sua própria sobrevivência.

3. Tecnologia e Capacitação Gerencial

É inquestionável, hoje, o papel da tecnologia como agente de mudança e de incremento da complexidade na sociedade moderna e no próprio homem, e este último parece já ter-se apercebido de estar vivendo em meio a uma Revolução Tecnológica. Daí, sua crescente preocupação com o significado da tecnologia para o indivíduo, como ser biológico, e com seu impacto sobre a liberdade, sobre os valores, sobre a sociedade e sobre suas instituições políticas.

E é, como conseqüência dessa Revolução Tecnológica, que estamos, segundo parece, no limiar de um novo ciclo civilizatório, baseado, não mais na clássica preocupação com o tratamento e a transformação da matéria e da energia, mas sim na conceituação e no processamento da informação.

Nessa fase de transição, contudo, o homem parece algo perplexo, principalmente com a crescente defasagem entre o vertiginoso avanço tecnológico e sua capacidade em compreender e gerenciar a complexidade do mundo atual, decorrente e conseqüente daquele salto tecnológico. A razão dessa defasagem está em que demoramos demasiado, na tentativa de adaptação às novas circunstâncias, exatamente como aconteceu com os dinossauros muito antes de nós.

Por toda parte, em nossa volta, estão ocorrendo mudanças radicais – tecnológicas, sociais, políticas e ideológicas – que estão deixando o homem atual, sob o ponto de vista gerencial, totalmente ultrapassado e obsoleto.

Contra todos os indícios culturais, históricos e filosóficos, tantas vezes argumentados, de não haver problema real, num processo de adaptação, porque o progresso é, por si mesmo, evolucionário, e ainda assim, persiste o exemplo dos mencionados dinossauros. Eles foram vencidos, não por bombas de hidrogênio ou por outros quaisquer eventos especiais, mas simplesmente pela inadequada adaptação à velocidade de mudança. O problema reside, portanto, não na adaptação à mudança propriamente dita, mas na velocidade da mesma.

4. A Revolução Tecnológica e a Contração do Tempo

Quando comparamos o mundo da metade do século XIX com o atual, verificamos que a principal diferença, entre homens separados apenas por quatro gerações, é a vertiginosa velocidade de mudanças ocorrida neste reduzido lapso de tempo.

Segundo a Teoria da Relatividade na Física, o tempo não é homogêneo para todos os corpos em movimento: depende da velocidade do corpo que se move, e diminui à medida que a velocidade aumenta; é o fenômeno chamado "contração do tempo".

A grande densidade de eventos que ocorrem em períodos iguais de tempo introduz uma outra forma de contração, cuja noção, ainda que muito vaga, nos permite concluir que o tempo destinado à reflexão e à decisão está sendo abreviado. Como conseqüência, torna-se indispensável aprender a pensar mais rápido e a aceitar, mais prontamente, a delegação a outros, em níveis mais baixos, de uma parte de nossas responsabilidades.

Outrossim, um dos fatos que mais tem contribuído para essa vertiginosa mudança é, indiscutivelmente, a chamada Revolução Tecnológica.

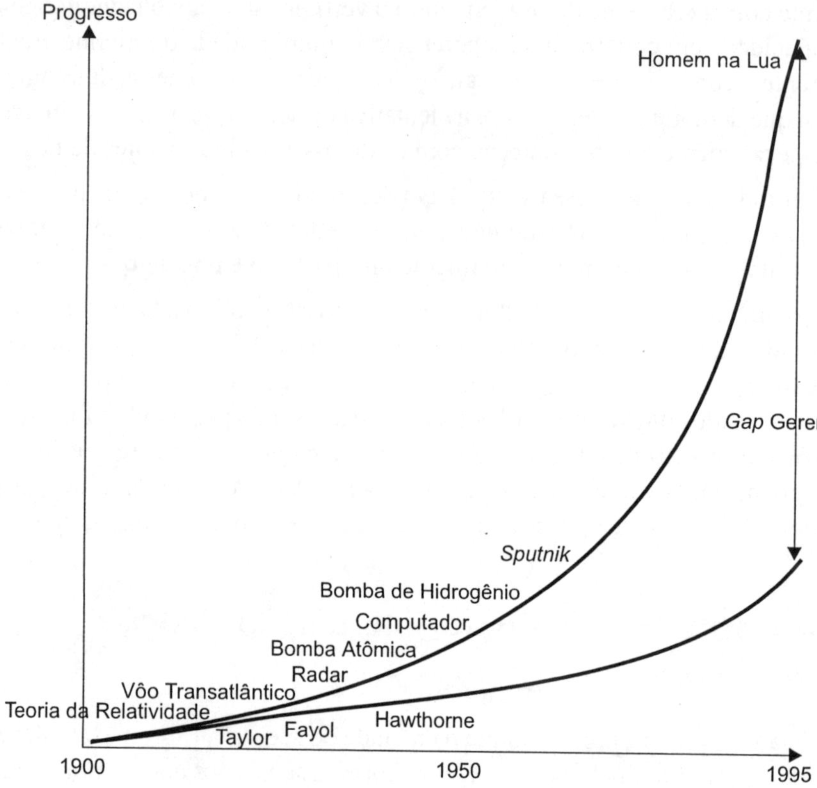

Se conseguíssemos construir um gráfico representativo do progresso tecnológico, neste século, *versus* a capacitação gerencial, no mesmo período, a curva que mostraria a taxa do progresso tecnológico seria uma exponencial. Já a correspondente curva, que representaria o desenvolvimento da capacitação gerencial, para controlar e gerenciar a complexidade, resultante da própria tecnologia, seria uma insignificante curva, quando comparada com a primeira, ocasionando o que pode ser chamado de *gap* gerencial.

Isto tem levado o homem comum, ao contemplar o futuro, mesmo não muito distante, ao crescente receio de ver perdida sua liberdade intelectual, subjugada sua iniciativa a técnicas socioeconômicas, transferidas suas responsabilidades a dirigentes mal preparados. Dessa forma, passa a ser um mero expectador, impotente face às condições que lhe são oferecidas e renunciando à individualidade e à iniciativa própria.

Desconhecedor, ademais, das tendências e implicações sociais, resultado daquele revolucionário avanço tecnológico, ele pensa que seu pequeno recanto está ameaçado. Então, sem muito questionamento, aceita a premissa de que as possibilidades de participação dependem de privilégios, reservados a uns poucos favorecidos, e se recolhe, mais profundamente, na indiferença e no alheamento.

O resultado dessa postura, tanto gerencial como individual, é o que, infelizmente, observamos nos dias atuais: a improvisação e a sorte substituindo a experiência e o esforço; a entrega a outros, do privilégio fundamental da decisão ou da escolha; a técnica e a máquina substituindo o belo e o funcional; até mesmo o esporte, tornando-se um fim em si mesmo, e a novela televisiva substituindo a realidade.

O incremento da produção agrícola e os recursos naturais de que dispomos, convivendo com a fome endêmica, que atinge uma grande parte de nossa população infantil, estão aí para nos demonstrar a tese de que já não são mais os recursos que estão limitando as decisões, e sim as decisões que andam limitando os recursos. Assim, se a atual situação, que nos atinge e nos aflige, não é resultado de uma ingrata dotação natural de recursos, urge buscar uma solução – na área da decisão gerencial – para que não condenemos as gerações futuras, desnecessariamente, à desnutrição crônica, à pobreza e à dependência econômica, à angustia social e à frustração política.

Para isso, antes de qualquer coisa, devemos estar cientes e conscientes de que não pode haver liberdade real sem uma postura face às decisões que afetam a cada um de nós, pois sua existência não é chance e nem é certeza absoluta. Não pode haver, portanto, liberdade para o homem que é incapaz, ou relutante, de desempenhar seu papel.

Essa participação deve ser ensinada a todos, com circunspeção pedagógica em um nível acessível a todas as inteligências. É preciso ter consciência de que esta mudança de atitude é penosa, e tende a fazer com que as pessoas prefiram fingir que não enxergam o que os olhos, insistentemente, revelam. Em lugar de se empenharem em reformular o necessário, aceitam a mentira e a falsidade como "sua" realidade.

O pior mal de uma sociedade está na recusa em se reexaminar, para se adaptar às suas próprias criações e eliminar a complacência. Ameaçada muito mais de dentro do que de fora, uma sociedade rígida e hermética não pode resistir e, pior ainda, não tem sequer razão para isso.

5. A Velocidade de Mudança

Se construirmos um gráfico no qual o eixo das ordenadas represente a velocidade em km/h e no eixo das abscissas esteja representado o tempo, observaríamos que a velocidade máxima alcançada, até por volta do ano de 1800, seria, no máximo, de 40 km/h pelo uso de uma tecnologia de transporte com tração animal. Vale dizer que isso ocorreria se, neste gráfico, representássemos, a partir dos primórdios da história do homem, as velocidades possíveis pelo uso da tecnologia disponível na época.

A partir daí, o avanço das tecnologias ferroviária, automobilística, aeronáutica (propulsão a hélice e, posteriormente, propulsão a jato) e espacial tem permitido ao homem alcançar velocidades inimagináveis.

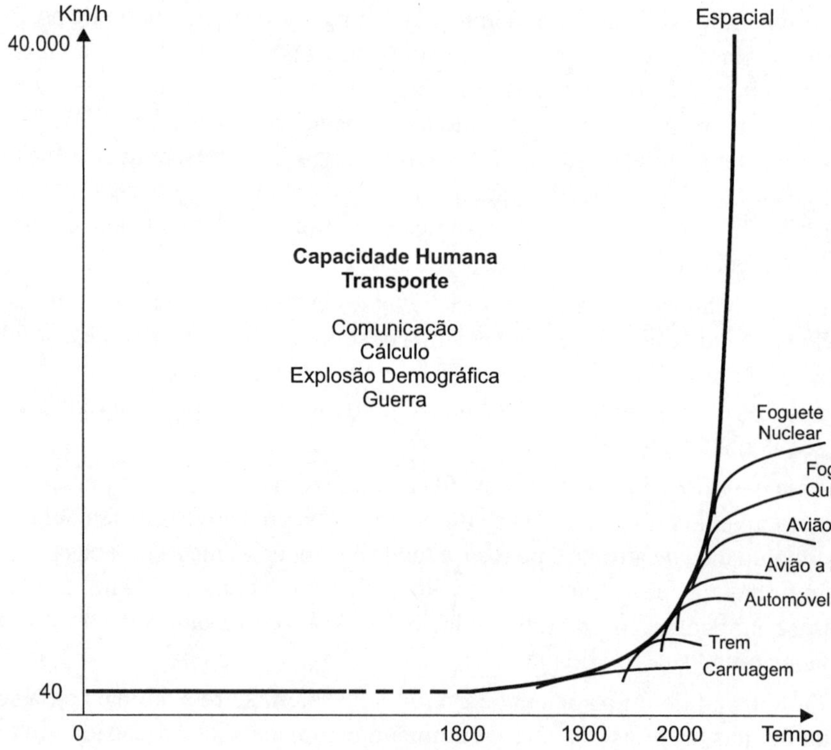

Se construirmos um gráfico semelhante, que represente a velocidade de comunicação entre os homens, ao longo do tempo, usando tecnologias de telecomunicações também disponíveis na época, obteríamos uma curva muito semelhante àquela da revolução da tecnologia dos transportes. Da mesma forma, se construirmos gráficos representativos para a evolução da velocidade de efetuar cálculos, pelo uso da tecnologia própria, teríamos, ao longo dos séculos, o uso de ábacos até os mais velozes computadores modernos.

Não seria diferente a representação gráfica da explosão demográfica da humanidade ou a revolução, na capacidade de matar, desde a tecnologia do arco e flecha até a tecnologia nuclear, com a capacidade de varrer a criatura humana da face da terra.

Todas as curvas que construíssemos teriam algo em comum – a inflexão acentuada – a partir da segunda metade do século XX, representando isso a vertiginosa velocidade de mudança dos efeitos causados pela revolução tecnológica, em várias atividades do homem. Facilmente chegamos à conclusão de que a revolução tecnológica não trouxe apenas a inovação e a mudança, mas principalmente a crescente "velocidade" desta mudança, fato este que constitui o grande desafio e o maior óbice do processo decisório do executivo moderno.

Como exemplo da grande concentração de eventos tecnológicos, a qual está submetido o homem moderno, podemos fazer uma redução cronológica dos últimos 240.000 anos para uma hora e analisar os principais fatos marcantes, ocorridos neste espaço de tempo (uma hora). Assim:

- 55 minutos se passaram na Era Paleolítica;
- cinco minutos antes de completar uma hora, teve início a Cultura Neolítica;
- 3,5 minutos antes de uma hora, o homem trabalhou pela primeira vez com o Cobre;
- 2,5 minutos antes de uma hora, o homem fez a primeira moldagem em Bronze;
- dois minutos antes de uma hora, o homem pela primeira vez fundiu o Ferro;
- 1,4 minutos antes de uma hora, foi criada a Imprensa;
- cinco segundos antes de uma hora, houve a Revolução Industrial na Europa;
- 3,5 segundos antes de uma hora, o homem passou a utilizar a Eletricidade;

- menos de uma segundo antes de uma hora, apareceu o primeiro Automóvel;
- todas as outras inovações tecnológicas aconteceram antes de uma segundo, antes de completar a hora final.

6. Competitividade

A nova política industrial, de comércio exterior, e a regionalização de mercados, anunciada pelos últimos governos, dará início a um novo ciclo de produção industrial, no qual o principal fator será a tecnologia de ponta e a marca relevante – Competitividade.

Nessa área, segundo um estudo sobre a competitividade dos países, o Brasil, dos 34 países aí comparados, foi o pior colocado na avaliação de sua capacidade de competir no mercado internacional. Ficou atrás, dentre os países das chamadas *New Industrialized Economies* – NIE, da Índia, da Indonésia, da Malásia, da Tailândia, para citar alguns casos menos óbvios do que, por exemplo, Coréia, Taiwan, Hong Kong e Cingapura. Esse estudo foi realizado pelo *International Institute for Management Development* – IMD, de Lausanne (Suíça) e pelo *World Economic Forum*, entidades de fomento e pesquisa das atividades empresariais, em nível mundial, através do relatório *World Competitiveness Report*, publicado em junho de 1990.

No item *Dinamismo da Economia*, dentre os dez países "NIE", o Brasil ocupava a nona posição, à frente apenas do México.

O mais importante, porém, foi que, na avaliação do item *Recursos Humanos*, os executivos brasileiros foram considerados pouco preparados para suas funções e incapazes de usar a moderna Tecnologia da Informação em seu próprio benefício.

Parece claro, nesse quadro de modernidade apresentado pelo mundo atual que hoje prevalece e é de caráter irreversível, que praticamente estejam eliminadas as vantagens comparativas, tradicionais, de mão-de-obra barata e abundância de recursos naturais. O mundo globalizado dos negócios internacionais, em sua constante mutação, provocada pelo rápido e decisivo avanço do padrão tecnológico, faz com que a competitividade se componha de múltiplos e complexos fatores dinâmicos.

Alguns destes elementos possuem caráter tangível, como são os meios de comunicação e transporte e linhas de financiamento adequadas. Outros, entretanto, ainda que decisivos, têm caráter abstrato, como a qualificação da classe operária e, muito particularmente, a competência executiva.

7. Complexidade dos Negócios

A decorrente e crescente complexidade do ambiente de negócios que as corporações estão enfrentando, e, solidariamente, seus executivos, tanto a nível nacional, quanto a nível regional ou mundial, pode ser evidenciada pela comprovação de que:

- a maioria dos mercados, tanto de produtos como de serviços, está se tornando cada vez mais sistêmico;
- os países, as regiões e o mundo estão oferecendo cada vez maiores oportunidades de natureza estratégica;
- uma nova ordem, complexa e sistêmica, de concorrência, está emergindo na maioria dos mercados. A Tecnologia está redefinindo, em ciclos cada vez mais curtos, linhas de negócio, mercados e concorrência;
- a Revolução da Informação está permitindo a ampliação da capacidade de *management*, mas, por outro lado, está tornando o Processo Decisório da gerência bem mais complexo.

Esta situação tende a se tornar particularmente dominante no Brasil, onde a globalização dos mercados de produtos e serviços, e a emergência de novas fontes de concorrência econômica nacional e internacional tenderá a levantar novos problemas de *marketing* para as empresas brasileiras.

8. Ambiente Político-social

Enquanto estão correndo mudanças revolucionárias na área tecnológica, o que está acontecendo no ambiente político-social?

Yoneji Masuda, presidente do *Institute for the Information Society* e professor da Universidade Aomori, no Japão, em seu livro *The Information Society – as Post-Industrial Society*, afirma que já estamos, indiscutivelmente, numa Revolução Informacional. Diz, ainda, que nesta revolução o possível sistema político será do tipo democracia participativa, em contraposição ao, até então vigente, do tipo democracia representativa.

Enquanto neste último sistema político, do tipo democracia parlamentar, o Povo elege seus representantes pelo voto e só participa, indiretamente, da tomada de decisões, pois as ações políticas estão nas mãos desses representantes do povo, na democracia participativa as decisões políticas, tanto do Estado como dos orgãos autônomos locais, serão tomadas com a participação direta dos cidadãos.

Existem, ainda, segundo Yoneji Masuda, razões básicas para que haja uma convocação para uma democracia participativa. A seguir, mencionamos algumas delas.

a) O padrão de comportamento dos cidadãos tende a mudar. Até agora, os padrões de satisfação foram baseados no atendimento às necessidades, meramente materiais, do cidadão. Isto trouxe, como conseqüência, a mínima participação política do homem comum.

   Isto porque, enquanto o atendimento de necessidades materiais, num enfoque puramente econômico, está atrelado ao processo de produção, distribuição e consumo de bens materiais, a melhoria quantitativa e qualitativa das necessidades individuais está vinculada, não só à maior capacidade de produção desses mesmos bens, como também, a uma melhor distribuição da renda entre o capital e o trabalho.

b) Os poderes do Estado e das empresas cresceram demasiado e não é admissível que continuem, através de suas decisões isoladas, de natureza comercial ou política, a produzir efeitos, muitas vezes nocivos, de longo alcance, sobre as pessoas comuns ou sobre a sociedade como um todo.

   Temas como Energia Nuclear, Poluição, Planejamento Urbano, Ecologia, Inflação dizem respeito diretamente à vida ou à qualidade de vida do cidadão. No entanto, participar de decisões políticas sobre tais assuntos hoje, só é possível por meio de protestos ou de plebiscitos. Em algumas vezes, essa participação ocorre em virtude de acontecimentos dramáticos, como a catástrofe resultante da poluição mortífera do isocianato de metila, sobre a população de Bhopal, capital do Estado de Madhya Pradesh, na Índia ou dos efeitos de radiação nuclear, após o acidente na Usina de Chernobyl, em 1986, na Ucrânia.

   Esta reação é confirmada por John Naisbitt, em seu livro *Megatrends – Ten New Directions Transforming Our Lives* (1982), onde este autor analisa "a morte da Democracia Representativa e do Sistema Bipartidário" norte-americano, pelo processo de transferência maciça da Democracia Representativa para a Participativa.

   As pessoas estão expressando sua desconfiança nos partidos políticos, recusando a se identificar com eles. Diz o autor que nesse contexto os Estados Unidos estão tornando-se uma Nação de independentes. "Hoje, os partidos políticos existem só em nome; no *Capitol Hill*, existem 535 partidos", comenta Naisbitt.

No Brasil, de forma semelhante, vivemos o movimento de desconfiança e repúdio popular, reincidente e progressivamente manifestado pelos votos brancos e nulos nas eleições.

Na Espanha, o surgimento de um "Pacto Social", com a participação ativa de vários setores da sociedade, principalmente capital e trabalho, indica e demonstra a necessidade de um acordo social, que permita uma maior participação no processo decisório político.

c) Muitas questões sobre as quais temos que decidir são assuntos que dizem respeito a toda a humanidade. São problemas globais, que não conhecem fronteiras nacionais e cuja solução afeta, diretamente, a vida de todas as pessoas. Tome-se como exemplo a explosão demográfica. Esse é, tipicamente, um problema que só pode ser resolvido de forma democrática, se forem aceitas restrições, voluntárias, à vida privada das pessoas.

d) Por último, podemos dizer que as dificuldades técnicas, que até então impossibilitaram ou restringiram a participação direta do processo político de um maior número de cidadãos, foram resolvidas com a revolução tecnológica, principalmente nas áreas de telecomunicações e informática.

O desenvolvimento de satélites de telecomunicações e dos computadores domésticos, em particular, torna o cidadão comum cada vez mais capacitado a participar do processo, não só uma vez, mas repetida e interativamente. O que lhe permite compreender, com mais profundidade, sob muitos ângulos e com uma perspectiva temporal mais longa, tanto a natureza, como as implicações dos problemas que afetam sua própria vida ou a de seus semelhantes.

Esta mesma tecnologia permite, hoje, demonstrar e realizar um dos ideais da comunicação social – tornar a solidariedade humana um fato universal. Permitiu mostrar ao mundo o contraste de um mundo desenvolvido, em que se gasta algumas centenas de bilhões de dólares anuais em armamentos (para alimentar a paranóia bélica dos grandes Estados, para fomentar guerras localizadas e derrubar governos), com o mundo da fome e da miséria sub-humana de uma Etiópia, de uma Somália, de um Nordeste ou de uma Favela.

São essas facilidades tecnológicas que devem fazer sentir, aos executivos ou gerentes de empresas, na comodidade de seus escritórios e na hora da tomada de decisões ou de um processo de planejamento estratégico corporativo, que a solução daqueles contrastes é também parte de suas responsabilidades.

9. Ambiente Político-empresarial

Da mesma forma que o cidadão comum, cada vez mais e mais bem informado, é capaz e desejoso de participar nas decisões políticas, em maior grau do que os atuais sistemas o permitem, o ideal de democracia participativa está, gradualmente, estendendo-se às corporações.

Quando analisamos as organizações como entidades sociais, concluímos que elas não existem para si próprias. São apenas meios, representando um subsistema social que visa à realização de uma tarefa social maior e mais abrangente.

O objetivo de uma organização é, portanto, uma contribuição específica para o indivíduo e a sociedade, geralmente representada por um segmento de mercado. Conseqüentemente, a avaliação de seu desempenho, ao contrário de um sistema biológico, estará sempre fora dela.

Muito se tem escrito sobre o comportamento dessas organizações, seus resultados, seus sucessos e seus fracassos.

Na década de 1980, nos Estados Unidos, Thomas Peters e Robert Waterman Jr., ambos de uma firma de consultoria, realizaram uma pesquisa entre 62 empresas norte-americanas, incluindo aquelas de alta tecnologia, bens de consumo, produtos industriais, prestação de serviços, administração de projetos e exploração de recursos naturais.

Do resultado desta pesquisa surgiu um livro *In Search of Excellence*, *best-seller* na época e traduzido para o português como *Vencendo a Crise*. Nesta obra, os autores encontraram oito princípios básicos, que consideraram características essenciais daquelas empresas bem-sucedidas. Ainda que os autores reagissem contra o modelo racionalista e o enfoque gerencial analítico, vigente na maioria das empresas pesquisadas, chamando a atenção para os aspectos qualitativos e humanos da administração executiva, naqueles oito princípios apenas dois mencionavam estes aspectos.

Decorridos apenas dois anos daquele receituário executivo, e segundo a revista *Business Week* (edição de novembro 1984), algumas daquelas empresas de sucesso já não se apresentavam como tal. Em uma delas, do padrão de alta tecnologia, um dos autores proferiu uma palestra, após dois anos, e ouviu o seguinte comentário de um executivo desta empresa:

"O que deveríamos fazer é convidá-lo para uma palestra cada trimestre; assim, poderíamos recordar o que éramos quando realmente nossa empresa era uma grande organização e lembrar-nos do quão difícil é manter algumas daquelas peculiaridades, quando a empresa torna-se grande".

É claro que se pode especular longamente sobre as causas e os fatores que determinam o progresso, o declínio e a queda de cada uma dessas instituições. Basta, apenas, analisar qualquer grande corporação que tenha sobrevivido, por razoável lapso de tempo, para chegarmos à conclusão que as razões que permitiram sua permanência ao longo dos anos não foram nem a estrutura organizacional, nem as habilidades administrativas ou o perfil de seus executivos, nem a eficiência de seus produtos ou serviços, nem sua agressividade de vendas ou de *marketing*.

Então, alguma coisa mais global e complexa parece ser necessária, e não apenas um receituário de modismos gerenciais que, uma vez copiado, pode levar ao sucesso econômico-financeiro da instituição.

10. Relação Empresa-empregado

Quando, neste livro, foi feito referência à democracia participativa, isto soou ou mesmo deu a entender um conceito de natureza política. Afirmamos que, basicamente, assim o é!

Nosso papel, contudo, como cidadão, representa uma pequena parcela, ao longo de nossa vida. Somos, na verdade, entidades plurissistêmicas, pois pertencemos a uma grande variedade de sistemas que afeta, dentro de uma determinada prioridade, nossa vida individual. Além disso, somos parte de um sistema que se chama Nação ou, de outro modo denominado Família, ou de outro intitulado Igreja, Profissão, Associação etc.

Entretanto, dentre todos estes sistemas, nenhum solicita mais nosso tempo diário do que a instituição pública ou a empresa privada na qual trabalhamos.

A grande maioria dos trabalhadores recebe destas instituições remuneração, obtém sucesso ou se depara com o fracasso, está inserida num plano de assistência médica e integrada a outros benefícios. Nelas, investimos nosso tempo e, eventualmente, nosso dinheiro.

Ademais, a todo o momento são julgadas nossas especializações profissionais e nossas habilidades pessoais. Sem falar que muitos de nossos vínculos sociais são aí formados.

Enfim, estas instituições passam a ter influência sobre nossa qualidade de vida, tanto ou maior do que o próprio Estado ou o governo, constituindo o que poderíamos chamar de Novo Estado e Novo Governo do século XXI.

Ora, se reconhecemos que está sendo exigido, por parte das pessoas, um novo e participativo papel no processo político dentro do sistema Estado, devemos reconhecer também, que o mesmo deve acontecer com relação a estas instituições, dentro do sistema econômico-social.

Da mesma forma como é buscada uma maior participação nas decisões políticas, por parte do cidadão, a estrutura das instituições deve ser reformulada para permitir que esta mesma pessoa, agora na condição de empregado, acionista ou consumidor, possa ter uma maior voz no processo, sob o qual estas instituições devem operar.

Dentre estes papéis, entretanto, somente um pode efetuar as transformações mais significativas dentro da organização, que é o empregado – sangue vital do sucesso ou vítima fatal do fracasso da instituição a qual pertence.

No entanto, cabe dizer que os relacionamentos sinérgicos nas instituições do sistema econômico atual estão longe desta situação, pois ainda é predominante a sinergia autoritária como resultado da relação entre o proprietário do capital e o empregado assalariado. Na verdade, as camadas inferiores recebem ordens das camadas superiores, dentro da hierarquia organizacional, tradicional.

Segundo John Naisbitt, em seu livro *Megatrends*, mesmo nos Estados Unidos, um dos modelos de Estado Democrático, persiste um desencontro fundamental entre o amor tradicional americano pela liberdade individual e a maneira autoritária como funciona a cadeia de mando no ambiente de trabalho. Habitualmente, os empregados renunciam a seus mais elementares direitos de cidadão, tais como liberdade de palavra e livre arbítrio, na instituição onde trabalham.

David Ewing, editor da *Harvard Business Review* e advogado americano de direito trabalhista, descreve esta paradoxal situação:

> *"No momento em que um cidadão americano transpõe a porta da fábrica ou escritório às 9 horas da manhã, ele estará sem direito algum até às 5 horas da tarde; de segunda à sexta-feira."*

11. O Executivo

Todos nós conhecemos, tradicional e historicamente, para o bem ou para o mal, o poder que o Estado e o Governo exercem sobre o cidadão.

Quando examinamos, porém, o **Poder** exercido sobre seres humanos, através de organizações, notamos que o desenvolvimento de grandes instituições econômicas fez surgir um novo tipo de indivíduo poderoso – **o executivo**.

A imagem deste executivo típico, que impressiona os demais como homem de decisões rápidas, pronta penetração no caráter alheio e vontade férrea, é aquela do homem de queixo robusto, de lábios firmemente apertados e de fala seca e incisiva.

Ele é capaz de inspirar respeito nos colegas executivos e confiança nos subordinados, que, muitas vezes, não são, de forma alguma, pessoas sem importância. Combina, outrossim, as qualidades do grande general com as do grande diplomata – intransigência na batalha, mas capacidade de hábil concessão na negociação.

Aparentemente, ainda existe um pressuposto de que este executivo, dentro do perfil exposto, conseguirá desencumbir-se, também, de uma árdua e importante tarefa social, qual seja: a perpetuação, ao longo do tempo, da instituição que gerencia. A realidade, contudo, tem levado a um certo desapontamento, uma vez que grande parte dessas instituições tem entrado em fase de declínio, em colapso ou, na melhor das hipóteses, tem tido sua imagem institucional seriamente abalada por um implacável julgamento da sociedade em que estão inseridas.

a. Os objetivos operacionais

Durante as últimas décadas tem sido dada, ao nível executivo, uma considerável ênfase às decisões, com vista a resultados imediatos. Não só ignorando um direcionamento em longo prazo, muitas vezes à custa do próprio futuro.

Basta analisar os sistemas de recompensa e remuneração do grupo executivo, tanto público como privado, para comprovar este fato. Na verdade, quase nenhuma grande corporação, americana ou brasileira, oferece planos de compensação financeira a seus executivos, com base nos resultados em longo prazo. Nos Estados Unidos, por exemplo, todos os julgamentos da *Wall Street* são orientados para os resultados em curto prazo.

Os mandatos dos CEO's (*Chief Executive Officers*) são, em média, de cinco anos e, durante este período, aqueles executivos querem deixar registrada sua gestão, através de brilhantes resultados, cuja medida quantitativa, universalmente avaliada e reconhecida é, obviamente, o resultado financeiro. Isso independe de alguma conseqüência funesta resultante, de ordem social, cuja avaliação transcenderá seu período de gestão.

Por isso, no mundo dos negócios e também na área governamental, o essencial e o fundamental são os "números", termo que passou a ser um dos mais usados na linguagem dos negócios.

Reginald Jones, *ex-chairman* do Conselho da *General Electric Corp.*, dizia que:

> *"Muitos executivos sentem-se sob pressão para concentrar seus esforços nos resultados a [sic] curto prazo, a fim de satisfazerem à comunidade financeira e aos proprietários do negócio – os acionistas. Nos Estados Unidos, se sua empresa tem um mau trimestre, passa a ser manchete".*

b. Os objetivos psicossociais

Por outro lado, o que acontece com o corpo social das empresas, cujos resultados do gerenciamento são intangíveis e qualitativos?

Ainda segundo Naisbitt, com relação ao corpo social, a gerência tradicional americana tem adotado um insultuoso trato, em escala descendente, quanto ao conhecimento do empregado, em seu próprio trabalho.

Executivos nos Estados Unidos (no Brasil, obviamente, não somos exceção) têm, persistentemente, negado aos empregados a oportunidade de tomar decisões relevantes e decisivas acerca de como seus próprios trabalhos devam ser executados.

Somente agora, e baseado em experiências exógenas, é que parece estar sendo percebido o quanto esta estratégia elitista impacta o tradicional incremento de produtividade.

Esta, talvez, seja uma boa razão, sob o ponto de vista econômico, pelo menos, para ser repensada a contradição entre as aspirações a uma democracia participativa, com seus valores políticos, e a arcaica tradição que ainda impera no ambiente de trabalho, baseada na relação "mestre-servo".

Yoneji Masuda destaca ainda, que, na chamada Revolução Informacional, haverá uma tendência à maior participação na administração do povo e no capital das empresas.

O lado particular da empresa privada vai decrescer, enquanto seu lado social tenderá a aumentar. Isso ocorrerá à medida que a natureza pública da atividade econômica se expandir da administração para a participação no capital, por parte dos trabalhadores, dos funcionários ou do público em geral.

À medida que esta tendência progredir, haverá uma mudança – da sinergia autoritária para a sinergia funcional – nas unidades econômicas.

Como conseqüência desta situação, é esperado o fortalecimento do poder de barganha dos sindicatos e das instituições trabalhistas, por exemplo, com o objetivo de melhorar a participação do assalariado no processo que decida o desfrute do excesso econômico. Nesse contexto, estas entidades trabalhistas passarão a funcionar como válvulas de escape, em termos de espaço político e participação econômica, permitindo, dessa forma, a estabilidade do sistema capitalista vigente.

12. O Empresário e o Poder

É importante registrar os aspectos psicológicos dos dirigentes que podem impactar a vida da empresa. Os antigos gregos advertiam contra a *hybris* (insolência), o pecado do orgulho que se recusa a estabelecer ou a reconhecer os limites do poder. A psicanálise também explica a *hybris* como sendo o fracasso de um indivíduo em abandonar ou modificar uma auto-imagem grandiosa.

Na verdade, a utilização judiciosa do poder exige certo sentido de tempo e progressão, mas a grandiosidade nada sabe a respeito do tempo, pois todos os problemas apenas se apresentam no presente. Qualquer delonga entre a intenção e a ação causa frustração à vítima da *hybris*. E onde existe orgulho arrogante, perde-se não só a perspectiva do EU em relação aos outros, mas também a avaliação das conseqüências dos atos pessoais.

A grandiosidade e as resultantes deformações da consciência de poder de alguém não se restringem aos "grandes homens", cujo amor-próprio independe do posto que ocupam dentro da organização. Os líderes mais vulneráveis são, também, aqueles que se consideram *self-made men*, mesmo diante de sua dependência em relação ao cargo e ao poder.

Esses homens tendem a rejeitar seu passado, porque as hostilidades inconscientes contra si mesmos e contra as outras pessoas resultam de atitudes ambivalentes, em relação a pais e irmãos. Dessa forma, funciona com fraco sentido de tempo e de relações humanas.

Paradoxalmente e com freqüência, a raiva inconsciente favorece as realizações e a ascensão ao poder na vida empresarial. Ela pode produzir uma certa amenidade de caráter, uma condescendência externa, às formas e às convenções da atividade empresarial.

Aquela mesma agressão evita que o indivíduo crie apegos e compromissos e, no líder complacente, alimenta uma postura moralmente neutra, atenuando a culpa ou os escrúpulos relativos a atos que constrangeriam pessoas mais sensíveis.

Para o *self-made man*, o perigo da hostilidade inconsciente é que, uma vez no poder, ele pode achar que suas formas características de controle são inadequadas; aí, então, a grandiosidade e a *hybris* podem tornar-se manifestas. O empresário pode ser um herói popular, mas é, continuamente, perturbado pelo seu passado, que é experimentado e reexperimentado em suas fantasias, em seus devaneios e sonhos.

O estilo de liderança do empresário projeta seu persistente sentimento de insatisfação. Até mesmo o êxito não lhe proporciona satisfação, já que o raciocínio inconsciente é dominado por receios relativos a ganhos ilegítimos e recompensas imerecidas.

Na busca de legitimidade e da dominação de suas frustrações da infância, o empresário verificará, finalmente, que realizações são insuficientes. Ele necessita de apoio social, de estima e admiração, que há muito lhe são recusadas, para compensar sentimentos de rejeição centralizados na imagem paterna. Ele é forçado a executar suas idéias, e a empresa torna-se um meio tangível para conseguir a auto-estima que deseja.

A materialização de suas idéias, entretanto, também é uma proposição perigosa; o êxito pode induzir culpa, originada de sentimentos ambivalentes, relacionados com a rejeição paterna. O investimento do empresário, seu vínculo com a realidade é a própria empresa. De maneira simbólica, ele se une à empresa. A ansiedade e a culpa, com relação ao próprio êxito, criarão dúvidas com respeito aos seus direitos a uma tal empresa.

O empresário, na verdade, é uma espécie de jogador psicológico, pois é nos momentos das mais duras provas que muitos desses homens parecem sentir-se em sua melhor forma. Sua crença inconsciente, nesses momentos, é que o pior já passou, visto que, finalmente, foram castigados pelo êxito que alcançaram. O sentimento de alívio em relação à ansiedade e à culpa, que daí resulta, empurra-os, então, para novas atividades, reiniciando o processo de criação de uma empresa.

Vários problemas, entretanto, estão associados à conduta autodestruidora dos empresários. Por sofrer confusões entre papéis, o empreendedor passa a depender da sua empresa, não só para sua autodefinição, mas também como medida de segurança.

A empresa comunica ao mundo exterior a capacidade do empresário, mas, ao mesmo tempo, ela é sua restituição no seu mundo particular. Como conseqüência, a empresa passa a ter uma carga emocional, e o empreendedor tem dificuldade em separar-se dela. Qualquer influência que possa ameaçar o controle total que exerce sobre a empresa é capaz de deflagrar atos irracionais. Torna-se difícil repartir o poder, a autoridade e a responsabilidade. Ele opõe-se a qualquer intromissão em sua autonomia e dominação, por recear a repetição de situações infantis ameaçadoras. O empresário tende a considerar iniciativas de terceiros, em relação à empresa, como tentativa de afastá-lo do controle. Daí a oposição de empresários a planejar sucessão na administração.

Tão logo a estrutura da organização requeira refinamento, as posições paternalistas e ambivalentes do empresário passam a constituir um fardo para a empresa. A necessidade de maior sistematização apresenta novas exigências ao empresário; exigências que ele pode ser incapaz de satisfazer. A situação torna-se paradoxal, aquele mesmo empresário bem-sucedido, que conduziu a empresa através do período formativo de crescimento e maturidade, avança, inconscientemente, em um caminho de choque que culmina com sua própria eliminação.

Esse processo, porém, não é nem imediato, nem automático; muitos anos de frustração – tanto para o empresário como para os empregados – podem passar antes de sua consumação. Habitualmente, o empresário não sente vontade de abandonar seu poderoso posto, para levar a efeito a sucessão. Se o empresário for acionista majoritário, provavelmente, não haverá modo de afastar a empresa do caminho da própria destruição. Se, contudo, for acionista minoritário, os demais acionistas podem congregar-se para assumir o controle da empresa e redirecioná-la.

Um exemplo típico de *hybris* ficou comprovado nos casos dos executivos corporativos da *Enron Corporation* e *WorldCom*, nos Estados Unidos, ocorridas no ano 2002.

(O assunto desenvolvido foi baseado no livro *O Poder e a Mente Empresarial* de Abraham Zaleznik e Manfred Kets de Vries.)

13. Análise do Papel da Igreja

Um outro componente de crescente importância na análise do comportamento do cidadão, do Estado e do Governo e, que conseqüentemente, deve ser considerado pelo grupo corporativo, é a Igreja.

Ainda que em grande parte dos Estados atuais exista a separação formal entre o chamado Poder Espiritual, exercido pela Igreja universal, e o Poder Temporal, exercido pelo Estado ou pela Empresa, é inegável a crescente influência da Igreja na formação de uma ideologia social, exercida pela ascendência espiritual sobre os indivíduos que compõem a sociedade. Sem falar na força de seus princípios éticos e morais sobre os Estados, os Governos e, obviamente, sobre as empresas.

Isso porque, desde São Tomás de Aquino, já nenhum teólogo contestaria que, apesar de uma notável diferença de nível, haja uma harmonia interna entre a ordem material e a espiritual.

Enquanto na Idade Média esta concordância harmoniosa entre as duas ordens era, por assim dizer, evidente para o indivíduo, para o homem de nossa época, apaixonado e ofuscado pelo progresso da ciência e da tecnologia moderna, ela é, por diferentes razões, de difícil discernimento.

Em uma análise, portanto, dos fenômenos que ocorrem nas instituições sociais atuais, ainda que dissociada do poder temporal do Estado ou da Empresa, não pode ser desprezado pelo executivo moderno o papel exercido, ou a ser exercido, pela Igreja contemporânea.

A Igreja, principalmente a Católica Romana, e agora as Igrejas Evangélicas têm estendido suas responsabilidades a todas as áreas da atividade humana, individual e social, e certamente às instituições econômicas e empresariais, que ocupam a maior parte da vida da grande maioria das pessoas.

Reconhecem, contudo, a tensão e o conflito que existe entre os ensinamentos proféticos de Jesus, abençoando o pobre, e alertando contra os perigos espirituais de um apego à riqueza material e às necessidades e aos desejos compulsivos de homens imperfeitos, que buscam seu próprio interesse material.

Ainda que a resposta da Igreja ao surgimento do capitalismo e do socialismo tenha sido tardio e incerto, houve desde logo a condenação do materialismo, de ambos os sistemas ideológicos, e a desconfiança declarada à ênfase dada por John Locke, Adam Smith e outros ao auto-interesse e ao individualismo que pareciam conflitar com o destaque enfático dado pela Igreja Católica à comunidade e à cooperação humana.

Esta resposta formal da Igreja Católica Romana aos problemas e aos conflitos surgidos com a Revolução Industrial tem sido dada, desde os séculos passados até o presente, pelos Papas, através de **Encíclicas**, abaixo relacionadas.

- ***Rerum Novarum*** (Leão XIII, 1891) – defendia o direito à propriedade privada "de acordo com a lei da natureza", mas insistia que os bens materiais têm um propósito comum, que é atender às necessidades de toda a humanidade e que o poder do Estado deveria ser limitado. Leão XIII rejeitava as idéias marxistas, com referência às lutas de classes, mas apoiava a legitimidade dos sindicatos e o direito dos trabalhadores a um justo salário.

- ***Quadragesimo Anno*** (Pio XI, 1931) – reagia tanto à livre concorrência, quanto à ditatorial reorganização da economia pós-depressão. Era profundamente crítica quanto à concentração do poder econômico, e propunha arranjos cooperativos entre a força de trabalho e a gerência. A fim de evitar o totalitarismo, esta Encíclica propunha, às nações, atenderem a obrigações sociais ao nível local, minimizando os efeitos de uma maior centralização e concentração do processo decisório.
- ***Mater et Magistra*** (João XXIII, 1961) – dava ênfase especial aos direitos dos trabalhadores de participar da prosperidade que eles ajudaram a criar, apelando, também, por uma estrutura econômica baseada na justiça social. Esta Encíclica acentuava a necessidade vital da busca de ideais espirituais, numa época de extraordinário avanço científico-tecnológico.
- ***Pacem in Terris*** (João XXIII, 1963) – focalizava, basicamente, as tensões políticas internacionais. Insistia nos direitos do homem quanto às seguintes questões: educação, justo salário, condições de segurança no trabalho, seguro social, propriedade privada e "*alimento, roupa, abrigo, descanso, assistência médica e o necessário serviço social*".
- ***Popularum Progressio*** (Paulo VI, 1967) – demonstrava uma crescente preocupação com os problemas do Terceiro Mundo e suas necessidades para o desenvolvimento econômico. A ênfase era dada às necessidades dos países menos desenvolvidos, para mais equânimes termos de intercâmbio econômico, e à necessidade de uma ajuda multilateral, para aqueles mais necessitados.
- ***Laborem Exercens*** (João Paulo II, 1981) – enfatizava a "*prioridade do trabalho*", definida como o trabalho criativo, acima dos fatores impessoais de produção. Enfatizava, também, o direito de as pessoas participarem ativamente das atividades econômicas. Sua principal preocupação era assegurar a supremacia dos valores humanos na nova Era Tecnológica.

Desde o Segundo Concílio do Vaticano (1963), as conferências nacionais e regionais de bispos católicos têm emitido uma série de recomendações de natureza socioeconômica. As mais influentes, talvez, as reuniões dos bispos latino-americanos: a Conferência Episcopal Latino-americana – CELAN, em Medellín, Colômbia (1968) e a em Puebla, México (1979), que condenavam a situação econômica da América Latina, propondo uma reorganização e um realinhamento da Igreja Católica, a parte do apoio à tradicional oligarquia dominante e uma "*opção preferencial para os pobres*".

Baseados, também, no Segundo Concílio do Vaticano e na Encíclica *Pacem in Terris*, surgiram algumas correntes ativistas, como a *Teologia da Libertação*, propondo as bases de participação da Igreja na luta social.

Os bispos da França se manifestaram, também, através da *Declaração de Lourdes* (outubro de 1976):

> *"Nós que pertencemos às nações que pretendem ser as mais avançadas do mundo fazemos parte daqueles que se beneficiam da exploração dos países em via de desenvolvimento. Não vemos os sofrimentos que isso provoca, na carne e no espírito de povos inteiros. Nós contribuímos para reforçar a divisão do mundo atual, em que é flagrante a dominação dos pobres pelos ricos, dos débeis pelos poderosos.*
>
> *Acaso sabemos que nosso desperdício de recursos naturais e de matérias-primas não seria possível, sem o controle do intercâmbio comercial, por parte dos países ocidentais?*
>
> *Não vemos que se aproveita do tráfico de armas, coisa que nosso país tem dado tristes exemplos? Acaso compreendemos que a militarização dos regimes de países pobres é uma das conseqüências da dominação econômica e cultural, exercida pelos países industrializados, nos quais a vida rege-se pelo afã do lucro e pelos poderes do dinheiro?"*

Os Estados Unidos, outrossim, tomaram conhecimento de uma Carta Pastoral de seus bispos, em novembro de 1984, denominada *Catholic Social Teaching and the United States Economy*. Nesta carta, estes mesmos bispos criticam severamente as "injustas" políticas econômicas, particularmente aquelas que afetam os pobres daquele país e os do Terceiro Mundo e propõem medidas para corrigi-las.

Graças, também, às facilidades de nova Era Tecnológica, o mundo todo teve ocasião de ver e ouvir o Papa João Paulo II, em uma visita ao Canadá, em outubro de 1984, vigorosamente atacar "*os monopólios imperialistas*", recomendando uma reestruturação da economia, "*de forma que as necessidades do homem fossem colocadas antes dos ganhos financeiros*". Alertando, também, para a "*tentação de responder somente às forças do mercado*".

Nesta Revolução Tecnológica, o que irá impactar, principalmente a comunidade econômica e empresarial, será sua ampla e total disseminação, cada vez mais facilitada pela moderna Tecnologia da Informação. Isso ocorrerá ainda que a Igreja Católica Romana mantenha a sua postura adotada ao longo da história: a avaliação contínua e permanente dos sistemas econômicos, com base nos preceitos teológicos morais e sociais.

14. Análise do Papel da Educação na Empresa

a. Cenário internacional

A universidade tradicional é baseada em um modelo de educação que tem como estrutura básica e essencial um campus universitário e o ensino centrado no professor. Mesmo com as enormes pressões que algumas instituições educacionais continuam a enfrentar para conseguir mais alunos, reduzir custos e tornarem-se mais eficientes, muitas ainda usam cada vez mais a mesma tradicional receita – aulas extras para o aluno que passa período integral no campus.

A entrada do setor privado na área de aprendizado está exercendo e continuará a exercer, cada vez mais, pressão de transformação sobre as instituições de ensino superior. Como conseqüência, a autopreservação e a sobrevivência passam a ser a principal força motora que mobiliza as instituições de ensino, de acordo com especialistas no campo educacional. Essas instituições precisam, urgentemente, reinventar a si próprias para o novo paradigma da economia do conhecimento, envolvendo esta reinvenção com a atualização do conteúdo e também com a alteração do sistema de ensino.

Além disso, o perfil de estudantes de hoje é completamente diferente daquele de um passado ainda recente: segundo estatísticas americanas, aproximadamente 45% daqueles que buscam uma graduação ou um diploma já estão numa faixa etária bem acima daquela do estudante tradicional e cujas necessidades educacionais já são mais dirigidas à sua vida profissional, já estabelecida e objetiva. Em contrapartida, existe o fator da pouca disponibilidade de tempo.

Buscar esse moderno público-alvo estudantil, fora do confinamento de um campus universitário, tornou-se um desafio e um problema crucial para aquelas instituições que querem garantir sua sobrevivência. Nesse contexto, precisam lutar ou se associar aos principais concorrentes: a Internet e a nova comunidade de instituições educadoras com fins lucrativos.

Aparentemente, algumas tradicionais universidades americanas estão começando a reagir, procurando adequar-se à nova realidade do mercado educacional, tanto no que se refere ao uso de tecnologia de informação, como às características daquele crescente público-alvo.

Este é o caso da *University of Phoenix Online*, no Arizona, Estados Unidos, que oferece a conveniência e flexibilidade de assistência à classe pelo uso do computador pessoal a distância, através de programas adaptados às necessidades do aluno ou da empresa. Com isso, passou a ser uma das maiores instituições credenciadas de educação superior dos Estados Unidos.

Similarmente, a *Columbia University*, em parceria com cinco outras universidades e instituições culturais (*the London School of Economics and Political Science, Cambridge University Press, the British Library, the Smithsonian Institution's National Museum of Natural History* e *the New York Public Library*), formou em abril de 2000 a *Fathom*. O objetivo é que essa instituição torne-se lucrativa através de remuneração arbitral (orientando usuários para cursos oferecidos por outras instituições acadêmicas) e de comissões pela venda de livros, textos, periódicos, documentos e ferramentas de aprendizado.

b. Cenário brasileiro

Na condição de colônia portuguesa e pelo fato de Portugal ter-se mantido à margem da Revolução Industrial, desencadeada na Inglaterra em 1780, e da Revolução Científica que se seguiu, não se reproduziram no Brasil as condições básicas necessárias ao desenvolvimento independente, especialmente no tocante à educação, ciência, tecnologia e indústria, providas por aqueles dois marcantes fatos históricos. Nem mesmo a agricultura prosperou, não obstante a predominância agrária brasileira.

Quando o país atingiu o período republicano, sua economia estava assentada sobre uma estrutura agrária exportadora, com o café despontando como força máxima, mas sem que o país se preocupasse em recuperar o tempo perdido, em termos de conhecimentos científicos, tecnológicos e gerenciais.

O Brasil adotou, ainda que timidamente, somente a partir da década de 1930, um modelo econômico industrial. No entanto, ao acelerar essa arrancada, na década de 1950, forçou a passagem brusca de uma economia ainda quase inteiramente centrada na agricultura para uma economia industrial, sem que o país tivesse consolidado sua produção primária – primeiro e seguro passo para a geração de recursos necessários ao processo de industrialização.

Não fosse suficiente esse rompimento do modelo, o país não dispunha de adequado lastro educacional, científico e tecnológico para servir de base à industrialização, não se ocupando, sequer, de montar esse indispensável apoio, ao menos paralelamente, à implantação das primeiras e grandes indústrias produtoras de bens duráveis.

As atividades educacionais no país, por conseqüência, surgiram não só para atender, basicamente, a uma sociedade de estrutura nitidamente agrária, como também para atender à necessidade de participação no processo mundial da evolução do conhecimento. Tudo isso sem levar muito em conta o papel, cada vez maior, que esse conhecimento passou a desempenhar no progresso da sociedade atual.

Conseqüentemente, não surgiram as articulações necessárias entre as atividades produtoras, componentes de demanda para o processo de inovação tecnológica e educacional, e os detentores do conhecimento, componentes de criação, para o mesmo processo.

Sabe-se que o desenvolvimento da ciência, da tecnologia e da gerência depende, não só dos níveis técnicos e profissionais superiores, mas também da qualificação educacional de toda a força de trabalho. Isso significa dizer que o sistema educacional brasileiro deveria ter um alto grau de compatibilidade interna, tanto do ponto de vista qualitativo, como quantitativo.

Sem entrar nos detalhes do problema, podemos, facilmente, reconhecer um ponto fundamental do problema educacional brasileiro: a desvinculação do conteúdo e da estrutura educacional em relação às necessidades de desenvolvimento tecnológico, industrial e gerencial nacional, e a conseqüente defasagem entre a "criação" do conhecimento, no ambiente universitário, e a "aplicação" deste conhecimento no setor produtivo.

Além disso, nas universidades públicas, prevalecia a chamada "liberdade de cátedra", tendo como resultado a formação de "ilhas de conhecimento", sem levar muito em conta as necessidades sistêmicas, futuras do produto final – o aluno – em um mercado de trabalho já em fase de modernização.

Apenas como exemplo, o autor, apesar de ex-professor catedrático universitário, mas na época também executivo da IBM Brasil, encontrou sérios problemas para a formação de profissionais em Ciência da Computação, na década de 1960, de que, fatalmente o mercado brasileiro iria necessitar. Tendo sido esta a razão para a criação do *Rio DataCentro*, uma parceria da *Pontifícia Universidade Católica do Rio de Janeiro* – PUC/RJ e a IBM Brasil.

O mesmo fenômeno de ausência de modernização curricular, na área de energia elétrica, aconteceu quando da formação do Centro de Estudos em

Energia Elétrica, patrocinado pela IBM Brasil e criado e coordenado pelo autor, na década de 1970. Centro este congregando todas as importantes empresas de energia elétrica do país.

Hoje, no Brasil, e provavelmente devido à repercussão da crescente demanda no mercado do conhecimento, observa-se cada vez mais, através de anúncios de páginas inteiras nos periódicos de maior circulação no Rio de Janeiro, uma proliferação de cursos de graduação e pós-graduação, em todas as modalidades de ingresso e pagamento. No entanto, alguns são de duvidosa qualidade ou pelo menos de duvidosa adequação às reais necessidades das empresas, de seus empregados e de seus dirigentes. Muitos desses cursos, MBA´s por exemplo, são oferecidos em várias cidades brasileiras, terceirizados e sem nenhum controle ou fiscalização por parte das instituições patrocinadoras.

c. A universidade corporativa

A intensa competição global está provocando uma profunda reconfiguração no mercado. Segundo Jaenne Meister, em seu livro *Corporate Universities*, ao mesmo tempo em que mais produtos são considerados equivalentes pelos clientes, um fenômeno é conhecido na indústria automotiva como "convergência" – é cada vez menor o espaço para as empresas competirem em terreno tangível.

A única maneira visível que resta para que uma empresa se diferencie de seus rivais é focar os intangíveis, isto é, a qualidade dos sistemas humanos e dos processos que estão por trás dos produtos e dos serviços que ela oferece.

As empresas não podem mais agir como entidades autônomas, devem, sim, ser parte de sistemas cujos elos consistam no seu relacionamento com fornecedores, clientes e até mesmo com as instituições educacionais que formarão os profissionais que serão admitidos no futuro.

Existe um outro motivo que está levando as empresas a entrarem nesses acordos de parceria: fazer com que toda a cadeia funcionário/cliente/fornecedor estude e compreenda, coletivamente, a visão de qualidade da empresa e os tipos de qualificações, conhecimentos e competências que todos os elos da cadeia precisam adquirir para realizar seu trabalho com sucesso.

O pionerismo da *McDonald's*, da *Sears*, da *General Electric Crotonville*, de *Charles Schwab*, da *General Motors*, da *Motorola* e de muitas outras empresas conceituadas no mercado está sendo exponencialmente seguido por várias corporações, nascendo daí o conceito de Universidade Corporativa.

Na opinião do autor, a IBM já possuía, desde a década de 1960, um embrião de universidades corporativas através de seus Centros Educacionais, em países como Estados Unidos, Japão, Suécia, Bélgica, Holanda, México e Brasil. Aqui, além do Centro Educacional da Gávea, no Rio de Janeiro, para atendimento de clientes executivos e de seus próprios funcionários, foram criadas parcerias com universidades. Dentre elas, podemos citar o projeto *Rio DataCentro*, em parceria com a PUC/RJ, envolvendo outras instituições educacionais brasileiras e estrangeiras, tais como Waterloo University e Toronto University, do Canadá e Imperial College, da Inglaterra.

O verdadeiro surto de interesse na criação de uma universidade corporativa, como complemento estratégico do gerenciamento do aprendizado e desenvolvimento dos funcionários de uma organização, ocorreu no final da década de 1980. Mas vale dizer que já se usava, há alguns anos, o conceito agora chamado de "universidade corporativa".

Segundo Jeanne Meister, nos últimos dez anos, nos Estados Unidos, o número de universidades corporativas cresceu de 400 para quase 4.000. O crescimento, sem precedentes, destas universidades sugere que, para as organizações, a necessidade de reaparelhar sua força de trabalho é crucial. Ao mesmo tempo, durante esses dez anos, muitas empresas testemunharam uma redução radical no prazo de "validade do conhecimento" e começaram a perceber que não mais podiam depender das instituições de ensino superior para desenvolverem sua força de trabalho.

Uma referência relevante sobre esta indústria do conhecimento pode ser feita pela avaliação dos recursos financeiros envolvidos, nos Estados Unidos, segundo os dados resultantes de pesquisa feita pela *Eduventures.com*, empresa de pesquisa da indústria educacional, de Boston: US$ 2,6 bilhões foram investidos em negócios lucrativos dirigidos à educação, em 1999 – empresas oferecendo serviços desde assistência à criança e suprimento às escolas até treinamento corporativo e aprendizado a distância. Somente no primeiro quadrimestre do ano 2000 foram investidos US$ 640 milhões apenas em empresas *e-learning*, comparados com os US$ 195 milhões investidos em toda a indústria educacional no ano de 1998.

d. Novos profissionais executivos

As organizações americanas já possuem um *Chief Executive Officer* – CEO, um *Chief Financial Officer* – CFO e um *Chief Information Officer* – CIO, entre outros títulos executivos corporativos.

Agora, a escola do futuro já está exigindo um *Chief Learning Officer* – CLO que esteja aberto a novos processos de aprendizagem, mesmo quando este desafio esteja fortemente impregnado de credos. Ele deve modelar os comportamentos que deseja ver em outros – falando sobre ensinar e aprender, assistir seminários e *workshops*, lendo constantemente e encorajando a instituição de ensino a fazer o mesmo.

Como esta nova função de líderes de formação é diferente, inúmeros também são os *skills* necessários para a mesma. O CLO deve ajudar a faculdade e seu *staff* a vencer o medo de fracasso e aferrar-se aos problemas mais difíceis, em lugar daqueles de mais fácil solução. É essencial que este executivo esteja em um nível organizacional fora das pressões operacionais imediatistas, ou seja, deve estar situado na estrutura corporativa da instituição.

Ironicamente, é na escola onde de início aprendemos a evitar o aprendizado mais difícil, pois isso faz parte do aparelho de recompensa do sistema escolar. Aqueles estudantes que sabem as respostas são premiados com boas notas e com a aprovação e louvor do professor, enquanto aqueles que não sabem permanecem em silêncio, evitando o professor e esperando que ninguém note sua falta. Esta lição, aprendida cedo na infância, permanece por toda a vida, onde somos premiados por aquilo que sabemos, em lugar de ficarmos abertos para aquilo que ainda devemos saber.

e. Desafios para a implementação

Parece não haver dúvidas nesta era da revolução informacional de que o capital intelectual já esteja sendo considerado pelas corporações como o mais precioso ativo que possuem.

Também é certo que quase toda organização de treinamento interno propõe-se vincular o treinamento aos objetivos do negócio da empresa. Da mesma forma, quase todas universidades corporativas proclamam que sua missão e objetivo é suprir os empregados com conhecimento e competência requeridas para implementar as estratégias do negócio da empresa.

Acontece que, infelizmente, apenas uma pequena minoria deve conseguir estabelecer uma estrutura, sem falar em normas e procedimentos, para traduzir a visão estratégica da organização em unificado e coerente conjunto de programas educacionais e de treinamento. E mesmo muito poucas organizações conhecem ou compreendem os objetivos estratégicos e os planos táticos de implementação.

Alinhar programas de treinamento com objetivos estratégicos não acontece simplesmente porque o negócio e a função de treinamento assim o desejam. Deve haver mecanismos, processos, enfoques ou metodologias que permitam que isso aconteça. Se os altos executivos corporativos desejam criar um processo de treinamento dinâmico e consistente com a implementação de uma estratégica, devem, antes de qualquer coisa, explicitar e comunicar – em termos simples e claros – esta estratégia. E, obviamente, uma estratégia somente poderá ser implementada se descrita.

Uma das coisas que está comprovado é que o programa de treinamento de uma empresa é muito mais efetivo quando ele é específico para esta determinada empresa. Quando pessoas de uma mesma organização juntam-se, algo mágico acontece: importantes vínculos são criados e importantes ligações são estabelecidas. Em termos de custo/benefício, pode haver maior vantagem do que enviar pessoas a universidades para serem treinadas.

f. Desenvolvimento de executivos

A única desvantagem, também reconhecida, no caso do treinamento *in-house*, é que as pessoas perdem a oportunidade de se relacionarem com pares de outras organizações e, portanto, não tomam conhecimento do que está acontecendo fora de suas próprias fronteiras. Com isso, não são estimuladas a desalojar a arrogância e a complacência, que são os demônios gêmeos que mais freqüentemente se encarnam em quase todos os altos executivos.

Além disso, em se tratando de altos executivos, estes são lobos solitários que não se atrevem a discutir e a expor suas fraquezas, em programas dentro de sua própria organização. Por esta razão e para equalizar os problemas conceituais, já expostos, talvez seja mais vantajoso ou até indispensável um programa universitário para Desenvolvimento de Executivos.

g. Consórcio de universidades corporativas

Daí surge a idéia do Consórcio de Universidades Corporativas como um modelo alternativo que está ganhando rapidamente respeito e reconhecimento nos Estados Unidos, segundo Jaenne Meister em seu livro *Corporate University*. De acordo com a autora, este modelo é realmente uma combinação única de cursos abertos e programa sob medida, segundo o qual um grupo de empresas se reúne com uma universidade para compartilhar recursos e obter inovação, qualidade, confiabilidade e valor.

Na opinião do autor, um modelo similar pode ser o embrião estratégico de uma instituição criada dentro da Universidade, passando esta a assumir o papel de articulação entre a Universidade-mãe e as empresas participantes.

O modelo, na verdade, é igual a qualquer outro tipo de aliança estratégica que a empresa forma com um fornecedor, só que, neste caso, o fornecedor é a educação superior. Esta distinção é fundamental – tanto a empresa quanto a universidade precisam reconhecer que estão desenvolvendo um relacionamento cliente/fornecedor, em que os riscos e as recompensas são divididos entre ambos os parceiros.

Este é o caso do *Southern Company* e *Emory University Consortium*, formado em 1992. Da mesma forma que na formação de uma universidade corporativa interna, há a necessidade de comprometimento dos altos executivos, a explicitação de uma visão estratégica clara e a necessidade de desenvolvimento de objetivos estratégicos para a iniciativa. Um outro exemplo citado é o *United Health Care/Resselaer Learning Institute Consortium*.

h. Comunidades *On-line* (*"Online Community"*)

- **Passado**

O conceito de Comunidade, baseado na interação entre entidades com interesses comuns, já existe há mais de 30 anos, em experiência vivenciada pelo autor. Na década de 1960, ainda como funcionário da IBM Brasil, o autor criou e coordenou, por sete anos (1968/1975), uma comunidade chamada Centro de Estudos de Energia Elétrica (CEEL), que congregava, além das 22 mais importantes empresas de energia elétrica do país, várias universidades. Este Centro obteve, através da participação ativa das entidades participantes, os mais extraordinários resultados na área de operação de sistemas de potência interligados.

Também na década de 1990, como consultor da IBM Brasil, por quatro anos coordenou três comunidades, centradas no interesse comum nas áreas de gestão empresarial, nas indústrias de Siderurgia (Centro de Excelência em Siderurgia – CES, em Belo Horizonte, MG), Petróleo e Petroquímica (Centro de Excelência em Petróleo e Petroquímica – CEPP, em Salvador, BA) e Energia Elétrica (Centro de Excelência em Energia Elétrica – CEEL, no Rio de Janeiro).

O sucesso dessas Comunidades foi resultado de uma clara definição dos objetivos de cada Grupo e uma profunda compreensão destes objetivos, por parte de seus membros.

Os meios estruturais empregados para manter a interação entre seus componentes eram as reuniões regulares, grupos de trabalho e projetos, o uso do correio comum, atas, relatórios, aliados à tecnologia da informação disponível na época.

- **Presente**

Atualmente, capitalizando as oportunidades que a disponibilidade em escala exponencial das facilidades operacionais e tecnológicas oferecidas pela rede Internet, nesta era de acirrada concorrência, criou-se nos Estados Unidos o conceito de Comunidade On-line (*OnLine Community*), permitindo a interação, via Internet, entre várias entidades que tenham interesses comuns, sejam empresas, sejam consumidores, sejam empregados.

Esses grupos, agora chamados de Comunidades On-line têm oferecido tangíveis benefícios através de três tipos de comunidades: *business-to-business*, *business-to-consumers* e *employee-to-employee,* permitindo às empresas aproximarem-se de seus mais importantes clientes, fornecedores e empregados, através de programas inovadores que inspiram participação.

- **Futuro**

É dito que a revolução real da computação *wireless* ou computação móvel já não é tanto comercial, nem tecnológica, mas social. Ligadas em qualquer lugar a qualquer tempo, a partir de qualquer aparelho, as pessoas passam a comunicar-se e a cooperar sob novos paradigmas.

Ao longo dos últimos anos, muitas aplicações de comunidades usuárias, desde simples *mailing lists* e boletins até aplicações mais sofisticadas, têm migrado para o acesso *wireless*, via Internet, através de telefone habilitado, *pager* ou PDA (*Personal Digital Assistant*), designação genérica de um pequeno equipamento, manualmente operável, que oferece uma variedade de informações, tais como: contatos, agendas e e-mail.

Embora nos primeiros estágios de desenvolvimento, parece claro que as comunidades usuárias on-line, sob o enfoque *wireless*, serão obrigadas a pensar fora dos paradigmas de um PC (*Personal Computer*). Seria, afinal, o retorno à essência do conceito de comunidade on-line: interações *many-to-many.*

E-mail, por exemplo, é, tipicamente, uma interação *one-to-one*; um conteúdo obtido em um *site*, via Internet é, tipicamente, *one-to-many.* As aplicações de uma comunidade on-line vão além do intercâmbio *one-to-one* do *e-mail* ou da interação *one-to-many* de um conteúdo oferecido na Internet, pois deve oferecer aos usuários a oportunidade de interagir com outros usuários, como um grupo.

É preciso, além disso, estabelecer a distinção entre comunicação conversacional e interação. A interação de uma comunidade on-line nem sempre envolve conversação, mas, por outro lado, pode ocorrer em uma grande variedade de formatos.

Finalmente, algumas considerações de longo prazo são importantes. Os programas *wireless* serão integrados aos programas por cabo, não irão replicá-los, nem substituí-los e à medida que os equipamentos e dispositivos tornarem-se mais universais, novas formas de interação irão surgir.

B. Postura Gerencial

1. O Caso Brasileiro

O modelo brasileiro de substituição de importações contribuiu para a criação de um parque industrial de grandes dimensões, sem paralelo em países com igual nível de renda.

Entretanto, na opinião do autor, até a década de 1990, as empresas brasileiras, de uma maneira geral, podiam dar-se ao luxo de ignorar o mercado, principalmente o internacional. A concorrência externa era mínima, pois as alíquotas de importação eram altíssimas e alguns setores eram, inclusive, protegidos por reservas garantidas por lei. Isso sem falar que em caso de dificuldades financeiras podia-se, quase sempre, requerer recursos do governo.

Nessas circunstâncias, nos últimos 30 anos, os negócios se multiplicaram na economia quando setores inteiros foram instalados no país, formando-se uma verdadeira "muralha" de proteção, cuja tipologia abrigou uma grande parte do empresário brasileiro, protegido e alimentado por uma simbiose com o poder público. O modelo, portanto, acabou protegendo as empresas nacionais da concorrência, por tempo longo demais. O resultado foi o acúmulo de pontos fracos na cadeia produtiva, principalmente no que se refere aos conceitos gerenciais dirigidos ao livre mercado. Como conseqüência, isso gerou uma cristalização de conceitos gerenciais, já na época, completamente obsoletos e ultrapassados.

Como nenhuma economia consegue sobreviver isoladamente, para chegar ao mercado externo, as empresas brasileiras tinham de ser amparadas pelo guarda-chuva dos subsídios ou da desvalorização cambial, que mascaravam aquelas ineficiências estruturais e gerenciais. A conseqüência foi que as disparidades de renda se acentuaram, ainda que a economia se mantivesse em crescimento.

Sob todos os aspectos, tal modelo se esgotou. E premido pela globalização, o país não teve alternativa senão partir para a abertura da economia no início da década de 1990. Essa abertura da economia criou condições favoráveis para que o país finalmente debelasse uma inflação aguda e crônica, estancando a progressiva concentração de renda.

Aparentemente, foi só com a abertura de fronteiras econômicas, na chamada economia globalizada, com a exposição e o confronto com a acirrada concorrência nacional e internacional, que algumas empresas passaram a se dar conta de que as regras não eram mais determinadas nos gabinetes, mas sim por mercado cada vez mais exigente.

2. Desafio Gerencial

Nesse ambiente político, econômico e de negócios, a tarefa do efetivo *global management* será o de tornar-se cada vez mais rapidamente sensitivo às rápidas mudanças e estar preparado para gerenciá-las. No passado as organizações podiam ser gerenciadas com base na tradição, possuindo normas com grande longevidade, face ao ritmo lento das modificações do meio ambiente; o êxito dessas organizações dependia, essencialmente, da introdução de métodos mais racionais de trabalho; no entanto, esta não é mais a realidade dos dias atuais.

A complexidade interna das empresas é um outro aspecto relevante: no país, as organizações passaram, em um curto espaço de tempo, por uma fase de acelerado crescimento econômico – que as levou a rápidas expansões, algumas por novas aquisições, sem a necessária e devida contrapartida, em termos de aperfeiçoamento gerencial. Essa fase foi seguida de um período de forte retração do mercado nacional, de agressiva concorrência e de sucessivos "pacotes" econômicos, que está exigindo, cada vez mais, dessas organizações a máxima flexibilidade e produtividade. Conseqüentemente, as organizações já não podem mais ser gerenciadas pelos executivos "ecléticos" e centralizadores do passado.

Além disso, a capacidade do *management* para adequar-se às mudanças é, particularmente, importante. Isso porque, nessa chamada Revolução Tecnológica e agora também Ideológica, existem ainda países, como o Brasil, que, eufemisticamente, se intitulam de "em desenvolvimento". Mas, na realidade, estão lutando, contínua e denodadamente, para manter uma grande parte de sua população ao nível mínimo de subsistência, através de uma sucessão de crises, dentro de uma estrutura política, social e econômica tipicamente de adaptação ou de "crescimento".

A capacidade de um dirigente para gerir seus próprios negócios ou os de qualquer organização dependerá cada vez menos de métodos, técnicas e instrumentos por ele utilizados, e cada vez mais de sua compreensão de conceitos essenciais e, neles baseados, de suas atitudes e sua postura. Assim, a percepção dos problemas com os quais deve o dirigente, prioritariamente, se preocupar e a maneira pela qual ele os formula dependem, cada vez mais, de seu embasamento conceitual e, conseqüente percepção de sua "realidade", do que de sua ciência e de seu tecnicismo.

3. Postura Executiva Atual

Neste contexto, as empresas, de uma maneira geral, quando sentem um decréscimo de seus resultados operacionais, resultado de problemas políticos, econômicos, sociais ou mesmo de natureza de marketing, tendem a demonstrar certa ansiedade do *management*, que se transmite por todo o corpo social da empresa. E na tentativa de conciliar sua estrutura de "crescimento", tendem a dar uma orientação de gestão mais dirigida à adaptação e ao imediatismo.

Estas adaptações, resultado de planos isolados (geralmente de natureza financeira), pressões ou solicitações circunstanciais, sem um direcionamento estratégico, sistêmico, corporativo, tendem, por sua vez, a se perder no tempo e no espaço. Muitas vezes, isso leva seus dirigentes ao isolamento, inibindo, ainda mais, sua participação ativa no cenário social, político e econômico.

Indubitavelmente, sob o aspecto político e social, o segmento da sociedade que poderia exercer uma força política considerável – o grupo empresarial – tem demonstrado que ainda continua tentado a enclausurar-se na indiferença ao interesse coletivo e a buscar substituir o risco e a concorrência por uma forma de proteção cartorial, que acabou por incidir nos pecados do estatismo generalizado.

A postura executiva, e principalmente no nível corporativo, algumas vezes já em estrutura organizacional de *holding*, parece continuar nos mesmos padrões de comportamento, baseados em conceitos gerenciais já ultrapassados e obsoletos, que tiveram razão de ser na era da Revolução Industrial ou na fase Pós-Segunda Guerra Mundial.

Um desses conceitos, por exemplo, amplamente aceito e aplicado, mas de conseqüências muitas vezes funestas, é aquele baseado num enunciado cartesiano e analítico, que se supõe que o somatório das eficiências das partes levam, necessariamente, à eficácia do todo.

Na verdade, muitos executivos brasileiros ainda não se aperceberam, por exemplo, de que o "lucro", como resultado financeiro, é apenas uma medida de eficiência, sendo, portanto, uma condição necessária à saúde financeira da empresa. No entanto, não é suficiente para a eficácia da mesma.

4. Uma Nova Postura do Management

Ainda que a atitude da gerência e a reação das empresas, com relação às oportunidades que o meio oferecia, tenham sido aceitáveis, em um determinado momento, no passado, a dinâmica do conceito de "desenvolvimento" está exigindo uma nova postura das empresas e de seus dirigentes. Pode-se modificar a estrutura organizacional e realocar ou demitir pessoas com alguma facilidade e em prazos mais ou menos curtos. O que é muitíssimo mais difícil e complexo é criar e desenvolver "atitudes" do *management* adequadas às circunstâncias atuais.

Esta nova postura das empresas e de seus dirigentes é urgente, trazendo, nitidamente, à baila, a responsabilidade de o grupo executivo em buscar estruturas organizacionais e estilos de *management* apropriados, conhecimentos conceituais, habilidades e atitudes gerenciais que possam obter, concomitantemente, a um rápido crescimento, um "desenvolvimento" de suas organizações. O desenvolvimento de uma capacitação de *management* moderna fora dos padrões tradicionais, e seu exercício na direção das instituições, já tornou-se, em alguns casos, uma questão mesmo de sobrevivência.

A gerência bem-sucedida de qualquer esforço, individual ou coletivo, exige que se encontrem as soluções certas para os problemas certos. O que tem ocorrido, devido à uma perplexidade gerencial, é a obtenção cada vez mais freqüente de soluções certas para problemas errados. Essa ocorrência é mais comum do que a obtenção de soluções erradas para problemas certos; sem esquecer a última, catastrófica e não menos comum, que é a obtenção de soluções erradas para problemas também errados.

5. Competência Gerencial

A capacidade de percepção de situações gerenciais pode, de uma maneira simplista, ser definida como "competência gerencial" e, como pode ser concluído, é o fator mais crítico para o sucesso ou fracasso de um negócio. Esta condição de percepção, entretanto, ainda que um importante componente, é necessária, mas não é suficiente, para uma conceituação ampla de Competência Gerencial. Isso porque, não basta ter a capacidade de perceber situações, soluções ou problemas gerenciais, é indispensável ser informado adequadamente.

Assim, não existe percepção gerencial sem informação, como não existe informação gerencial sem percepção. Por sua vez, a percepção do administrador depende de sua vivência com os problemas gerenciais, de seu interesse e motivação e de seu desenvolvimento educacional e treinamento. Além disso, outros fatores, tipicamente humanos, podem influenciar negativamente na competência gerencial, tais como: arrogância, prepotência, indolência, busca da glorificação pessoal, estupidez etc.

Esta afirmativa é confirmada pelo escritor, jornalista e correspondente de guerra Erik Durschmied, em seu livro *Fora de Controle – Como o Acaso e a Estupidez Mudaram da História do Mundo ("Hinge Factor",* 2002).

Escreve o autor – "Grandes exércitos foram derrotados pela imbecilidade e pela imcompetência de seus dirigentes. Os anais da guerra estão repletos de exemplos que demonstram que a incompetência (na maior parte das vezes) resulta de uma falha não de inteligência, e sim de caráter. Diante de uma situação que evolui rapidamente, a teimosia em avaliá-la com base em idéias preconcebidas, arraigadas, representa invariavelmente uma boa razão para a derrocada. Inúmeras vezes homens corajosos foram mal aproveitados em atraques irresponsáveis. Ordens foram dadas com base não em uma percepção clara da situação, mas na ignorância, no rancor ou simplesmente numa busca da glória pessoal".

C. Visão Sistêmica – a Empresa e o Negócio

1. O Conhecimento Humano. Processo de Identificação

A tão sensível crise da cultura contemporânea, que se manifesta, particularmente, no domínio dos fenômenos humanos e sociais, tem, talvez, algumas raízes teóricas e históricas.

A fim de que sua experiência lhe servisse e pudesse favorecer sua ação futura, e não estivesse, a cada momento, partindo do nada, o homem procurou sempre identificar na multiplicidade e mutabilidade do meio que o cerca, na terminologia filosófica, – *A Dialética da Natureza* – certas feições. Feições essas que, embora distintas, podem ser consideradas, por ele, como uniformes e idênticas, no que se refere às necessidades de sua integridade e subsistência.

Este Processo de Identificação, preconizado por Aristóteles e usado pelo homem, postulando a estabilidade e a permanência das feições da natureza, foi o que permitiu o desenvolvimento do conhecimento humano e o uso intensivo e extensivo da lógica matemática.

A conceituação quantitativa foi, conseqüentemente, em grande parte, realizada à margem de conceituação qualitativa e independentemente dela – como é o caso da Matemática.

Contribuiu, para isso, o fato de que a conceituação quantitativa superou e corrigiu, em grande parte, a deformação que a conceituação qualitativa produz na representação mental da realidade objetiva. Permitiu, além disso, com esse Processo de Identificação, considerar os fenômenos, segundo suas quantidades respectivas, com vantagem de obviar o fracionamento e a pulverização da realidade em "coisas" ou "entidades" estanques e isoladas entre si – o *Enfoque Analítico*. Esta foi uma das razões porque a "quantidade" tomou, em tão larga escala, o lugar da conceituação qualitativa.

Com o correr do tempo, entretanto, o acúmulo de experiência humana, a tecnologia e a crescente complexidade dos fenômenos biológicos, sociológicos, políticos e gerenciais tornaram, cada vez mais inadequadas, as clássicas concepções lógico-filosóficas e científicas. E, apesar de esforços feitos no sentido de harmonizar ciência e tecnologia, pouco sucesso foi, até o momento, alcançado.

2. Enfoque Analítico Aplicado à Gerência

Por mais de um século, antes da Segunda Guerra Mundial, os conceitos de gerência nos eram fornecidos pelas ciências físicas.

Tais conceitos eram, basicamente, relativos à matéria e à energia, e com eles o homem conseguiu desenvolver uma imagem da natureza, que consistia, essencialmente, de partículas invisíveis e de forças que atuavam sobre elas. Essas partículas materiais e a energia eram associadas por leis causais, determinísticas, que transformavam o mundo em um mecanismo de relógio.

O presente, dentro desta perspectiva, era função determinística do passado, e o futuro, da mesma forma, uma função determinística do presente.

A liberdade e a faculdade de escolha, bem como o livre arbítrio, não passíveis de uma formulação pela lógica matemática, passaram a ser considerados como ilusões, assuntos metafísicos ou, simplesmente, fenômenos mecanísticos, ainda não explicados pela ciência tradicional.

Assim, a matéria e a energia passaram a explicar e a descrever, tanto literal como figurativamente, todo e qualquer fenômeno, inclusive aqueles de natureza psicológica, social ou mercadológica.

O princípio, intelectual ou de pensamento, era analítico, pelo qual tanto para matéria como para a energia, os objetivos, os eventos e suas propriedades deveriam ser decompostos em partes mais e mais elementares. A intenção é se obter, cartesianamente, uma melhor compreensão do todo que, por certo, seria o resultado do somatório da compreensão das partes.

A conseqüência deste enfoque foi que as atividades humanas organizadas e as organizações que as empregavam, fossem elas instituições, governos ou empresas, passaram a ser consideradas como mecanismos ou, na melhor das hipóteses, como organismos.

Acontece que tanto um como outro se constituem em um todo, cujas partes têm uma função necessária, porém não suficiente em relação ao funcionamento deste todo. Assim, um *mecanismo* é uma entidade que pode servir aos objetivos de uma outra, mas não tem objetivos próprios; enquanto um *organismo* pode ter seus próprios objetivos.

Talvez por isso o organismo passou a ser considerado um "análogo" de uma empresa ou organização, apesar de ser um "análogo" enganoso, pois ainda que um organismo possua objetivos próprios, suas partes inter-atuantes – os órgãos – não os possuem. Situação completamente diversa daquela de uma organização humana, cujas partes inter-atuantes têm, cada uma, seus próprios objetivos.

3. A Organização e o Indivíduo

O tratamento gerencial mecanicista ou organicista das organizações tem levado à consideração de suas partes atuantes – os seres humanos – como entidades desumanizadas, respectivamente, componentes mecânicos, facilmente removíveis e substituíveis. Ou, ainda, na melhor das hipóteses, órgãos do sistema maior, facilmente transplantáveis ou extirpáveis.

É inegável que a orientação psicológica, em relação às organizações e ao seu pessoal, trouxeram, em um determinado tempo, significativo aumento de produtividade, mesmo sob o enfoque mecanicista/organicista.

Torna-se, porém, cada vez mais evidente que as taxas iniciais de incremento de produtividade já não são mais atingidas. Este declínio pode ser facilmente explicado pela crescente incompatibilidade entre os objetivos pessoais dos componentes do corpo social da instituição e os objetivos da mesma.

Por outro lado, com a presente Revolução Tecnológica ou Informacional, a parte da força de trabalho, empregada em trabalhos físicos, tende a ser substituída por máquinas ou autômatos, cada vez mais sofisticados. Enquanto o trabalho mental vai tendo a possibilidade de ser multiplicado através de computadores cada vez mais potentes e acessíveis, a nível individual.

A conseqüência óbvia desta situação é a exigência de um nível cada vez maior de **competência**. Um óbice, aliás, que já enfrentamos é precisamente este: a escassez de competência. E neste ambiente, os mais competentes tendem a ser mais móveis e menos inclinados à inteira devoção às instituições a qual, no momento, pertencem. Isso porque se consideram profissionais e, como tal, procuram dirigir seus princípios de devoção aos conceitos de realização própria e individual.

Não se enganem, pois, aqueles que acreditam que o homem, como acontecia no passado, irá acomodar, por iniciativa individual, seus próprios objetivos com aqueles das instituições ou das organizações às quais pertence. Esta é uma hipótese realista para a conjuntura atual deste país, onde ainda impera a deficiência educacional e a insegurança econômica.

4. A Organização e seu Meio Ambiente

Não menos importante, apresenta-se o problema das interações entre as instituições, de uma maneira geral, e seu meio ambiente. Até o presente, a tendência das organizações tem sido a de minimizar, senão ocultar, a importância de suas interações com o meio ambiente.

É pensamento corrente que cada instituição deve cuidar de si própria, e que se deve preocupar com os outros apenas na medida em que sua função específica assim o seja. Uma empresa industrial, por exemplo, somente deveria preocupar-se com os fornecedores, que vão suprir as matérias-primas necessárias à produção, ou com o consumidor, que irá utilizar os bens produzidos, ou com os serviços correlatos.

A função dessa empresa seria, portanto, a de produzir bens ou serviços, de maneira lucrativa, para assim gerar riqueza a ser distribuída entre seus proprietários acionistas. Alcançado este objetivo, dentro dos limites das leis vigentes e dentro dos padrões da ética comercial, não se exigia dessa organização nenhuma preocupação adicional, relativa aos eventuais efeitos que pudessem causar suas atividades, sobre o ambiente físico ou social.

O argumento tem sido baseado numa racionalidade técnico-econômica, tipicamente analítica, qual seja: se cada elemento do sistema econômico (fornecedor, produtor e consumidor) alcança seus objetivos, tão eficientemente quanto possível, a eficácia do todo seria, implicitamente, alcançada.

Tudo isso, como se o sistema econômico, que contivesse essas organizações, fosse um sistema fechado, em si mesmo, e não um subsistema de um sistema maior – a sociedade. O ufanismo gerado por esse tipo de pensamento analítico tem sido seriamente abalado e tumultuado por aqueles que não conseguiram participar dos frutos da economia, produzidos dentro dessa perspectiva.

O resultado tem sido o desvio da atenção da produção, pura e simples, para o problema da distribuição da riqueza que é, como sabemos, não mais um problema econômico, mas um problema tipicamente social. Os efeitos dessa atitude estão aí para demonstrar, de forma cada vez mais visível e eloqüente, a deteriorização da qualidade do nosso meio físico e social.

5. Mudanças no Meio Ambiente

Por tudo isso, as velhas ideologias e seus pressupostos, que alguma vez tornaram nossas instituições legitimadas, estão se deteriorando, devido às vertiginosas mudanças da realidade social, e sendo substituídas por diferentes idéias, ainda mal formadas, contraditórias e duvidosas.

Estamos, inegavelmente, em uma era de incertezas, em que as antigas normas não são mais confiáveis, as instituições se desagregam, as pessoas, particularmente os jovens, procuram refúgio nas drogas e fuga no alheamento ou não mais aceitam imposições de outros, seja de indivíduos, seja de organizações. Daí a seqüência, quase universal, de protestos em nome de uma maior participação.

Não só neste país, mas em todo o mundo, a juventude, somada àqueles que têm sido reprimidos, explorados ou apenas considerados como peças mecânicas ou órgãos de um todo, tem elevado cada vez mais suas vozes, exigindo uma maior participação nos processos de decisão, que afetam ou podem afetar seus futuros. Esta situação pode ser resumida em comentário feito por um executivo da *General Motors*:

> *"Estou preocupado com uma sociedade que tem demonstrado uma crescente falta de confiança em suas instituições – no governo, na imprensa, na igreja, nos militares – assim como nas empresas."*
>
> (Richard C. Gerstenberg, "1973 Report on Progress in Areas of Public Concern" – Detroit, GM Corp., Fev. 8, 1973.)

6. O Enfoque Sistêmico e a Gerência

a. O enfoque sistêmico

Neste livro, foi utilizada a base conceitual da Teoria Geral de Sistemas, tal como a concebeu e propôs o biólogo austríaco Ludwig von Bertalanffy em 1940, que é dirigida à pesquisa de princípios e mecanismos epistêmicos comuns às diferentes disciplinas científicas, evitando, com isso, esforços repetitivos e agilizando o progresso da ciência, mediante a colaboração transdisciplinar.

Tal visão supõe a superação de uma divisão da ciência em disciplinas, por uma espécie de "megaciência", que integre em um todo hierárquico os princípios ***isomorfos*** das diferentes ciências ou fenômenos, em diferentes níveis de organização e complexidade. Dessa forma, permite considerar cada ciência ou fenômeno, em seu nível específico de complexidade, evitando reducionismos, que põem em perigo a objetividade, sobretudo nas ciências e nos fenômenos de natureza social, como é o caso de uma empresa.

A percepção da presente realidade está exigindo que passemos a perceber sistemas, e não somente suas partes diferenciadas. A velha idéia de especialização científica, num enfoque analítico/cartesiano, tem que ceder lugar à nova consciência da interdependência de todas as coisas. Já dizia Marshall McDuhan: *"Não existem passageiros na espaçonave Terra, somos todos tripulantes."* Ou em outras palavras: se existem furos no barco, cabe a nós calafetá-los, pois só os marinheiros bêbados se tranqüilizam dizendo que estão na popa enquanto o furo é na proa...

b. A física e a prática gerencial

Sendo a ciência da administração ou a arte gerencial bastante jovem, quando comparada com outros ramos do conhecimento, sempre buscaram conceitos baseados na Física clássica ou newtoniana, em que a visão de mundo era mecanicista, mas útil para a descrição dos fenômenos físicos que são encontrados na vida quotidiana, e, portanto, apropriada para lidar com o meio ambiente de relativa complexidade. Além disso, mostrou-se extremamente bem-sucedida como uma base para o desenvolvimento tecnológico.

Na Física clássica, utiliza-se a probabilidade toda vez que os detalhes do evento envolvido são desconhecidos. Estes detalhes são chamados variáveis locais, pois residem dentro dos objetos envolvidos. Já na Física subatômica, as variáveis locais são representadas por conexões, estabelecidas através de sinais, entre eventos separados espacialmente. Esses sinais, que são partículas e redes de partículas, respeitam as leis usuais da separação espacial.

Nenhum sinal, por exemplo, pode ser transmitido mais rápido que a velocidade da luz. Mas, além dessas conexões locais, podem existir outro tipo de conexões, não-locais, instantâneas e que não podem, atualmente, ser preditas matematicamente. Essas conexões não-locais são concebidas, por alguns físicos modernos, como sendo a própria essência da realidade quântica.

Na Teoria quântica, eventos individuais nem sempre possuem uma causa bem definida. O salto de um elétron de uma órbita atômica para outra, por exemplo, ou o decaimento de uma partícula subatômica, pode ocorrer espontaneamente, sem ter como causa um evento isolado.

Nunca pode ser predito quando e como tal fenômeno irá ocorrer; pode ser predito, isso sim, apenas sua probabilidade. Isso não significa que os eventos atômicos ocorrem de forma completamente arbitrária; significa, apenas, que eles não são vinculados por causas locais.

O comportamento de uma parte qualquer é determinado pelas conexões não-locais que ela mantém com o todo e, como essas conexões não são conhecidas com precisão, a estreita noção clássica de causa e efeito deve ser substituída pela concepção mais ampla da casualidade estatística. Assim, enquanto na Física clássica, as propriedades e o comportamento das partes determinam as propriedades e o comportamento do todo, na Física quântica a situação é inversa: o todo é que determina as propriedades e o comportamento das partes.

c. O enfoque sistêmico aplicado à gerência

Nessas circunstâncias, o mais importante e fundamental talvez seja a crescente aceitação do enfoque sistêmico ou "holismo" – a teoria pela qual a natureza tende a agrupar unidades de qualquer tipo em "todos", que, por sua vez, estão integrados em um único e integrado Todo. Assim, os limites de crescimento, as limitações de recursos energéticos, a fragilidade de nossa vital biosfera, tem dramatizado a ecológica e filosófica verdade de que cada coisa está relacionada com alguma coisa mais.

Harmonia entre os trabalhos do homem e as exigências da natureza já não é mais apelo dos defensores ecológicos; é uma exigência absoluta de sobrevivência. Por isso, é de grande significado ideológico, subvertendo, de várias formas, a antiga teoria de Locke.

O perigo está no interesse em assegurar o presente *status quo*, que pode encorajar a sociedade em manter uma ideologia mecanicista ou organicista, já ilegítima, desgastada e obsoleta, confundindo-a com o conceito de valores. Podendo resultar, dessa indevida lealdade, a morte desses mesmos valores.

A análise e a síntese, indiscutivelmente, caminham sempre juntas. Por isso, o progresso do Enfoque Analítico criou a necessidade do Enfoque Sistêmico. Assim também, o avanço do especialismo na ciência gerou a necessidade de teorias holísticas, englobando todas as ciências.

Meios e fins representam diferentes posições de análise, numa cadeia hierárquica de sistemas. A saída (*output*) de um sistema é seu "fim", mas, ao converter-se em entrada (*input*) de um sistema de ordem superior, passa a ser considerado como "meio", para os fins do metassistema em que ele está inserido. Sistema, Subsistema, Metassistema e Ecossistema são, portanto, apenas artifícios semânticos para definir o ângulo de um observador diante de uma realidade complexa.

7. O Enfoque Sistêmico e os Negócios

Baseado nesses conceitos, percebe-se que na visão do acionista e sob um enfoque sistêmico um empreendimento baseado no conceito de fabricação e/ou venda de uma *product line,* ou de prestação de serviço, através da oferta de mercadorias, em sistema um Varejo, por exemplo, pouco difere de um empreendimento baseado no conceito de "informação financeira" de um sistema financeiro. Ou, ainda, da prestação de serviço de fornecimento de energia de um Sistema de Energia Elétrica.

Para ele, acionista, seja privado, seja governamental, o objetivo de qualquer um desses sistemas, a par de algum motivo subjetivo, estilístico, político ou social, é incrementar seu patrimônio, através de um retorno do capital investido.

A idéia básica nada mais é, pois, do que encontrar uma aplicação – comercialização e/ou fabricação de uma linha de produtos – ou a venda de um financiamento ou empréstimo (no sistema "Financeiro"), ou prestação de uma serviço, a partir de um investimento inicial do acionista para, em continuação, gerar lucro, remunerando seu capital.

A Competência Gerencial exercida, em qualquer dos casos, pode ser avaliada pela forma como é conseguido o sincronismo, ou "casamento", entre a Entrada (*input*) e a Saída (*output*) do Sistema (Compra de Matéria-prima, Transformação e Comercialização, na empresa *Product Line*; Compra, Estocagem e Comercialização, na empresa *Varejo*; Captação e Aplicação, no Sistema Financeiro ou Transformação de uma Energia Potencial, Transmissão e Distribuição de Energia Elétrica, no Sistema Elétrico). É inconcebível, portanto, na avaliação da eficácia gerencial, a existência de qualquer um desses Sistemas se não houver uma perfeita sincronização do fluxo, que constitui a parte substantiva do negócio, entre a Entrada e a Saída do Sistema. Esta sincronia só poderá ser obtida através de uma Competência Gerencial, exercida sobre os Processos que constituem o *core business* e sobre aqueles Processos que constituem os Recursos necessários, aliados a um eficiente Sistema de Informação Gerencial.

8. Conceito Sistêmico de Marketing

Sob o aspecto econômico, o Brasil de hoje está longe de operar uma verdadeira economia de mercado, pois seu desenvolvimento se apoiou além do razoável, no tempo e na intensidade, há mais de 30 anos, nos subsídios e na proteção do Estado. Com este acúmulo de distorções no funcionamento do mercado criou uma geração de executivos e empresários não necessariamente preparados para a livre competição ou não familiarizados com os mecanismos do mercado.

Há muito, e provavelmente, devido à progressão inflacionária, nota-se que a busca da eficácia e da produtividade deixou de ser a meta básica das empresas brasileiras. Visa-se à preocupação com a eficiência da gestão financeira e a produtividade, oriunda do *overnight* ou do repasse para o cliente, da expectativa da inflação futura.

Talvez como conseqüência dessa situação, o conceito de *marketing* pareça persistir, ainda, na grande maioria das empresas, como a idéia de uma atividade isolada e departamentalizada (que engloba vendas, compras, pesquisa, promoção, propaganda ou distribuição), nas relações de troca entre a empresa e o consumidor.

Em âmbito mais amplo, a situação torna-se deveras crítica quando, devido à confusão conceitual, é praticada a "venda" internacional em lugar do exercício de *marketing* internacional. Neste caso, quase que infalivelmente, a empresa irá cair nas malhas da "chantagem" internacional de preços, e muitas vezes será obrigada a colocar produtos no mercado internacional a preços aviltados.

Se o Estado brasileiro pretende modernizar-se, como parece ser o objetivo dos novos governos, e encolher seus tentáculos na economia, retirando subsídios, incentivos e reservas de mercado, é obvio que os empresários terão que mudar de postura, definindo seu próprio destino, sem o apoio paternalista do governo.

É, pois, mandatório, na conjuntura atual, que os executivos se conscientizem, também como parte do *ethos* da empresa, da importância do conceito sistêmico de *marketing* e da interdependência de suas funções, como agentes da eficiência do sistema econômico-financeiro da organização. Além disso, esses mesmos executivos precisam conscientizar-se da importância da inclusão, no escopo de *marketing*, da força do poder político e da opinião pública como áreas de crescente influência e interferência na formulação das estratégias da empresa.

Quanto à etimologia, *marketing* é uma expressão anglo-saxônica derivada do latim *mercari*, que significa comércio, ou ato de mercar, comercializar ou transacionar. Para muitas pessoas, erroneamente, *marketing* significa propaganda; para outras, ainda, tem o mesmo significado de pesquisa de mercado, ou promoção de vendas ou é apenas um sinônimo de vendas.

Para Philip Kotler, em *Marketing Essentials* (1984), *marketing* é uma atividade humana, dirigida a satisfazer necessidades e desejos, através do processo de trocas.

Para melhor compreensão do conceito, damos, a seguir, algumas das funções típicas do composto de *marketing*. Assim, fica mais claro entender a afirmação de Peter Drucker, em seu livro *Management, Task, Responsabilities, Practices* (1973) de que *marketing* deve ser encarado como uma fórmula para tornar o ato de vender supérfluo.

- *Segmentação de Mercado.*
  - *Definição de Áreas Estratégicas de Negócio.*
  - *Formação de Portfólio de Negócios.*
- *Atendimento à Curva de Demanda:*
  - *Por Produto;*
  - *Por Tecnologia.*
- *Pricing.*
- *Atendimento ao Tempo e Local – Distribuição:*
  - *Logística;*
  - *Canais de Distribuição.*
- *Atividades de Vendas.*
- *Comunicação ao Mercado.*
- *Customer Service:*
  - *Anterior à Venda;*
  - *Durante a Venda;*
  - *Posterior à Venda.*

O objetivo é, pois, conhecer e entender o perfil do consumidor tão bem, dentro de seu segmento de mercado, em suas necessidades ou expectativas, ou seu poder aquisitivo, para que o produto ou serviço seja vendido por si só.

Como corolário, fica também claro que, se as funções do composto de *marketing* não forem totalmente cumpridas e seu exercício não for perfeito, haverá uma compensação na agressividade da atividade de vendas.

2

Sistemas Gerenciais

A. O Processo Decisório

1. Definição

Num mundo de crescente complexidade, era de se esperar uma grande atenção à capacitação gerencial, com ênfase na habilidade e até coragem de criar riscos, de incorrer em riscos, enfim, de tomar decisões.

Na verdade, a ênfase tem sido dada mais sobre as técnicas do que sobre os princípios, mais sobre os instrumentos do que sobre os resultados e, acima de tudo, mais sobre a eficiência das partes do que a eficácia do todo.

Estão aí para comprovar isso os resultados das tentativas passadas de ajuste econômico, excluindo a dimensão humana e procurando consertar a economia, negligenciando o impacto da decisão sobre a qualidade de vida do homem.

Nenhum programa de ajuste terá futuro, independentemente da tecnologia ou da eficiência de técnicas, mecanismos ou instrumentos econômicos, se mutilar a renda familiar, deteriorar o serviço social e, sobretudo, baixar a níveis mínimos a nutrição, a saúde e a educação. Um homem subnutrido, enfermo e analfabeto não conhece e não pode escolher sua ética, e, como homem livre, aceita, sem perguntas, sem introspecção ou sem análise, os efeitos de toda propaganda privada ou estatal, destinada à condicioná-lo.

Por tudo isso, quem toma decisões-chave está, na verdade, assumindo um compromisso com o futuro, ainda que desconhecido e incerto. Compromisso esse mais com expectativas do que, necessariamente, com fatos.

Conseqüentemente, o risco faz parte da essência do processo decisório, e a criação de riscos e os riscos assumidos constituem a função básica de quem toma decisões. A tentativa de eliminar riscos ou até mesmo minimizá-los pode levar à tendência, hoje generalizada pela "tecnocracia", de subordinar todas as atividades humanas, inclusive as econômicas, à técnica e à lógica matemática, parecendo encarar todas essas atividades sob um enfoque de determinação física, e não como uma afirmação humana e um exercício de liberdade e decisão responsável.

Que vem a ser, então, processo decisório?

Processo de tomada de decisão, ou processo decisório foi definido por F. A. Shull *(Organization Decision Making)* como sendo:

> *"Um processo, envolvendo fenômenos, tanto individuais como sociais, baseado em premissas factuais e de valores, que inclui a escolha de um comportamento, dentre uma ou mais alternativas, com a intenção de aproximar-se de algum estado de coisa desejado".*

Ou ainda, uma definição mais simples, de Jay Forrester (*Industrial Dynamics):*

> *"É um Processo através do qual a Informação é transformada em Ação".*

Ainda mais: para que esse processo decisório seja evolutivo, é indispensável que se avalie o resultado após cada interação decisória. Objetiva-se com isso que a experiência da tentativa seja incorporada, como informação cognitiva, ao conhecimento do autor da decisão.

Esta avaliação é feita pelo confronto de uma situação, inicialmente desejada, com uma efetivamente realizada.

Deparamo-nos, portanto, com quatro ingredientes básicos do Processo Decisório evolutivo: a ***Decisão*** propriamente dita, a ***Informação, a Ação*** e a ***Avaliação***.

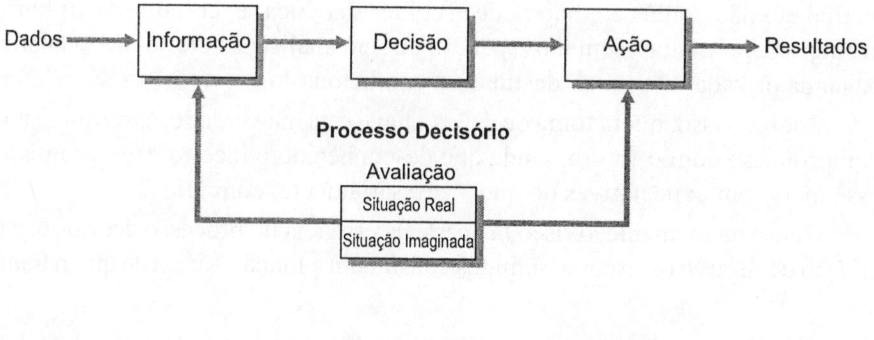

2. Decisão

O termo "decisão" designa o momento da opção, da escolha, da seleção de uma alternativa; poderá ser, também, a palavra utilizada para nomear a alternativa escolhida.

Se fosse possível estabelecer uma escala contínua de complexidade, na tomada de decisões, teríamos: num extremo da escala, as decisões a nível inconsciente; aí as decisões parecem surgir do nada, brotam fáceis, espontâneas. Estas, são transformadas em ações reflexas, condicionadas, que nos poupam de uma terrível sobrecarga cognitiva; do contrário, teríamos que, a todo instante, recorrer ao nível de decisão consciente para cada pequena ação.

O acúmulo da experiência vai, assim, permitindo a formação de hábitos, que serão mantidos, sem maiores reflexões, enquanto seus resultados se situarem numa certa faixa de aceitabilidade, em termos de custo e benefício.

No outro extremo da escala, entretanto, teríamos as decisões que não podem ser programadas. Os objetivos não estão bem definidos ou são conflitantes; o volume de dados sobre a situação é excessivo ou insuficiente, comprometendo a disponibilidade de informações. Não se conhecem todas as alternativas, talvez nem mesmo as principais; a capacidade de prever as conseqüências da ação resultante é limitada; a implementação pode ser tão complicada que envolve, por si só, várias outras tomadas de decisões, tão ou mais complexas que a primeira e, ainda, a avaliação dos resultados pode ser muito problemática.

É exatamente nesta faixa, da escala do processo decisório, que deve atuar o executivo moderno, num mundo de complexidade crescente, em escala exponencial, cujo número de soluções possíveis para resolver problemas complexos é tal que uma simples declaração de preferência é, por si, inadequada.

3. Decisão e Prioridade

O mundo tem se tornado mais e mais complexo, sua saúde física e mental vem sendo influenciada, constantemente, por milhares de formas benignas ou malignas de tecnologias.

O homem de decisão será, como conseqüência, obrigado a adquirir conceitos básicos de um novo enfoque para poder enfrentar, essa nova situação, desde o Estado até a organização familiar.

Não podemos, outrossim, esperar estabilidade num mundo onde o dirigente, ou mesmo o indivíduo, esteja sujeito ao avanço tecnológico, sem compreendê-lo, sem controlá-lo e onde apenas uns poucos, alguns cheios de pretensões pessoais, ideológicas ou mesmo tecnológicas, teriam acesso ao processo decisório sobre assuntos que impactam o homem, como individuo, como cidadão e como ser social.

Por tudo isso, os problemas que nos afligem, atualmente, não serão resolvidos por políticas monetárias, por fórmulas mágicas de natureza econômica ou por ideologias político-sociais enquanto não começarmos a aprender a dirigir as pessoas, de tal forma que elas possam trabalhar, em conjunto, com eficiência, com liberdade e com um certo grau de satisfação. Devemos começar a aprender, ainda, a ***decidir sobre as prioridades***, que melhor possam atender ao objetivo principal de qualquer organização humana – o próprio homem.

Para isso:

- necessitamos de uma sistemática provisão de conhecimento organizado para as decisões que impliquem riscos na nossa revolução tecnológica; revolução essa complexa e extremamente dinâmica, em nosso mercado, em nossa economia e em nossa sociedade;
- precisamos de instrumentos para medir e avaliar expectativas e resultados, não somente em termos quantitativos, mas, principalmente, em termos qualitativos;
- necessitamos de meios efetivos para uma visão comum e sistêmica, bem como uma estrutura organizacional e uma correspondente comunicação multifuncional e multiprofissional;
- precisamos de algo que possa ser ensinado e que possa ser aprendido por maior número de pessoas, com alguma coragem e competência, para não termos que depender, sempre, da intuição ou da vontade de uns poucos "gênios".

4. Informação

A Informação é, como pode ser visto no gráfico representativo do Processo Decisório, a matéria-prima da própria Decisão, a partir de dados que são obtidos do meio, interno ou externo, da empresa.

Devido à importância do assunto, o item "Informação" está desenvolvido em capítulo à parte.

5. Ação

No processo decisório, a ação é o subsistema de execução. A mesma pode ser desenvolvida por quem toma a decisão ou delegada, como no caso de uma empresa, à operação, a fim de que sejam alcançados os resultados desejados.

6. Controle de Sistemas (Avaliação)

Quando analisamos uma empresa, estamos, na realidade, em face de um sistema de alta complexidade. Isso porque, segundo a escala de Kenneth Boulding, trata-se de um sistema social humano bem mais complexo que os indivíduos que o compõem.

Para que seja compreendida a função de Controle, como parte do Processo Decisório gerencial, é essencial que alguns conceitos relevantes sejam explicitados e discutidos.

a. Complexidade

Quanto mais complexo um sistema, maior a dificuldade em compreendê-lo e controlá-lo, em definir sua estrutura (interdependências entre as partes) e, conseqüentemente, em prever seu comportamento.

O termo "complexidade" pode ser abordado sob vários pontos de vista. Sob o enfoque matemático, a complexidade pode ser entendida como um conceito estatístico. De forma específica, a complexidade pode ser mais bem explicada em termos de probabilidade de um sistema estar em um determinado estado, em um determinado tempo.

Sob o ponto de vista quantitativo, a complexidade pode ser expressa em função do:

- número de elementos que compõem o sistema;
- grau de interdependência entre estes elementos;
- atributos dos elementos específicos do sistema;
- grau de organização do sistema, isto é, a existência ou a falta de determinadas regras que guiam as interações entre os componentes e/ou especificam os atributos dos elementos que compõem o sistema.

Preferimos sintetizar os fatores determinantes, referidos nos dois últimos itens, como a capacidade que teria o sistema em assimilar ou receber Informação. A complexidade do sistema cresce, portanto, com o aumento do número de seus componentes, com o grau de interação entre eles e com a capacidade de receber ou assimilar informação.

Esta complexidade é medida pela "Variedade", que seria o número de estados diferentes que pode tomar o referido sistema.

b. Lei do requisito da variedade ou da variedade requerida

Quando nos referimos à tentativa de Controle de Sistemas Complexos, entre eles uma Empresa, temos, obrigatoriamente, que citar a Lei do Requisito da Variedade (*The Law of Requisite Variety*), enunciada por William Ross Ashby, cibernético inglês, diretor de pesquisas do Barnwood House Hospital, Gloucester e autor dos livros *Design for a Brain* (1952) e *Introduction to Cybernetics* (1956) e pioneiro na concepção da *homeostatic machine.*

Esta lei que é de fundamental importância para a concepção de sistemas, sob o ponto de vista cibernético, ainda que sua utilização rigorosa seja, muitas vezes, difícil pode ser interpretada como: *a quantidade de seleção adequada que pode ser desempenhada* (no controle) *é limitada pela quantidade de informação disponível ou ainda para uma regulação adequada a variedade do sistema regulador deve ser igual ou maior do que o sistema ser regulado.*

Uma outra interpretação pode ser: *um sistema de variedade "V" não poderá ser totalmente controlado por outro sistema, dito controlador, se a variedade "U" deste último não for, pelo menos, igual à variedade do sistema a ser controlado.*

Em outras palavras, o sistema de controle deve ser tão rico em possibilidades como o sistema a controlar.

c. Complexidade dos sistemas vivos

À medida que a entropia aumenta, o universo e todos os sistemas mais ou menos fechados deste universo tendem, naturalmente: a se deteriorar e a perder a nitidez; a passar de um estado de mínima a outro de máxima probabilidade; de um estado de organização e diferenciação, em que existem formas e distinções, a um estado de caos e mesmice. Este incremento de entropia universal é, em Física, expresso pela Segunda Lei da Termodinâmica.

Nós, como seres biológicos, não somos isolados; assimilamos matéria e energia do mundo exterior para garantir nossa sobrevivência e somos, por conseguinte, parte daquele mundo, mais vasto, que contém as fontes de nossa vitalidade e existência. Mais importante, ainda, é o fato de que, além da matéria e da energia, assimilamos, em muito maior grau que qualquer outro ser vivo, "informação", daí porque o homem é um dos sistemas de maior complexidade. Nesse atributo, somente é inferior aos sistemas sociais humanos e aqueles transcendentais (segundo a classificação de Sistemas de Kenneth Boulding).

d. Finalidade

A Finalidade pode ser definida, matematicamente, como a distância que separa um processo de seu estado de equilíbrio. A utilização do conceito matemático de "Finalidade", entretanto, só se pode aplicar a sistemas que buscam um estado estacionário de equilíbrio – *Steady State* – ou seja, sistemas em que suas regulações e seus objetivos estejam determinados, *a priori*, para a consecução de um estado de equilíbrio, seja de natureza homeostática (dinâmico), seja de natureza termodinâmica (estático).

e. Eqüifinalidade

Nos sistemas de maior complexidade, como os embriológicos, os filogenéticos e os sociais, a situação dos Sistemas de Controle é muito mais complexa. Ali, o objetivo do sistema não se determina *a priori*, nem por disposições fixas, nem por mecanismos de controle e de auto-regulação: trata-se de uma possibilidade de regulação, produto da capacidade adaptativa dos sistemas, a qual é muito mais flexível do que o controle homeostático. Entendendo-se a "flexibilidade" como a capacidade que possui o sistema de mudar sua própria regulação, por ação das partes, em inter-relação complexa, com o meio ambiente.

A Eqüifinalidade é, pois, a capacidade que possui um organismo de chegar ao mesmo resultado, por meios ou caminhos distintos, devido à flexibilidade da estrutura para assimilar informação e adaptar-se ao meio ambiente, portador dessa informação.

O conceito de Bertalanffy de Eqüifinalidade muito agilizou a noção dos sistemas auto-reguladores – "Morfoestáticos" – dos sistemas biológicos abertos. No conceito de Eqüifinalidade, entretanto, o resultado final é sempre o mesmo, ainda que sejam seguidas alternativas diferentes.

Por isso, talvez seja mais importante um conceito oposto – multifinalidade – onde situações iguais podem levar a resultados distintos. Este enfoque permite o desvio e, com isso, o aumento de possibilidades para a estrutura do sistema. Este último princípio se aplica aos sistemas socioculturais e aos sistemas filogenéticos.

f. Homeostase, morfoestase e morfogênese

- ***Homeostase*** – o conceito de retroalimentação (*feedback*) oferece uma solução para o problema da Finalidade, pois todo o subsistema de retroalimentação implica sua regulação. Logo, um objetivo explicável e reconhecido pelo sistema em si, sem recorrer a fatores transcendentes.

  Os sistemas Homeostáticos possuem mais características de sistemas fechados do que de sistemas abertos, pois apresentam um comportamento reativo face às perturbações do meio ambiente: os desvios se retroalimentam com informação, que desencadeia uma reação nos mecanismos de regulação (que existem por disposição estrutural fixa), corrigindo o desvio. Os fenômenos típicos de realimentação ou homeostáticos são "abertos" em relação à informação, mas "fechados" no que se refere à matéria e à energia.

SECUNDÁRIO	• **AUTO-REGULAÇÃO**	
	HOMEOSTASE *METABOLISMO* – Informação Interna do Sistema, sem incorporação ou assimilação da mesma.	Um grau informacional aplica-se a sistemas com inferior a sistemas que assimilam informação do meio ambiente.
	• **ADAPTAÇÃO**	
	MORFOESTASE *APRENDIZADO* – Incorporação da informação à estrutura sem mofificação da mesma.	Aplica-se aos processos de intercâmbios + complexos entre o sistema e seu meio ambiente e que tendem a manter ou preservar uma forma, uma estrutura ou um estado do sistema
PRIMÁRIO	• **EVOLUÇÃO**	
	MORFOGÊNESE *ASSIMILAÇÃO* – Capacidade da Estrutura de modificar-se pela incorporação de um novo elemento sem desorganizar-se.	Refere-se a capacidade de mudança de estrutura do sistema por assimilação de informação de seu meio ambiente.

- **Controle Secundário** – Cibernética
- **Controle Primário** – Interação dinâmica dos componentes em relação dialética com o meio ambiente

Já para os sistemas mais complexos, regidos pela Eqüifinalidade ou Multifinalidade, o controle é flexível e tem a capacidade de se inter-relacionar com o meio ambiente, independentemente de qualquer determinação *a priori* da estrutura do sistema. Para tornar mais claro esses conceitos de controle de sistemas, Walter Buckley (*Sociology and The Modern Systems Theory),* recomenda o uso dos termos:

- ***Morfoestase*** – refere-se aos processos de trocas entre o sistema complexo e o meio ambiente, que tendem a preservar ou a manter a forma, a organização, a estrutura ou o estado do sistema. Os processos homeostáticos em organismos vivos e o ritual nos sistemas scocioculturais são exemplos de "morfoestase".
- ***Morfogênese*** – refere-se aos processos que tendem a elaborar ou a mudar a forma, a estrutura ou o estado de um sistema. A evolução biológica, a evolução do conhecimento humano e o desenvolvimento social são exemplos de "Morfogênese".

7. Planejamento

Outro ingrediente essencial no processo decisório, como vimos, é a avaliação que, em termos conceituais, é composta de uma análise entre uma situação previamente imaginada e uma realmente realizada, gerando um desvio que servirá de parâmetro de direcionamento a quem está tomando a decisão.

Certamente há diferenças físicas entre o homem e os outros animais, e mesmo entre os homens e os macacos antropóides. Num salto com vara, um atleta a segura numa pega que nenhum antropóide pode igualar. No entanto, essa diferença é secundária, comparada àquela representada pelo fato de o atleta ser um homem, cujo comportamento não é determinado pelo seu ambiente imediato, como seriam as ações de qualquer outro animal.

Não sendo um exercício dirigido ao presente, as ações do atleta se apresentam, aparentemente, como que destituídas, por completo, de objetividade.

Acontece, porém, que sua mente está fixa no futuro, pois seu objetivo é aprimorar sua habilidade; sua imaginação, portanto, está dando um salto no futuro. As posturas desse atleta representam uma cápsula de habilidades humanas.

O ponto culminante desse processo é representado pelo processo de Planejamento, isto é, a habilidade de escolher um objetivo futuro, imaginado, e manter a atenção fixa no mesmo, rigorosamente, observando o que realmente foi realizado.

Arte e ciência são ações exclusivamente humanas, fora do alcance de qualquer outro animal. E uma e outra derivam de uma só faculdade humana: a habilidade de imaginar o futuro, de antecipar um acontecimento e planejar a ação, adequadamente, representando-o, para nós mesmos, através de imagens projetadas, ou dentro de nossas cabeças, ou em um desenho nas paredes escuras de uma caverna pré-histórica, em um documento escrito ou, ainda, no vídeo de um terminal de computador.

E é, exatamente, essa faculdade e habilidade humana de imaginar o futuro e desejar modificá-lo a sua maneira que permite ao homem avaliar sua ação presente e capitalizar sua experiência.

O processo de planejamento é, conseqüentemente, indispensável para um processo decisório evolutivo e sadio.

B. Sistemas Gerenciais

1. Missão

A Missão de uma empresa ou de uma *holding,* seja ela estatal, seja ela privada, é sua *raison d'être*. Em se tratando de uma empresa dedicada a um negócio, a missão traduz-se na definição, propriamente dita, de seu *core business*.

Na explicitação da missão, deve ficar claro, também, qual a orientação do negócio: se à produção, se à operação, se a vendas ou se a *marketing*. E mais ainda: se o *core business* é baseado no oferecimento de linha de produtos ou na oferta de prestação de serviços.

Esta diferenciação conceitual entre missão orientada à comercialização de linha de produtos ou de prestação de serviços é essencial.

Isto porque a missão baseada no conceito de **linha de produtos** pode ser, opcionalmente, orientada seja para vendas, seja para *marketing*. Por outro lado, a missão baseada na **prestação de serviços** só pode ser orientada para *marketing*, visto que os serviços representam algo, muitas vezes intangível, não estocável e não consumível.

E, para melhor explicar essa diferença entre a comercialização de produtos *versus* o oferecimento de serviços, é transcrito abaixo um texto de autor anônimo:

"Não me ofereça coisas!

Não me ofereça roupas!

- *Ofereça-me uma aparência bonita e atraente.*

Não me ofereça sapatos!

- *Ofereça-me comodidade para meus pés e o prazer de caminhar.*

Não me ofereça casa!

- *Ofereça-me abrigo, segurança, comodidade e um lugar que prime pela limpeza e felicidade.*

Não me ofereça livros!

- *Ofereça-me horas de prazer e o benefício do conhecimento.*

Não me ofereça discos!

- *Ofereça-me o lazer e a sonoridade da música.*

Não me ofereça ferramentas!

- *Ofereça-me o benefício e o prazer de fazer coisas úteis e bonitas.*

Não me ofereça móveis!

- *Ofereça-me conforto e a tranqüilidade de um ambiente aconchegante.*

Não me ofereça coisas!

- *Ofereça-me idéias, emoções, ambiência, sentimentos e benefícios.*

Por favor, não me ofereça coisas!"

Tratando-se de uma *holding,* sob o aspecto gerencial, a Missão deve ser entendida e definida quanto ao grau de delegação gerencial, transferida às unidades operacionais ou às empresas do Grupo, em termos de decisões, de ações, de previsões e de controles, segundo políticas e procedimentos, predeterminados pelos níveis hierárquicos superiores.

Deve haver, por isso, uma definição clara de Missão da *holding*, agora não mais dirigida a um negócio específico, mas, sim, à opção de *holding*, seja ela financeira, seja ela operacional ou gerencial.

Os Sistemas Gerenciais, por outro lado, como será visto, são aquelas situações gerenciais (decisões, ações, previsões, controles, seguindo procedimentos e políticas), necessárias para a consecução das Missões, hierarquicamente, definidas.

Assim sendo, a clara explicitação das Missões, desde o nível *holding* (se existente) até os níveis funcionais, operacionais, dentro das várias unidades que compõem o Grupo, torna-se condição essencial para a identificação, numa seqüência decrescente: dos Processos, dos Sistemas Gerenciais, de seus correspondentes Sistemas de Informações e do uso adequado da Tecnologia da Informação.

É importante ressaltar que o valor da definição da missão, de uma maneira geral, está mais no consenso, obtido pelo exercício da discussão do grupo corporativo, do que na forma redacional de sua formulação.

2. Eficácia e Eficiência de um Sistema

Existe, como discutido no item anterior, uma "razão de ser" da instituição, seja ela lucrativa ou não, e que, uma vez explicitada, será considerada a Missão substantiva desta entidade. Em última análise, no caso de uma empresa lucrativa, esta missão representa o compromisso do sistema com seu meio ambiente ou com o mercado.

Complementando esta definição, é essencial definir, também, os vários recursos que deverão ser utilizados, como meios, para a consecução da Missão substantiva. Cada um desses recursos constituirá um Subsistema de Recursos, ou um conjunto de processos, com seus respectivos objetivos ou missões, e seus atributos quantitativos, qualitativos, temporais, financeiros, geográficos. Todos sempre vinculados à Missão da entidade ou da empresa.

a. Eficácia do sistema

A Eficácia do Sistema será determinada pelo grau de atendimento aos objetivos ou à missão que se propôs na interação com seu meio ambiente. No caso de uma empresa com base lucrativa, sua eficácia será determinada pelo grau de aceitação de seus produtos ou serviços, dentro das prioridades (quantitativas, qualitativas, temporais, financeiras ou geográficas), estabelecidas pelo mercado e independente dos desejos desta mesma corporação.

Assim, uma empresa que, independente das características de seu mercado, estabeleça como sua prioridade corporativa, por exemplo, a noção de qualidade (eventualmente até uma qualificação de ISO 9000), quando seu mercado espera uma prioridade diferente, em termos de quantidade e tempo (uma *Trading* internacional, enfrentando uma acirrada concorrência de preços ou um mercado de baixo poder aquisitivo, sem condições de pagar índices de Qualidade Total), estará fora do mercado, correndo o risco de sua produção acumular-se em prateleiras.

A Eficácia, portanto, é uma medida determinada pelo meio ou pelo mercado, e não pela entidade produtora de produtos ou serviços. Vale dizer que seu desconhecimento ou descumprimento pode representar a morte ou a falência do Sistema.

b. Eficiência do sistema

A Eficiência do Sistema será determinada pelo grau de adequada utilização dos Recursos necessários para atingir a Missão Eficácia do Sistema. O grau de utilização dos recursos, desde que não afete as relações de troca com o meio ambiente ou mercado do sistema, é por eles ignorado.

A Eficiência será, portanto, uma medida gerencial "interna" e, se mantida dentro dos limites de saúde funcional da empresa, pode, ao contrário da Eficácia, até manter um crescimento continuado da instituição.

Conceitos como "lucratividade", "produtividade", "qualidade total" e outros não têm o mínimo significado para o mercado, desde que o mesmo seja atendido em suas necessidades, em suas expectativas ou em suas singularidades.

3. Processos

Processo pode ser definido como um conjunto de macroatividades, físicas ou não, interdependentes entre si, que são exercidas com a finalidade de atingir um objetivo comum, que pode ser em termos: quantitativos, qualitativos, temporais, financeiros, geográficos, motivacionais ou de satisfação (por exemplo: Processos de Cadastramento de Fornecedores, de Licitação, de Recebimento de Materiais etc.).

Assim sendo, após definida a Missão, é essencial a definição dos Macroprocessos, necessários para a consecução desta. Conseqüentemente, estes Processos devem estar, permanente e irrestritamente, vinculados a esta Missão.

Na definição dos Processos, devem ser identificados os subprocessos relevantes, de naturezas quantitativa, qualitativa, temporal, financeira e geográfica, com definição clara das prioridades entre estes atributos.

Apesar do conceito de Processo voltar a ser relembrado, principalmente como parâmetro essencial na Reengenharia, modismo presente, ele, na verdade, faz parte da disciplina rigorosa que o enfoque sistêmico impõe, quando introduz novos elementos no discurso, como relações do sistema com seus subsistemas.

Como já foi explicado anteriormente, em um Processo, da mesma forma que em um Sistema, sua saída (*output*) é seu "fim", mas, ao converter-se em entrada (*input*) de um processo de ordem superior, passa a ser considerado como "meio", para os fins do metassistema em que ele está inserido. A chamada gerência orientada por processos nada mais é, portanto, do que vincular o Processo Decisório ao gerenciamento de Processos.

Já na década de 1960, a IBM usou como recurso próprio e para clientes uma metodologia chamada *Business System Planning* – BSP, que visava à definição de estrutura de Bancos de Dados a partir da identificação de Processos, através de um sistema de quatro quadrantes, em forma de cruz.

4. Sistema – Enfoque Sistêmico

O enfoque proposto, tanto por Bertalanffy como por Wiener, procura encarar uma série de atividades e processos, anteriormente dissociados, como fazendo parte de um todo, maior, integrado e estruturado. Trata-se, na verdade, mais de uma maneira ou atitude de encarar o mundo e a nós mesmos do que uma metodologia ou algo tecnológico em si.

Dessa forma, um sistema pode ser considerado como um complexo de componentes, ou de processos, ou de subsistemas, direta ou indiretamente relacionados a uma rede causal, de forma que cada elemento se relaciona pelo menos com alguns outros, de modo mais ou menos estável, dentro de determinado período de tempo.

Os componentes podem ser relativamente simples e estáveis, ou complexos e mutáveis; podem variar em apenas uma ou duas propriedades ou assumir muitos estados diferentes. Suas inter-relações podem ser mútuas ou unidirecionais, lineares ou intermitentes, e variar em grau de eficácia ou prioridade causal.

Esse enfoque muito deve à psicologia da *Gestalt* (palavra alemã que significa "forma", "estrutura"), conceito semelhante à noção de Sistema, pois dá a idéia implícita de relação entre as partes, de modo que o Todo passa a reunir características próprias, não existentes em cada parte, tomada isoladamente – "Sinergismo".

As espécies particulares de inter-relações mais ou menos estáveis de componentes, que se estabelecem em qualquer tempo, constituem, então, a "*estrutura*" particular do sistema, nesse determinado tempo, atingindo assim, um "*todo*", com algum grau de continuidade e limites (por exemplo: Sistemas de Compras, de *Marketing*, de Recursos Humanos, de Recursos Financeiros, etc.). O Sistema, incluindo as partes e mais as relações entre elas, torna-se, assim, uma entidade nova, não mais uma simples soma das partes.

Os conceitos de Sistema, Subsistema e Processo podem, muitas vezes, ser confundidos ou tornarem-se sinônimos.

5. Sistema Gerencial

Um Sistema Gerencial pode ser entendido como o conjunto de Decisões, Ações, Previsões e Controles a serem exercidos, para o gerenciamento de um Sistema, com um ou vários Processos, não necessariamente interdependentes, em um determinado nível hierárquico ou diferenciado, orientados segundo Procedimentos e Políticas. Objetiva-se, nesse contexto, cumprir, com eficácia, a *Missão* delegada, utilizando, com eficiência, os recursos necessários (entre eles, os Informacionais).

Em outras palavras, um Sistema Gerencial é um conjunto de Processos Decisórios para o gerenciamento de um Sistema, com um ou vários processos, para a consecução de uma Missão, previamente explicitada.

Passemos, então, à definição dos Sistemas Gerenciais, necessários para o gerenciamento dos Processos e dos subprocessos, em termos de Decisões, Ações, Previsões e Controles a serem exercidos.

É importante enfatizar que o atendimento às prioridades dos Processos (quantidade, qualidade, tempo, preço/custo, local e satisfação), estreitamente vinculadas à Missão da empresa, leva o Sistema Gerencial responsável, implicitamente, ao conceito de **Gestão da Qualidade Total**.

Além disso, quaisquer desvios, considerados relevantes, de Processos ou de Sistemas Gerenciais, com relação à Missão, ou mesmo com a mudança desta, podem justificar uma **Reengenharia**, seja de Processos, seja de Sistemas Gerenciais.

Por outro lado, todo e qualquer Programa, que não obedeça a estes critérios, e esteja desvinculado da Missão da empresa, fatalmente transformar-se-á em "modismo" inócuo e oneroso.

A definição dos Sistemas Gerenciais é um processo *top-down*. Justamente por isso, devem ser definidos a partir do nível *holding*, desde que este nível exista, ou do nível corporativo da empresa.

6. Sistemas Gerenciais Corporativos e Operacionais

Quando examinamos os níveis hierárquicos gerenciais em uma empresa, notamos que existem diferenças consideravelmente grandes, algumas vezes até antagônicas. Para melhor análise dessas diferenças, consideramos apenas dois níveis na empresa: corporativo e operacional.

Os Sistemas Gerenciais Corporativos seriam aqueles não mais divisionais ou departamentais, existentes ao nível de decisão estratégica. Já os Sistemas Gerenciais Operacionais seriam os níveis de execução, divisionais e funcionais, dentro da empresa.

Foram considerados, na figura a seguir, também como recurso para argumentação e análise: seis retângulos, divididos por uma diagonal, onde a parte inferior do mesmo representaria a atenção gerencial a situações, tipicamente, operacionais.

À medida que a área operacional diminui, limitada pela diagonal, a atenção gerencial migra para situações de gerência corporativa, representada pela área acima da diagonal, atingindo seu máximo na parte superior do retângulo.

Examinando cada retângulo, segundo características relevantes para a atenção gerencial, teríamos:

1º retângulo – meio externo *versus* meio interno.

- ***Nível corporativo*** – este nível está mais dirigido a situações de meio ambiente externo (mercadológico, econômico, político, social etc.).
- ***Nível operacional*** – este nível tende a ser mais dirigido a situações internas da empresa.

2º retângulo – situações estruturáveis *versus* não estruturáveis.

- ***Nível corporativo*** – situações não passíveis de estruturação, devido à crescente complexidade, a ambigüidades e a altos índices de probabilidade do meio externo onde atua, normalmente, o processo decisório corporativo.
- ***Nível operacional*** – as situações no nível operacional são mais previsíveis, determinísticas e, conseqüentemente, passíveis de serem consideradas sistemas estruturáveis, ou algorítmicos, ou ainda modeláveis pelo uso da lógica matemática, ou metodologias científicas.

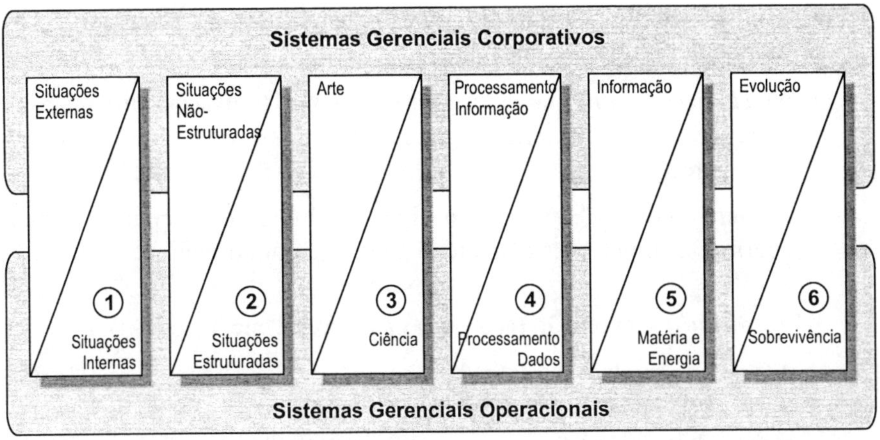

3º ***retângulo*** – arte gerencial *versus* ciência da administração.

- ***Nível corporativo*** – como conseqüência das condições de meio externo, cujas situações são altamente probabilísticas, descontínuas, sem possibilidade do uso de metodologias científicas, muitas vezes ainda, sem referência histórica, sobra à gerência a única alternativa possível para o exercício de suas atribuições – a arte gerencial.
- ***Nível operacional*** – como conseqüência das condições internas serem mais determinísticas, menos complexas e menos probabilísticas, o exercício das funções gerenciais pode recorrer a um embasamento de natureza científica.

4º ***retângulo*** – informações *versus* dados.

- ***Nível corporativo*** – o processo decisório corporativo requer um processamento bastante limitado de informações relevantes (conceito de *one page information system*).
- ***Nível operacional*** – este nível é caracterizado pelo grande volume de dados gerados pela operação e a necessidade de seu processamento.

5º ***retângulo*** – informações *versus* matéria e energia.

- ***Nível corporativo*** – é o nível no qual existe apenas interação informacional com o meio ambiente, já que neste ambiente não ocorrem transações de produtos ou serviços. Por analogia com um sistema biológico humano, o nível cerebral seria o correspondente nível corporativo da empresa, onde as transações com o meio que o cerca são, única e exclusivamente, informacionais.

- *Nível operacional* – é o nível onde ocorrem as transações dinâmicas de trocas com o meio externo (mercado), em termos de produtos, serviços e dinheiro.

  No ser biológico humano, é o nível fisiológico ou metabólico, onde ocorrem as transações de matéria e energia com o meio.

6º retângulo – evolução (ação) *versus* sobrevivência (reação).

- *Nível corporativo* – é o nível que garante a evolução, através de uma cadeia filogenética, e a perpetuação da empresa, da mesma forma que o sistema biológico homem é garantido através de uma complexa interação dialética e informacional com seu meio ambiente.
- *Nível operacional* – é o nível de sobrevivência da empresa, onde são efetuadas as trocas materiais e energéticas com o meio externo (produtos, serviços, dinheiro), através de atividades de *marketing*; além disso, é responsável pelo "crescimento" do sistema empresa. No sistema biológico, a sobrevivência e o crescimento do sistema são mantidas pelas trocas de matéria e energia, com o meio ambiente, através de processos metabólicos.

Conclusão – pela observação das características de ambos os níveis gerenciais, chega-se à conclusão abaixo:

- O nível corporativo é caracterizado pela atenção gerencial, prioritariamente, dirigida ao meio exterior, que, por suas características de crescente complexidade e natureza probabilística e turbulenta, não permite um processo decisório corporativo estruturado. Neste nível, o executivo é obrigado ao exercício da arte gerencial uma vez que inexiste embasamento científico.

  É, além disso, um ambiente onde são requeridas poucas informações de natureza estratégica para se garantir a evolução do sistema empresa num ambiente de permanente mutação e alto índice de turbulência.

  É, também, um nível gerencial que, sob ponto de vista informacional, tem todas as características de um sistema **aberto** e, deve por sua natureza, ser um sistema gerencial proativo. Consistentemente, os componentes do Processo Decisório, deste nível, obedecem às mesmas características, tais como os Sistemas de Informação Gerenciais e o Sistema de Planejamento Estratégico Corporativo.

- O nível operacional, por sua vez, é caracterizado pela atenção gerencial, dirigida, basicamente, a situações internas, determinísticas, de baixa complexidade. Assim, tem-se um processo decisório estruturado, algorítmico, modelável e passível de lançar mão de recursos científicos, tais como: lógica matemática, pesquisa operacional etc.

  Corresponde a um ambiente onde um grande volume de dados é gerado e processado, e suas interações com o meio são ao nível fisiológico de trocas comerciais. Objetiva-se, exclusivamente, garantir a sobrevivência do sistema empresa.

  Já no que tange o aspecto informacional, é um sistema gerencial **fechado**.

  Como conseqüência dessas condições, os componentes do Processo Decisório Operacional, tais como os Sistemas de Informação Gerencial e o de Planejamento Operacional, seguem as mesmas características.

7. Responsabilidades Típicas do Nível Corporativo

A seguir, algumas responsabilidades típicas do nível corporativo das empresas, já que, como vimos, cabe a ele manter uma ponderável interação informacional com os meios econômico, político, social e ambiental, a fim de garantir a permanência da empresa, no tempo e em regime evolutivo, inserida no meio social da área geográfica em que opera.

a. Equilíbrio organizacional

Mesmo sob um enfoque econômico, uma instituição só será eficaz e satisfatória se mantiver um equilíbrio sutil, entre, de um lado, intimidade interpessoal, e de outro, objetividade e explicitação.

Este equilíbrio harmônico entre uma atuação operacional, de natureza econômico-financeira, imediatista e outra social e política, de longo prazo, só poderá ser mantido através de um nível corporativo.

Isso porque o problema fundamental da cooperação, entre indivíduos, reside no fato de que eles somente possuem metas, parcialmente sobrepostas.

Quando deixados aos seus próprios mecanismos de atuação, passam a perseguir objetivos, de natureza operacional, na maioria das vezes incongruentes e conflitantes, através de esforços descoordenados.

O risco de que essas situações ocorram de um modo explosivo cresce, exponencialmente, com as condições de incerteza e oportunismo, gerando desmotivação, deslealdade e mesmo desonestidade.

b. Ativos humanos

Independentemente do que vier a ocorrer no futuro, é inegável que as empresas poderão sair mais fortalecidas das fases periódicas de crise econômica, pelas quais costuma passar o país, desde que a produtividade passe a ser um conceito importante para a sobrevivência saudável das organizações modernas.

Muito embora a atenção maior tenha sido dada aos ativos materiais, é extremamente importante que seja dada pelo menos igual importância aos ativos humanos. Não fazê-lo, poderá trazer conseqüências desastrosas para a empresa e seus executivos no longo prazo.

É imperativo, portanto, que o nível corporativo das empresas assuma esta responsabilidade e tenha uma idéia clara das necessidades de treinamento e de desenvolvimentos atual e futuro de seus ativos humanos.

c. Sociocultura e longevidade da empresa

Os conceitos usados no Processo de quem decide e as ações daí resultantes são cada vez mais influenciados por sistemas de valores, determinados não apenas por forças sociais internas das instituições, mas também pelos padrões socioculturais – Ideologia – do sistema social mais amplo.

Talvez fique claro que, por uma análise retrospectiva do processo evolutivo das grandes corporações, as que mantiveram um constante e continuado crescimento foram aquelas que tinham uma sólida base de crenças e valores, e que permitiram às pessoas que constituíam seu corpo social, abrangendo o grupo corporativo, basear suas políticas, seu comportamento e suas ações.

Infelizmente, quando mais se esperava que houvesse uma consolidação dessa necessidade, por parte do grupo corporativo, uma considerável ênfase tem sido dada às decisões, com vista a resultados operacionais cada vez mais imediatistas. Não só ignorando uma visão estratégica no longo prazo, mas muitas vezes às custas do próprio futuro da instituição.

d. Legitimização de uma ideologia

Quando houver conscientização coletiva, ampliação da educação e incremento da segurança social dentro da Empresa e também quando desaparecer a ameaça da penúria econômica, a busca da compatibilização dos objetivos da instituição com aqueles de seu corpo social, através de um processo de legitimização de ideologias, passará a ser uma questão de sobrevivência destas mesmas instituições.

Esta ideologia legitimada é indispensável para servir como embasamento sociocultural na formação da escala de valores e um guia de comportamento, ético-social, ambos a nível de indivíduo.

Por outro lado, esta ideologia só será legitimada quando fundamentada na crença comum de que se consegue melhor os interesses individuais por uma completa inserção de cada um no interesse de todos.

Para isso, da mesma forma que uma Ideologia Nacional – a Constituição – deve ser explicada através de uma mensagem escrita de maneira clara, com textos sem o detalhismo dos regulamentos e a impermanência das utopias, segundo a Ciência Política, também a Ideologia de uma instituição microssocial, como o é a empresa, deve ser, de alguma maneira, explicitada através de uma mensagem clara, concisa e compreensível por todos aqueles que constituem o corpo social da instituição.

Mesmo sob o enfoque econômico, uma instituição só será eficaz e satisfatória se mantiver um equilíbrio sutil, entre, de um lado, intimidade interpessoal e, de outro, objetividade e explicitação.

Cabe, portanto, à organização mediar transações interpessoais para reduzir, ao mínimo, tanto as incongruências entre as partes, como as ambigüidades da avaliação de desempenho dos indivíduos que compõem o corpo social, promovendo padrões de reciprocidade para que cada componente de grupo considere a transação mútua como equânime.

Também como já exposto, a omissão ou menor atenção a esse particular, por parte das instituições, trará, infalivelmente, a falta de confiança entre as partes, exigindo um aumento do contratualismo e de mecanismos de vigilância recíproca, correndo o risco de que essas situações possam ocorrer de um modo explosivo, com as condições de incerteza e oportunismo. Com isso, desmotivação, deslealdade e desonestidade podem estar presentes.

Cabe ao nível corporativo da empresa investir na formação e na manutenção desta cadeia informacional filogenética, que garanta a perpetuação de uma cultura ético-social dentro de seu corpo social.

Como visto no caso da *Asea Brown Bveri* – ABB, citado neste livro, o nível corporativo desta companhia criou um sentimento de responsabilidade compartilhada – Ideologia – denominada pela mesma como *policy bible*.

e. O problema sucessório

A empresa, como qualquer outro sistema vivo, necessita ter estabelecidas suas estratégias dirigidas à garantia de sua perpetuação e evolução. Esta responsabilidade cabe ao grupo corporativo, pois é neste nível que os sócios-fundadores se identificaram, por determinado espaço de tempo, e se integraram suficientemente bem para tornar identificáveis e reconhecidos seus atos, suas expectativas, suas realizações e seus objetivos.

Este nível, contudo, nas atuais circunstâncias, pode sofrer alterações definitivas e inesperadas em sua composição, pois cada membro, individualmente, está sujeito a uma lei biológica, férrea e implacável – a expectativa de vida produtiva – ou, ainda, ao risco de uma fatalidade, fora de qualquer previsão ou controle.

Neste sentido, passa a ser, portanto, de fundamental importância o estabelecimento de um direcionamento estratégico, para que, em sua eventual recomposição, parcial ou total, conseqüência de afastamento voluntário, acidental ou compulsório de seu(s) dirigente(s) fundador(es), o sistema de gestão corporativa não sofra solução de continuidade, bem como a Ideologia que representa a maneira de ser do(s) acionista(s) dirigente(s) e do corpo social do grupo.

f. Mudanças no meio ambiente

O nível corporativo deve estar alerta para as mudanças que estão ocorrendo no mundo e no país, principalmente na fixação de uma visão estratégica para sua empresa ou grupo, haja visto os protestos populares que têm ocorrido no mundo (Seattle e Praga, no ano 2000), contra a globalização e suas conseqüências, bem como contra a ideologia neoliberal, imposta após a falência do comunismo.

8. Sistemas de Informação Gerencial

É o conjunto de informações necessárias ao Sistema Gerencial para garantir suas decisões, ações, previsões e controles, relativos aos atributos quantitativos, qualitativos, temporais, financeiros, geográficos e de satisfação, dos processos abrangidos pelo Sistema Gerencial.

Quando falamos de Informação, estamos partindo da premissa de que haja uma capacitação gerencial, ao nível do Sistema em questão, capaz de perceber as informações que o Sistema de Informação pode oferecer.

É importante, também, salientar que o fluxo de informações, relativas ao *core business,* em uma empresa orientada ao mercado, tem o sentido inverso do fluxo físico de processamento do produto.

C. Enfoque Sistêmico – a Empresa como um Sistema

Para melhor compreensão dos conceitos até agora explicitados, serão apresentados, a seguir, vários modelos de empresas, de diferentes campos de atividade, analisadas sob o enfoque sistêmico:

1. Empresa Manufatureira

Como exemplo de uma empresa manufatureira pode ser tomado qualquer indústria que transforme matéria-prima em um produto acabado.

a. Sistema (Objetivo/Missão)

Um Sistema Empresa Manufatureira é aquele que tem como objetivo (ou Missão) o atendimento a um Mercado Consumidor, através do fornecimento de Produtos, por ele processados ou fabricados, em quantidade, qualidade, tempo, preço e local, de forma a manter um determinado nível de satisfação, desde que atendidas as prioridades deste mercado consumidor; e a partir da aquisição de matéria-prima de um mercado fornecedor em termos de quantidade, qualidade, tempo, custo e local, mantendo um adequado nível de satisfação deste mercado.

b. Processos

Este Sistema Empresa Manufatureira pode ser, arbitrariamente, considerado como composto de três Macroprocessos ou Subsistemas:

- ***compra de Matéria-prima*** – é o Macroprocesso ou Subsistema que interage com o mercado fornecedor para aquisição da matéria-prima e a transfere para o Processo seguinte;

- ***transformação*** ou ***fabricação*** – é o Macroprocesso ou Subsistema que transforma, através da fabricação, a matéria-prima em um produto acabado e o transfere ao Processo seguinte;
- ***marketing*** ou ***comercialização*** – é o Macroprocesso que faz o interface do Sistema Empresa com seu mercado consumidor, estabelecendo uma relação otimizada de trocas.

Cada um destes Macroprocessos pode ser, horizontalmente, subdividido em processos que atendem às condições quantitativas, qualitativas, temporais, financeiras e geográficas, mantendo as prioridades estabelecidas pelas características do mercado consumidor.

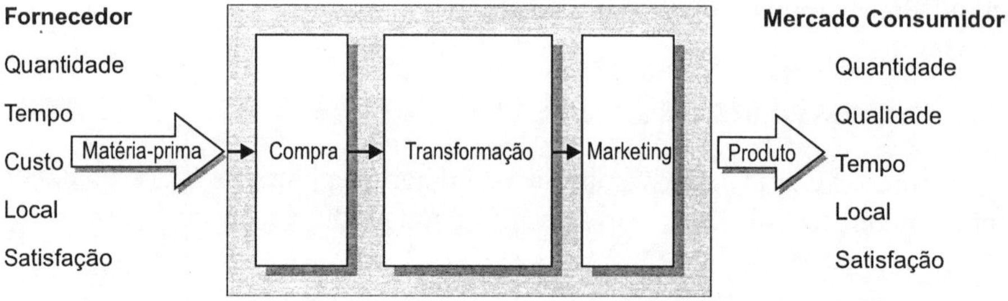

c. Sistemas gerenciais

Para cada um destes macroprocessos, processos e subprocessos, relativos ao fluxo físico da matéria-prima/produto ou correspondentes ao atendimento das prioridades dos atributos, características do mercado, deve haver um gerenciamento, por processo ou por grupos, em termos de decisões, ações, previsões e controles. Este conjunto de atividades gerenciais irá constituir os Sistemas Gerenciais necessários para a consecução dos objetivos do Sistema ou da Missão da empresa.

2. *Empresa Financeira (Investimentos)*

Como exemplo de empresa financeira foi considerada qualquer entidade que se dedique a aplicações financeiras na área de investimentos para desenvolvimento de atividades econômicas.

a. Sistema (Objetivo/Missão)

Um Sistema Empresa Financeira (Investimentos) é aquele que tem como objetivo (ou Missão) o atendimento à demanda de investimentos e/ou empréstimos financeiros de um Mercado de Aplicação em: quantidade, tempo, preço e local, mantendo um adequado nível de satisfação deste mercado aplicador, atendidas as características, particulares deste mercado; a partir de uma Captação financeira, também em termos de quantidade, tempo, preço e local, mantendo um adequado nível de satisfação deste mercado.

b. Processos

Este Sistema Empresa Financeira pode ser, arbitrariamente, considerado como composto de três Macroprocessos ou Subsistemas:

- ***captação*** – responsável pela obtenção do produto (dinheiro) no mercado captador;
- ***aplicação*** – responsável pelo atendimento à demanda de investimentos e/ou empréstimos, do mercado aplicador;
- ***fluxo de caixa*** – macroprocesso intermediário, responsável pela sincronização do fluxo do produto (dinheiro), entre a Captação e a Aplicação, em termos de quantidade, tempo, custos e local.

Cada um destes macroprocessos pode ser, horizontalmente, subdividido em processos que atendem às condições quantitativas, temporais, financeiras (custos do dinheiro) e geográficas, mantendo as prioridades estabelecidas pelas características dos mercados envolvidos.

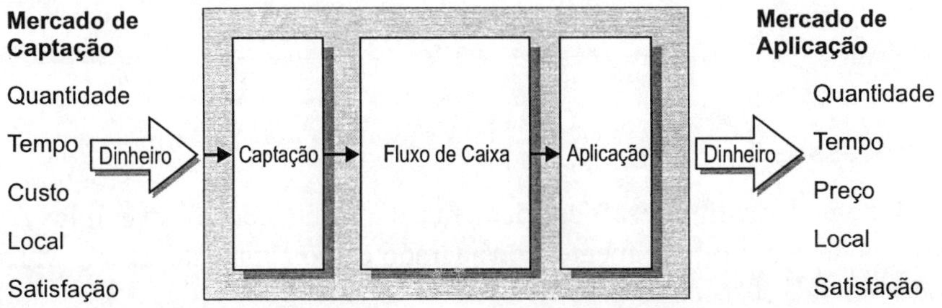

c. Sistemas gerenciais

Para cada um destes macroprocessos, processos e subprocessos, relativos ao fluxo físico do dinheiro, mantendo as prioridades dos atributos, as características do mercado, deve haver um gerenciamento, por processo ou por grupos, em termos de decisões, ações, previsões e controles. Este conjunto de atividades gerenciais irá constituir os Sistemas Gerenciais, necessários para a consecução dos objetivos do Sistema ou da Missão da empresa.

3. Empresa Varejo

Como exemplo de um sistema empresa Varejo foi tomado qualquer instituição que, não responsável por processo de transformação, compra mercadorias de fornecedores e as revende em lojas ou supermercados, atendendo o requisito utilidade tempo/local.

a. Sistema (Objetivo/Missão)

Um Sistema Empresa Varejo é aquele que tem como objetivo (ou Missão) o atendimento a um Mercado Consumidor, oferecendo a utilidade tempo e local (Loja, Supermercado etc.) de Produtos não fabricados por ele em: quantidade, qualidade e preço, de forma a manter um determinado nível de satisfação, desde que atendidas as prioridades deste mercado consumidor; a partir da aquisição de produtos de um mercado fornecedor, em termos de quantidade, qualidade, tempo, custo e local, mantendo um adequado nível de satisfação deste mercado.

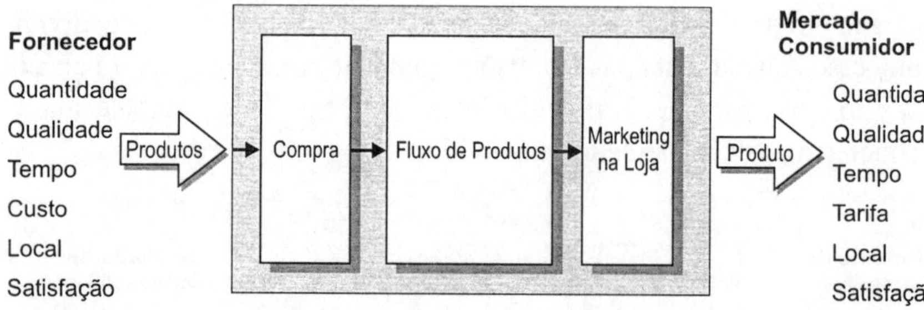

b. Processos

Este Sistema Empresa Varejo, da mesma forma que nos exemplos anteriores, pode ser, arbitrariamente, considerado como composto de três Macroprocessos ou Subsistemas:

- ***compra de produtos*** – é o Macroprocesso ou Subsistema que interage com o mercado fornecedor, para aquisição dos Produtos;
- ***marketing*** ou ***comercialização*** – é o Macroprocesso que faz o interface do Sistema Empresa, através de Lojas ou Supermercados, com seu mercado consumidor, estabelecendo uma relação otimizada de trocas;
- ***fluxo de produtos*** – mantém a sincronização entre Compras e *Marketing*, dentro das prioridades dos atributos quantitativos, qualitativos, temporais, financeiros e geográficos, estabelecidas pela mercado consumidor.

Cada um destes macroprocessos pode ser, horizontalmente, subdividido em processos que atendem às condições quantitativas, qualitativas, temporais, financeiras e geográficas, mantendo as mesmas prioridades estabelecidas pelas características do mercado consumidor.

c. Sistemas gerenciais

Para cada um destes macroprocessos, processos e subprocessos, relativos ao fluxo físico dos produtos e ao atendimento das prioridades dos atributos, características do mercado, deve haver um gerenciamento, por processo ou por grupos, em termos de decisões, ações, previsões e controles. Este conjunto de atividades gerenciais irá constituir os Sistemas Gerenciais, necessários para a consecução dos objetivos do Sistema ou da Missão da empresa.

4. Empresa de Serviços Públicos (Energia Elétrica)

Como exemplo de empresa de serviços públicos foi considerado um sistema de energia elétrica pleno, ou seja, aquele que, para atender a uma demanda de energia elétrica, transforma qualquer energia potencial existente no ecossistema, transporta essa energia e a distribui a um mercado consumidor.

a. Sistema (Objetivo/Missão)

Um Sistema Empresa de Energia Elétrica é aquele que tem como objetivo (ou Missão) o atendimento a um Mercado Consumidor (limitado ou não

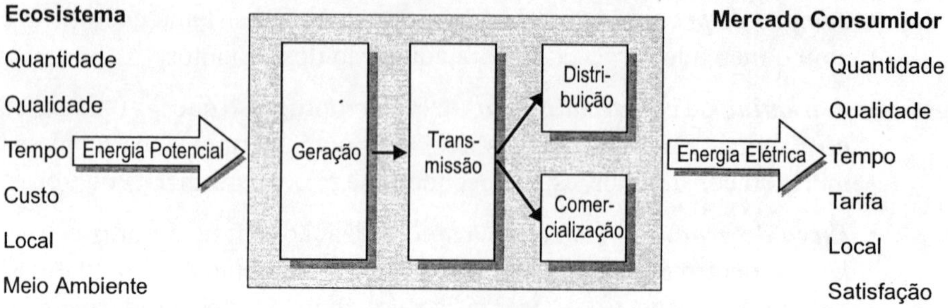

pelo poder concedente), através de serviço de fornecimento de energia elétrica, em termos de quantidade, qualidade, continuidade, tarifa e local; gerando, transmitindo e distribuindo energia elétrica a partir de energia potencial (hídrica, eólica, calorífica de combustíveis fósseis etc.), existente no ecossistema.

b. Processos

O Sistema Empresa de Energia Elétrica pode ser, arbitrariamente, considerado como composto de três Macroprocessos ou Subsistemas:

- ***geração*** – é o Macroprocesso ou Subsistema que interage com o ecossistema e transforma alguma forma de energia potencial (hídrica, eólica, calorífica etc.) em energia elétrica e a transfere para o Macroprocesso seguinte;
- ***transmissão*** – é o Macroprocesso que transporta a energia elétrica para os pontos geográficos de distribuição;
- ***comercialização*** – é o Macroprocesso que comercializa a energia elétrica;
- ***distribuição*** – é o Macroprocesso que distribui a energia elétrica para os pontos de consumo e faz o interface com o consumidor final.

Cada um destes macroprocessos pode ser, horizontalmente, subdividido em processos que atendem às condições quantitativas, qualitativas, temporais, financeiras e geográficas, mantendo as mesmas prioridades estabelecidas pelas características do mercado consumidor.

c. Sistemas gerenciais

Para cada um destes macroprocessos, processos e subprocessos, relativos ao fluxo físico da energia e ao atendimento das prioridades dos atributos, características do mercado, deve haver um gerenciamento, por processo ou por grupos de processos, em termos de decisões, ações, previsões e controles. Este conjunto de atividades gerenciais irá constituir os Sistemas Gerenciais, necessários para a consecução dos objetivos do Sistema ou da Missão da empresa.

5. Subsistema de Recursos Materiais

Para exemplificação, foi tomado um Sistema Empresa Manufatureira, vinculado à três de seus Subsistemas de Recursos: Recursos Materiais, Recursos Financeiros e Recursos Humanos.

a. Subsistema (Objetivo/Missão)

Um Subsistema de Recursos Materiais é aquele que tem por objetivo (Missão) suprir, alocar e desativar Materiais e Serviços, em quantidade, em qualidade, no tempo, no preço e no local, determinado pelo Sistema Empresa, obedecendo às prioridades por ele estabelecidas, a partir da aquisição, em um mercado fornecedor, até o final da vida útil de cada material ou a consumação dos materiais de consumo.

b. Processos

O Subsistema de Recursos Materiais pode ser, arbitrariamente, considerado como composto de três Macroprocessos ou Subsistemas:

- ***compras*** – é o Macroprocesso ou Subsistema que interage com o mercado fornecedor, para aquisição dos Materiais e Serviços, obedecendo às prioridades, determinadas pelo Sistema Empresa em termos quantitativos, qualitativos, temporais, financeiros e geográficos, passando estes materiais e serviços aos setores requisitantes;
- ***alocação*** – são os Macroprocessos onde os materiais irão ser alocados e os serviços prestados;
- ***desativação*** – são Macroprocessos que irão desligar os Materiais, do Sistema Empresa para mercado comprador de material usado, mercado

comprador de sucata ou meio ambiente, onde os detritos e os resíduos dos materiais de consumo vão ser despejados.

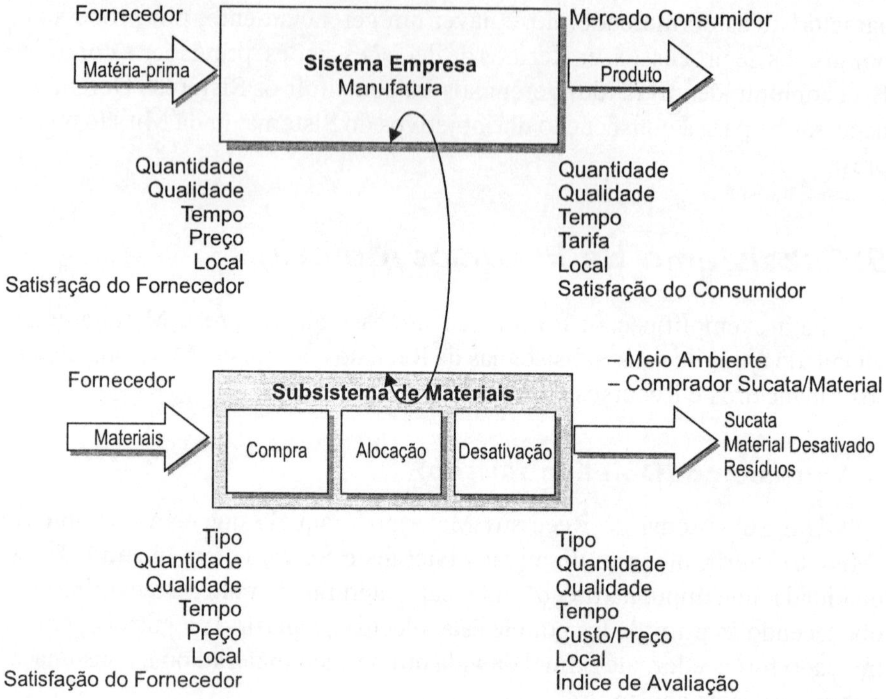

Cada um destes macroprocessos pode ser, horizontalmente, subdividido em processos que atendem às condições quantitativas, qualitativas, temporais, financeiras e geográficas, mantendo as mesmas prioridades estabelecidas pelo Sistema Empresa.

c. Sistemas gerenciais

Para cada um destes macroprocessos, processos e subprocessos, relativos ao fluxo físico dos materiais e dos serviços, deve haver um gerenciamento, por processo ou por grupos de processos, em termos de decisões, ações, previsões e controles. Este conjunto de atividades gerenciais irá constituir os Sistemas Gerenciais, necessários para a consecução dos objetivos do Subsistema ou de sua missão, estreitamente vinculada à da empresa.

6. Subsistema de Recursos Financeiros

a. Subsistema (Objetivo/Missão)

Um Subsistema de Recursos Financeiros é aquele que tem por objetivo (Missão) receber os recursos financeiros, de várias origens, em quantidade, tempo e local, bem como efetuar pagamentos de ganhos a acionistas ou reinvestimentos, realizar aplicações financeiras e efetuar pagamentos das despesas operacionais do Sistema Empresa. Deve-se manter uma sincronização entre os Recebimentos e Pagamentos de forma a suprir os recursos financeiros na quantidade, no tempo e no local, indispensáveis para a consecução da Missão do Sistema Empresa.

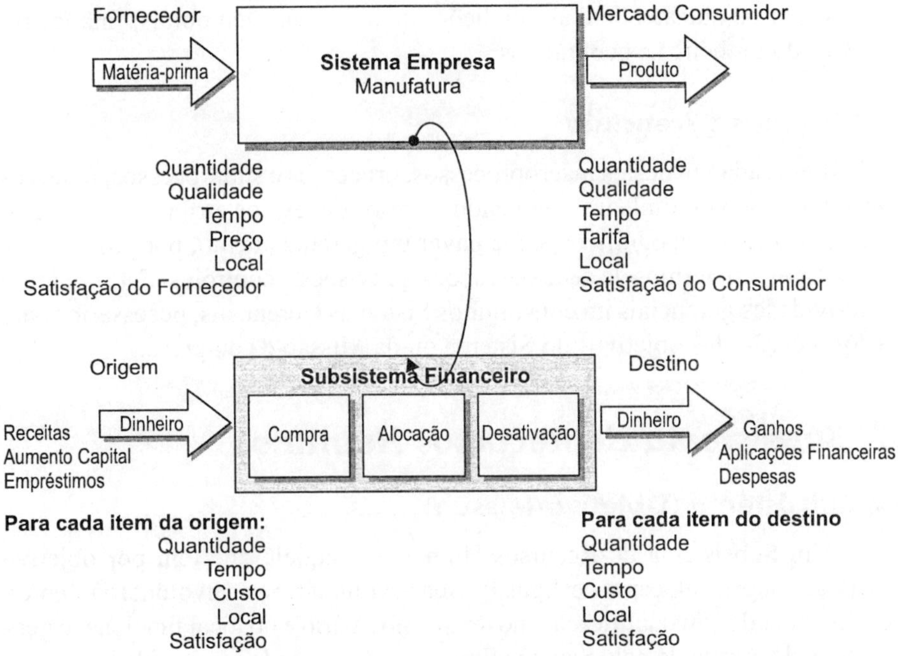

b. Processos

O Subsistema de Recursos Financeiros pode ser, arbitrariamente, considerado como composto de três Macroprocessos ou Subsistemas:

- ***recebimentos*** – responsável pelo recebimento de recursos financeiros de origens diversas (receita da venda de produtos, receita de aplicações financeiras, aumento de capital, empréstimos etc.);
- ***pagamentos*** – compreendendo as atividades de pagamentos de ganhos (a acionistas ou reinvestimentos), de aplicações financeiras e de pagamentos de despesas (salários, juros de empréstimo, aluguéis, impostos, compra de matéria-prima/materiais/serviços etc.);
- ***fluxo de caixa*** ou ***operação de caixa*** – responsável pela manutenção de uma sincronização entre os macroprocessos de Recebimento e Pagamento, em termos de quantidade, tempo e local, dos recursos financeiros, essenciais para a consecução da missão do Sistema Empresa.

Cada um destes macroprocessos pode ser, horizontalmente, subdividido em processos que atendem às condições quantitativas, temporais, financeiras (custos do dinheiro) e geográficas.

c. Sistemas gerenciais

Para cada um destes macroprocessos, processos e subprocessos, relativos ao fluxo físico do dinheiro, mantendo as prioridades dos atributos quantitativos, temporais e geográficos, deve haver um gerenciamento, por processo ou por grupos, em termos de decisões, ações, previsões e controles. Este conjunto de atividades gerenciais irá constituir os Sistemas Gerenciais, necessários para a consecução dos objetivos do Sistema ou da Missão da empresa.

7. Subsistema de Recursos Humanos

a. Subsistema (Objetivo/Missão)

Um Subsistema de Recursos Humanos é aquele que tem por objetivo (Missão) suprir, alocar e desligar Pessoas (voluntária ou involuntariamente), em quantidade, em qualificação, no tempo, no salário e no local funcional e geográfico, determinado pelo Sistema Empresa, obedecendo às prioridades por ele estabelecidas; a partir da admissão (recrutamento, seleção, admissão), em um mercado de trabalho; manutenção de oportunidades de carreira funcional e profissional, planos de salários e benefícios, mantendo um nível de motivação e satisfação, determinado pelo Sistema Empresa, até o final da vida funcional da pessoa, que retorna ao mercado de trabalho ou se retira da atividade por aposentadoria.

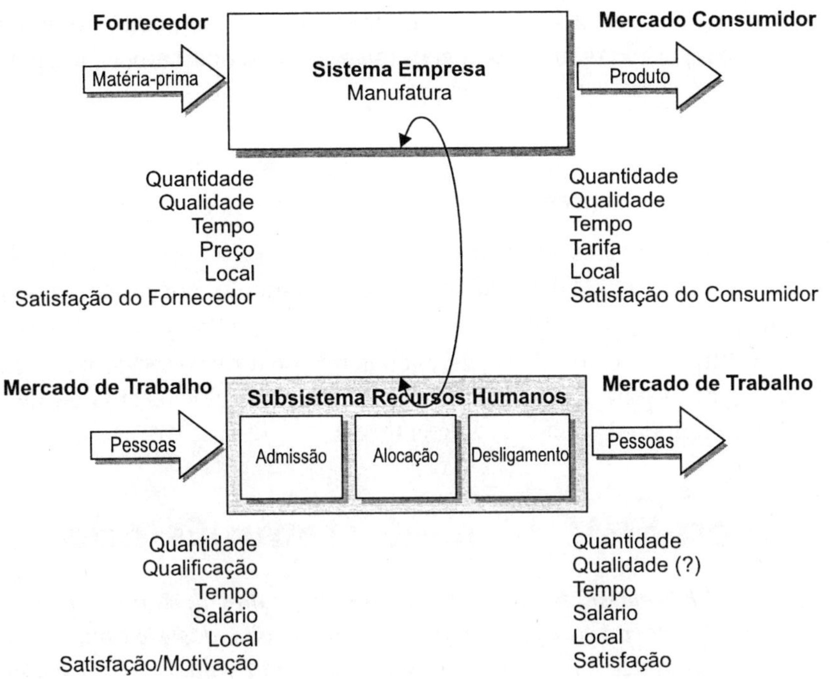

b. Processos

O Subsistema de Recursos Humanos pode ser, arbitrariamente, considerado como composto de três Macroprocessos ou Subsistemas:

- ***admissão*** – é o Macroprocesso ou Subsistema que interage com o mercado de trabalho, para recrutamento e seleção de pessoas, obedecendo às prioridades, determinadas pelo Sistema Empresa, em termos quantitativos, qualitativos, temporais, salariais e geográficos, passando estas pessoas aos setores requisitantes, ajustando ou não, as qualificações requeridas, através de processos de treinamento;
- ***alocação*** – são os Macroprocessos, localizados nos locais funcionais, onde os recursos humanos irão ser alocados e os serviços funcionais e profissionais serão prestados;
- ***desligamento*** – são Macroprocessos que irão desligar os recursos humanos do Sistema Empresa, novamente para o mercado de trabalho ou para a inatividade.

Cada um destes macroprocessos pode ser, horizontalmente, subdividido em processos que atendem às condições quantitativas, qualitativas, temporais, financeiras e geográficas, mantendo as mesmas prioridades estabelecidas pelo Sistema Empresa.

c. Sistemas gerenciais

Para cada um destes macroprocessos, processos e subprocessos, relativos à vida ativa das pessoas, deve haver um gerenciamento, por processo ou por grupos de processos, em termos de decisões, ações, previsões e controles.

Este conjunto de atividades gerenciais irá constituir os Sistemas Gerenciais, necessários para a consecução dos objetivos do Subsistema ou de sua Missão, estreitamente vinculada à da empresa.

D. Visão Sistêmica – Sistema Estado

"Forma-se, no lugar da pessoa particular, de cada contratante, um corpo social e coletivo, o qual recebe, deste mesmo ato, sua unidade, seu Eu comum, sua vida e sua vontade. Esta entidade pública recebe o nome de corpo político, chamado por seus membros Estado, quando é passivo; Soberano, quando é ativo; Poder, comparando-o com seus semelhantes."

(Jean Jacques Rousseau. *Du Contrat Social, 1792*).

1. Introdução

Quando tratamos de meio ambiente, principalmente aquele de caráter político e social, são cada vez mais importantes para o processo de planejamento corporativo itens que incorporem a participação, os investimentos e o engajamento da empresa em problemas políticos e sociais do ambiente em que, comercialmente, a empresa opera. Já não é possível, nem admissível, que as organizações ignorem as graves crises que estão ocorrendo em sua volta, resultado das desigualdades sociais, da fome endêmica e da crescente violência que assola o país e o mundo, de uma maneira geral, como se elas, empresas, não fizessem parte do problema.

Por esta razão é incorporado no livro, uma visão sistêmica do Estado, para que possa ser visto com clareza as responsabilidades e, principalmente, as prioridades exigidas pelas empresas e por seus cidadãos.

O autor não teve, nem tem, a pretensão de criar, discutir, contestar ou aprovar conceitos relativos à Ciência Política, por não ser esta sua especialidade. Seu único propósito foi estimular a aplicação do enfoque sistêmico, nesta área, apenas como exemplo, fora do tema gestão empresarial, mas agora dentro da administração pública, considerando que existem muitos paradigmas gerenciais similares à gestão empresarial.

Para chegarmos à Missão de um Sistema Estado é indispensável partir de seu metassistema – o Sistema Nação –, definindo-o e analisando seu objetivo fim – o Sistema Homem –, em suas necessidades e prioridades biológicas, informacionais e sociais, já que o Sistema Estado só terá razão de existir e só será eficaz se atender àquelas necessidades, obedecendo, rigorosamente, às suas prioridades biológicas e informacionais.

No desenvolvimento deste tema, o autor tomou como base uma apresentação feita pelo mesmo, como delegado convidado pelo governo da Costa Rica, enquanto Consultor das Nações Unidas, em um Painel Internacional para a Reforma Administrativa dos Países da América Latina, realizado em San Jose da Costa Rica, em 1980. Esta palestra foi repetida, a convite do governo mexicano, para os *enlaces* de vários setores do Departamento de Reforma Administrativa do México, na cidade do México.

2. Conceito de Nação

Apesar do amplo uso popular do termo *Nação,* nos mais variados contextos, sua definição é uma tarefa difícil, complexa e controversa. A Enciclopédia Larousse, por exemplo, define Nação como:

> *"Uma comunidade humana, fixada em sua maioria num mesmo território* (não necessariamente, na opinião do autor), *que possui unidade étnica, histórica, lingüística, religiosa e econômica mais ou menos forte. Essa comunidade, com tais vínculos em comum, ao se organizar politicamente, forma, em regra, a base de um Estado".*

Nesta obra, já foi mencionado o conceito de Nação, com sua dimensão histórica e suas características culturais filogenéticas, assim como o conceito de Povo, sem essa mesma dimensão histórica, mas com suas necessidades ontogenéticas, de sobrevivência temporal.

O conceito de Nação seria, para o propósito de exemplificação da presente aplicação, portanto, um grupo de indivíduos, independente de raça, cor, religião, ou local de nascimento, que deseja ser mantido como Grupo coeso, mesmo que localizado em territórios geográficos distintos e em épocas diferentes. A manutenção deste Grupo, portanto, é baseada, essencialmente, em um **ato volitivo** de seus membros.

É o caso, por exemplo, da *nação* judaica. Desde o retorno do exílio da Babilônia, por milênios e ao longo de várias gerações, esta nação se estabeleceu através de movimentos migratórios, em muitos territórios geográficos. Somente se constituiu em um Estado, denominado Estado de Israel, após a Segunda Guerra Mundial (1948), de conformidade com uma resolução da Assembléia Geral das Nações Unidas.

Com a formação do Estado de Israel, entretanto, a Palestina deixou de existir como entidade política reconhecida internacionalmente, o que fez com que a *nação* palestina, constituída por uma população árabe, originária de uma antiga província do Império Otomano, se dispersasse em vários Estados, devido à partilha de seu território, entre Israel, Jordânia e Egito, após a primeira guerra árabe-israelense. A reação desses acontecimentos deu origem à formação da Organização para a Libertação da Palestina – OLP, que luta, até hoje, para obtenção de um território e, assim poder ser, internacionalmente, reconhecido como um Estado.

Já foi também mencionado, nesta obra, que existem Estados que têm todas as características de Nação, como também existem Estados que, por seus conflitos étnicos, religiosos, ideológicos, históricos ou lingüísticos, não conseguem ser caracterizados como Nações.

Ignorar estes conflitos sociais, decorrentes da não aceitação de um ato volitivo por parte de um Grupo, caracterizado como Nação, pode criar grupos de resistência, como é o caso do ETA. Este marcou uma etapa importante na oposição ao regime de Madri, pois se considera uma *nação* basca, com língua, modo de vida, tradições e costumes próprios e não deseja pertencer, por motivos geopolíticos ou econômicos, ao Estado Espanhol. Ou, ainda, aquele membro do Exército Republicano Irlandês (*Irish Republican Army* – IRA) que não deseja pertencer, agora por razões étnicas, religiosas e históricas, ao Estado inglês.

Outro exemplo importante que vale a pena citar é o caso da União das Repúblicas Socialistas Soviéticas – URSS – ou União Soviética. Foi o maior país do mundo, em extensão territorial, e o terceiro em população. Além disso, representou um papel fundamental nas relações internacionais, após Segunda Guerra Mundial, pelo seu peso econômico, político e militar.

Criada oficialmente em 1922 e extinta em 1991, a União Soviética era um Estado *multinacional*, dividido em 15 repúblicas socialistas federadas (Rússia, Ucrânia, Belarus ou Bielorússia, Lituânia, Estônia, Letônia, Cazaquistão,

Armênia, Moldávia, Quirquizia, Azerbaidjão, Geórgia, Tadjiquistão, Turkmenistão e Uzbequistão). Sua população era constituída por um mosaico de 126 *nacionalidades*, cada uma conservando uma certa autonomia cultural e sua respectiva língua.

Esta enorme diversidade étnica, cultural, lingüística e histórica pode ser considerada como uma das causas da dissolução do Estado soviético. Essa dissolução ocorreu no momento que se rompeu a unidade que mantinha essas nações sob a égide de um Estado, através de uma ideologia fanatizadora, um forte centralismo político, econômico e militar e uma ação político-ideológica repressiva, baseada no medo.

Conflitos semelhantes são hoje encontrados na Bélgica (valões e flamengos), na antiga República Popular Federativa da Iugoslávia, que, após a secessão da Eslovênia, da Croácia, da Macedônia e da Bósnia-Herzegovina, ficou reduzida à Sérvia (com as províncias de Kosovo e Voivodina) e ao Montenegro.

Estes conflitos são resultado da formação de Estados, constituídos com base em uma ideologia ou religião fanatizadora, em um interesse político ou geopolítico ou, ainda, em interesses meramente econômicos, contrariando os interesses e a vontade de um determinado Grupo ou Nação.

Nos Estados Unidos, ainda existem movimentos indígenas que se identificam como nações, conflito que remonta ao período da colonização do Oeste norte-americano, pois os colonos interpretavam a posse da terra e o direito à propriedade como elemento fundamental para a constituição da *nação* norte-americana. Enquanto isso, a *nação* indígena lutava, não pela posse da terra, mas apenas pelo direito à caça.

3. Sistema Estado

De acordo com a Enciclopédia Larousse o Estado pode ser definido como:

> *"Um povo social, política e juridicamente organizado, dispondo de uma estrutura administrativa, de um governo próprio, e que tem soberania sobre determinado território".*

O **Sistema Estado** pode ser considerado, portanto, como um Subsistema do Sistema Nação, por delegação deste, com estrutura política, administrativa, baseado em um território geográfico e reconhecido, juridicamente, pela comunidade internacional.

O **Sistema Governo** de um Estado poderia ser considerado como Sistema Gerencial, político-administrativo que tem por objetivo exercer sobre os membros de uma nação, por delegação desta, através da estrutura do Estado, o poder político e em especial o poder executivo. Isso no sentido de a Missão deste mesmo Estado ser cumprida, em relação ao Homem (cidadão), dentro de suas necessidades e prioridades, bem como gerenciar/administrar os recursos necessários para a consecução dessa missão.

Para efeito deste trabalho, e como simplificação válida, vamos considerar o Sistema Governo como o Sistema Gerencial do Estado, identificando-se com este na consecução de sua Missão, quase valendo, para este fim, a legendária frase, ainda que absolutista, de Luiz XIV: *"L'État c'est moi!"* (O Estado sou eu!).

A missão, nível eficácia, de um Sistema Estado seria prover ao Sistema Homem (cidadão) todas as necessidades requeridas por seus Subsistemas Vegetativo e de Relação, a fim de criar, manter e melhorar as condições de vida orgânica e de relação, tanto do Homem, como do indivíduo, como prover meios para a continuidade filogenética do mesmo e suas relações inter e intragrupais. Tudo isso em termos qualitativos, quantitativos, temporais, geográficos, financeiros, mantendo um nível adequado de satisfação de seus membros.

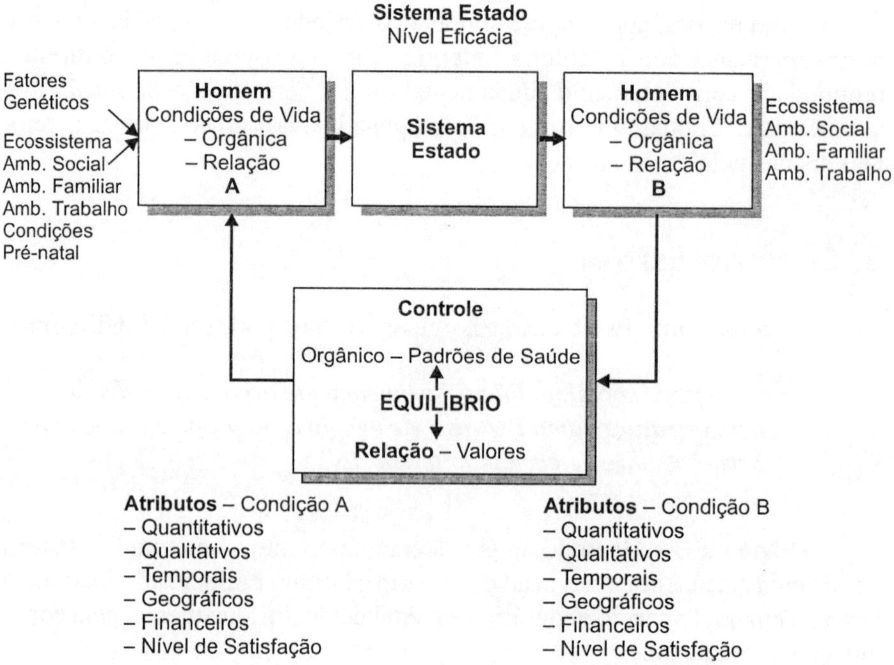

Complementando a Missão do Sistema Estado, agora em nível eficiência, seria administrar os recursos minerais e energéticos (disponíveis no ecossistema do território geográfico), os econômico-financeiros, os tecnológicos, os militares e os informacionais, bem como todo e quaisquer outros recursos que se fizerem necessários para a consecução da missão eficácia, em termos quantitativos, qualitativos, temporais, geográficos e financeiros.

4. Sistema Homem

Para que possam ser identificadas as necessidades e as prioridades do componente substantivo do Sistema Estado, é indispensável que o Sistema Homem possa ser analisado sob o enfoque sistêmico.

Apesar de o tema ser abordado com maior riqueza de detalhes no capítulo referente ao Sistema de Promoção da Saúde, aqui são repetidos alguns dados necessários para a melhor compreensão do assunto.

Assim, o objetivo eficácia do Sistema Homem, em seu grau máximo, seria garantir a plenitude de vida individual (*Ego*) e a continuidade filogenética de sua espécie (*Sexo*), bem como manter permanente interação informacional com os meios ecológico, social, familiar e laboral. O objetivo eficácia, em seu grau mínimo, seria garantir a sobrevivência biológica do indivíduo, através da interação matéria, energia e informação com seu metassistema.

Os recursos para a consecução dos objetivos, nível eficácia, serão de natureza material, energética e informacional, em permanente interação com seu metassistema, mantendo com este um equilíbrio dinâmico, através de controles homeostáticos, no nível vegetativo, e padrões de valores no nível relacional.

Na interação com matéria do ecossistema, estão incluídos alimentação, suprimento de água, disponibilidade de ar etc. No nível energético, estarão incluídas as interações com qualquer forma de energia do ecossistema, necessárias à manutenção do subsistema vegetativo. No nível informacional, estarão incluídas as interações informacionais com o metassistema, tanto para garantir a saúde do Sistema Homem, como para permitir sua evolução como ser social, através de um continuado processo educacional.

Todos estes recursos devem ser supridos, segundo atributos quantitativos, qualitativos, temporais, geográficos e financeiros, para que seja mantido um determinado nível de satisfação do Sistema Homem, bem como garantir sua perpetuação como espécie.

O controle (*feedback*) será feito segundo padrões metabólicos e homeostáticos, em nível de subsistema vegetativo, e de acordo com padrões de valores individuais e sociais, em nível de subsistema de relação.

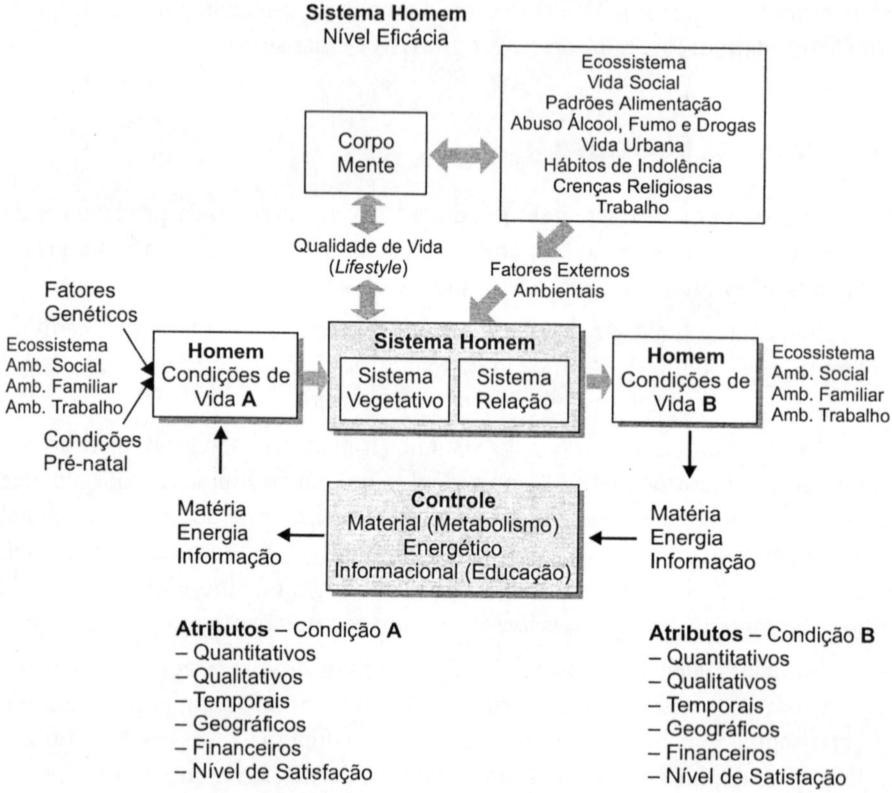

5. *Subsistema Vegetativo do Sistema Homem*

Consideramos como Subsistema Vegetativo do Sistema Homem aquele que interage com o meio exterior (ecossistema) em termos de matéria e energia.

O objetivo eficácia do Subsistema Vegetativo do Sistema Homem, em seu grau máximo, seria garantir a plenitude de vida individual (*Ego*) e a continuidade filogenética de sua espécie (*Sexo*).

Da mesma forma, o objetivo eficácia, em seu grau mínimo, seria garantir a sobrevivência biológica do Sistema Homem, através da interação matéria, energia com seu metassistema.

Os recursos para a consecução dos objetivos, nível eficácia, do Subsistema Vegetativo, serão de natureza material e energética, em interação permanente com o ecossistema, de onde os mesmos terão origem. Entre o material sólido, estão os ingredientes orgânicos e minerais que são utilizados, através de funções metabólicas, no processo de nutrição; entre o material líquido, está o suprimento de água; entre os materiais gasosos, está a disponibilidade de gases respiratórios etc. No nível energia, será considerada a disponibilidade de luz e calor, em seus vários aspectos energéticos.

Tanto a matéria como a energia, necessárias para garantir a consecução do Sistema Homem, devem ser supridas, segundo atributos quantitativos, qualitativos, temporais, geográficos, financeiros, para que seja mantido um determinado nível de satisfação daquele Sistema. O controle (*feedback*) será feito, em nível de subsistema vegetativo, segundo padrões metabólicos e homeostáticos.

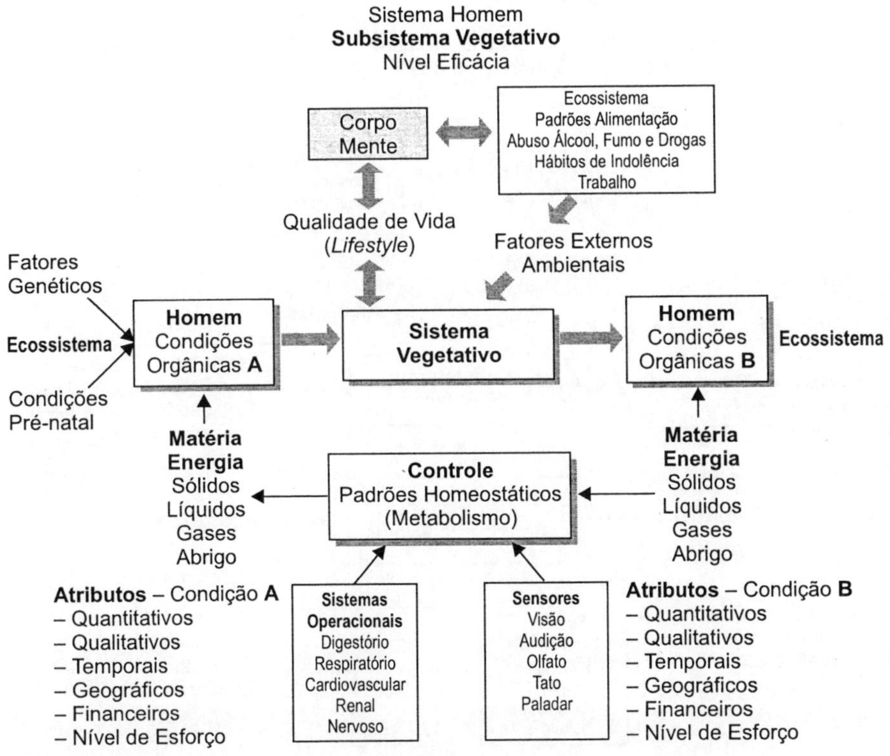

6. Subsistema de Relação do Sistema Homem

Consideramos como Subsistema de Relação do Sistema Homem aquele que interage com o meio exterior (ecossistema, meios social, familiar e laboral) em termos de informação.

O objetivo eficácia do Subsistema de Relação do Sistema Homem seria manter permanente interação informacional com os meios ecológico, social, familiar e laboral, a fim de desenvolver as faculdades psíquicas, intelectuais e morais do Sistema Homem. O objetivo eficácia, em seu grau mínimo, seria garantir a sobrevivência biológica do indivíduo, através da interação informacional com seu metassistema.

Os recursos para a consecução dos objetivos nível eficácia serão de natureza informacional, através de um permanente processo educacional.

Todos estes recursos devem ser supridos segundo atributos quantitativos, qualitativos, temporais, geográficos e financeiros, para que seja mantido um determinado e adequado nível de satisfação do Sistema Homem.

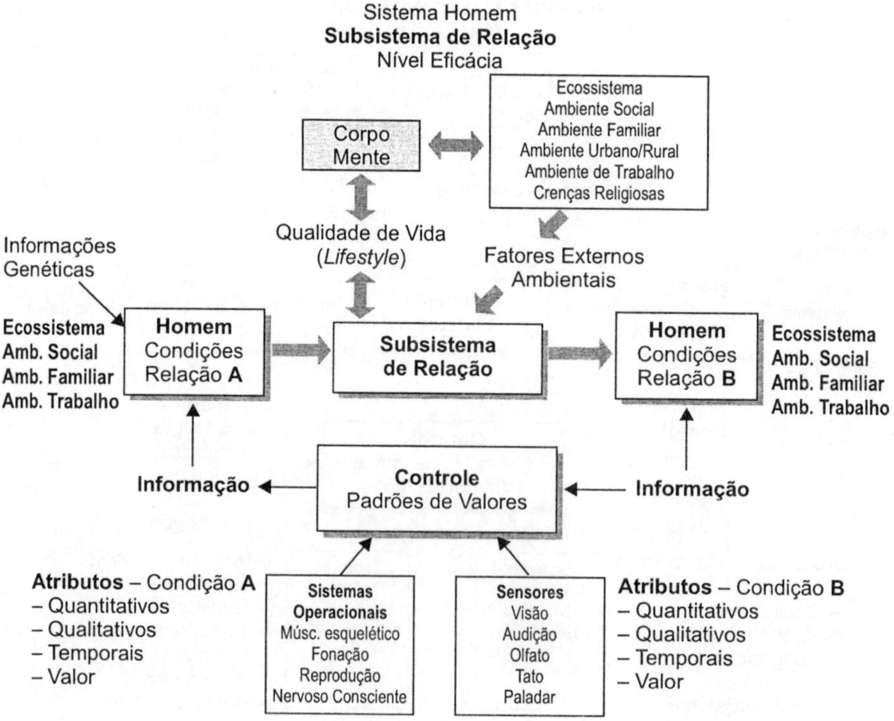

O controle (*feedback*) será feito em nível de subsistema de relação por padrões de hábitos e valores individuais e sociais, determinados pelo meio social ao qual pertence o Sistema Homem.

7. Necessidades Básicas para os Objetivos do Sistema Homem

A seguir o resumo das necessiades básicas, identificadas nos subsistemas Homem, que devem ser supridas pelo Sistema Estado.

a. Como Indivíduo – Subsistema Vegetativo

Material sólido	Nutrição/Alimentação
Líquidos	Suprimento de Água/Saneamento
Ar	Despoluição
Luz/calor	Energia
Abrigo	Habitação
Continuidade Vital	Prevenção e Promoção da Saúde
Mobilidade	Transporte

b. Como Indivíduo – Subsistema de Relação

Informação Conhecimento Cultura Moral Ética	E D U C A Ç Ã O

c. Como Ser Social

Segurança Interna/Externa	– Renúncia ao uso da violência individual e delegação ao Estado de seu uso
Justiça	– Eqüidade entre os membros do Grupo
Mobilidade	– Serviço de transporte
Emprego	– Disponibilidade de trabalho
Recreação	– Facilidades de lazer
Relação com outros Grupos	– Relações Externas

8. Recursos

Para a consecução dos objetivos do Sistema Homem, o Estado deveria administrar os recursos disponíveis no ecossistema de seu território, tais como: solo (agricultura), minerais, energia (fósseis e renováveis) etc., bem como aqueles de naturezas financeira, humana (Recursos Humanos), informacional, tecnológica, metodológica, política etc. Todos atendendo aos atributos quantitativos, qualitativos, temporais, geográficos e financeiros.

Esta administração de Recursos seria, com já foi explicado, a medida de **Eficiência** do Estado e nunca a medida de sua **Eficácia**.

"O que seria a Economia sem a Tecnologia,
A Tecnologia sem a Educação,
A Educação sem a Saúde,
A Saúde sem a Alimentação, sem Habitação e Saneamento?"

Tese do Conselheiro Acácio

9. Prioridades

A Eficácia do Sistema Estado deveria ser analisada pelo grau de atendimento às necessidades básicas do Sistema Homem, através da prestação de serviços ao cidadão, obedecendo, rigorosamente, às prioridades biológicas e informacionais daquele Sistema.

Dentre estas, emerge como prioridade máxima, obviamente, a ***nutrição***, pois a carência de proteínas na futura mãe pode afetar, irremediavelmente, o desenvolvimento cerebral do filho, transformando-o em um alijado social, tornando sem retorno, como conseqüência, qualquer investimento na prioridade seguinte – a educação. Restará, neste caso, ao Estado apenas o ônus de manter, economicamente, um deficiente cerebral ou investir em segurança contra um potencial marginal da sociedade.

Apenas como ilustração dessa prioridade biológica, é transcrito, a seguir, artigo publicado por revista das Nações Unidas, sob o título "A Desnutrição da Mãe pode Prejudicar Irreparavelmente a Inteligência do Filho".

"A formação do cérebro humano, durante o período de gestação, é um dos mais precoces, mais rápidos e mais completos fenômenos do desenvolvimento humano. O cérebro humano, desenvolvido,

contém cerca de 11 bilhões de células nervosas, alojadas em uma matriz de células subalternas, as neuróglias, cujo número vai além de 100 bilhões. São essas células nervosas que desempenham as funções que associamos à inteligência, à consciência, à memória, ao controle biológico e à integração.

Quando a criança nasce, a multiplicação das células nervosas já está completa, e nenhuma delas será substituída depois. Um dos tecidos básicos que pode ser distinguido, inicialmente, no embrião humano é a placa neural, primeiro sinal de desenvolvimento do cérebro, que aparece já pelo 18º dia de gravidez.

Isto significa que, para gerar os 11 bilhões de células nervosas do cérebro até o fim da gestação, se requer a produção e diferenciação de uma média de 20.000 células nervosas por minuto.

Após o nascimento, o cérebro continua crescendo a um ritmo mais rápido que o resto do corpo, tão rápido que, quando a criança atinge quatro anos de idade, seu cérebro já atingiu 90% de seu peso adulto, ao passo que o resto do corpo ainda não passou da proporção dos 20%.

Neste período decisivo de crescimento rápido, ocorre muito mais de que o mero aumento de peso. As estruturas que formam o cérebro passam por complexas e profundas transformações anatômicas, químicas e fisiológicas.

A fome e a desnutrição têm papel decisivo no desenvolvimento do cérebro humano. A criança que nasce de mãe gravemente subalimentada corre o risco de contrair deficiências cerebrais irreversíveis.

Na primeira infância a desnutrição prejudica também o crescimento do cérebro e seu desenvolvimento posterior. E pensar que existem no mundo de hoje 350 milhões de crianças subnutridas. Imaginem-se a imensidão de casos de retardamento mental, de inteligências perdidas..."

E pensar no caso brasileiro, em que 2/3 da população infantil é desnutrida...

Quando existe a inversão de prioridades que, de uma maneira geral, é o que hoje se observa no mundo moderno, a eficiência (gerenciamento de recursos, principalmente econômico/financeiro) passa a ser o objetivo do novo Estado Industrial, globalizado. Nessas circunstâncias, o Sistema Homem, apesar de todo o desenvolvimento tecnológico e de estar na chamada Revolução Informacional ou Tecnológica, continua a enfrentar e sofrer, de uma maneira crescente, problemas ainda considerados medievais, como a fome e a doença.

A seguir, um Editorial do jornal *O Globo*, do Rio de Janeiro, bastante ilustrativo, publicado em 26 de agosto 1989, sob o título "Anti-social e Antinacional".

> *"As pessoas que circunscrevem seu raciocínio político aos limites do nacionalismo precisam entender que tudo que é anti-social, tudo que resulta em detrimento das necessidades do povo é medularmente antinacional.*
>
> *O Brasil não é o parque industrializado estatizado, em cujos portões a astúcia marota coloca no mais alto do mastro a bandeira verde-amarela.*
>
> *O Brasil é, primordialmente, o casario – qualquer que seja – de alvenaria, de barro batido ou de tábuas e zinco, onde, aí sim, vive grande parte do povo, em todas as nuances de condições sociais.*
>
> *Tudo que tem sido desviado das destinações sociais, sob a justificativa de investimentos, no chamado patrimônio nacional, é automaticamente deduzido de verbas cujas rubricas seriam: escolas maternais, escolas, primárias, cursos profissionalizantes, creches, postos médicos, justiça, segurança etc.*
>
> *Os bilhões de cruzados* [moeda da época] *que hoje faltam para atender a tudo que precisam 60 milhões de brasileiros necessitados ou miseráveis, podem custar à Nação um pesadelo dramático – do qual a esterilidade mental dos estatizantes não consegue dar conta.*
>
> *Eles se esqueceram do depoimento daquele médico militar brasileiro, depoimento que parece extraído de um filme de terror; num ano, não muito distante, dos 11.177 convocados para as unidades militares do Nordeste, 11.100 tiveram que ser devolvidos, por deficiências físicas ou mentais. Sobraram apenas 77, aptos a servir sob o auriverde pendão.*
>
> *E, ainda hoje, mais de 40% dos convocados são considerados deficientes. O que causa este aleijão social é exatamente o que é retirado para manter a imponência do parque industrial-comercial do Estado."*

E. Visão Sistêmica – Promoção da Saúde no Trabalho (PST)

"Enquanto é fácil convencer um indivíduo com dor a procurar um médico, não é fácil a uma pessoa sem do, moderar seus hábitos insidiosos para aumentar seu bem-estar futuro."

(Jean Marc Lalonde. *A New Perspective on the Health of Canadians*)

1. Introdução

Quando tratamos de local de trabalho, da mesma forma como já foi visto no sistema político-social, são cada vez mais importantes para o processo de planejamento corporativo idéias que também incorporem a participação, os investimentos e o engajamento da empresa em problemas de saúde física e mental de seus empregados, pois uma empresa saudável necessita de empregados igualmente saudáveis. É essencial, pois, que a empresa, principalmente, seu nível gerencial corporativo, se conscientize da importância de se cuidar da saúde social e se preocupe com isso, visto que esta saúde é o resultado de idéias, necessidades e comportamento humanos.

Por esta razão, também é incorporado no livro uma visão sistêmica do conceito de Promoção da Saúde no Local de Trabalho, para que possa ser visto, com clareza, as responsabilidades e, principalmente, as prioridades exigidas por seu corpo social. Dessa forma, será possível que as mesmas possam ser incorporadas no processo de Planejamento Corporativo da empresa.

Ademais, já não há mais dúvidas de que o ambiente laboral no século XXI atravessará um período de grandes transformações e mudanças, num processo que terá, certamente, continuidade no futuro, tais como:

- globalização;
- desemprego;
- aumento do uso das tecnologias da informação;
- mudanças dos modelos de emprego (emprego precário, a prazo, em tempo parcial e teletrabalho);
- envelhecimento da população;
- aumento da importância do setor dos serviços;

- redução da dimensão das empresas (em empregados e em tarefas);
- aumento dos trabalhadores em pequenas e médias empresas;
- gestão orientada para os consumidores e para a qualidade.

Como conseqüência, o sucesso das organizações dependerá, cada vez em maior grau, da existência de empregados/trabalhadores bem qualificados, motivados e saudáveis. Além disso, a Promoção da Saúde no Local de Trabalho (PST), indiscutivelmente, terá um papel decisivo na preparação e na capacitação das pessoas e das organizações para enfrentar estes desafios.

2. Conceito de Promoção da Saúde no Trabalho (PST) (WHP)

> *"A Promoção da Saúde no Local de Trabalho consiste no esforço conjunto de empregadores, trabalhadores e sociedade em geral, visando melhorar a saúde e o bem-estar dos trabalhadores nos locais de Trabalho."*
>
> (Declaração do Luxemburgo sobre Promoção da Saúde no Local de Trabalho na União Européia, 1997).

A saúde ocupacional tradicional contribuiu, significativamente, para melhorar a saúde nos locais de trabalho, através da redução do número de acidentes e da prevenção das doenças profissionais. Contudo, parece evidente que uma abordagem tradicional da saúde ocupacional já não é insuficiente para enfrentar os desafios mencionados.

Enquanto a tradicional Prevenção da Doença era baseada num paradigma gerencial de **patogênese** (a causa específica da doença ou lesão) e na aculturação médica, o novo conceito de Promoção da Saúde no Local de Trabalho é baseado no paradigma gerencial de **salutogênese** (por exemplo, o conjunto de fatores que determinam positivamente a saúde) e na cultura de desenvolvimento individual e organizacional.

Através da Promoção da Saúde no Trabalho, as empresas, as instituições e demais organizações assistirão a uma redução dos custos decorrentes da doença e a um aumento da produtividade, como resultado da obtenção de uma força de trabalho mais motivada, com elevada moral e melhores relações profissionais.

A Promoção da Saúde no Trabalho (PST) é uma estratégia corporativa nova e integrada, que visa a prevenir a doença no trabalho (incluindo as doenças profissionais; a má gestão do estresse; os acidentes e outras lesões e as doenças relacionadas com o próprio trabalho) e contribuir para desenvolver o potencial de saúde e o bem-estar da população trabalhadora. Promover a Saúde no local de Trabalho, portanto, passa a ser um importante investimento organizacional para o futuro.

A prática da promoção da saúde no trabalho já havia sido desenvolvida nos EUA desde a década de 1970, pelo menos no nível das grandes empresas. Os motivos que levaram algumas empresas a se empenharem na PST (*Workplace Health Promotion* – WHP) eram relativamente claros, uma vez que a estrutura de custos dirigida aos cuidados da saúde significava que existia um incentivo financeiro genuíno para que as entidades patronais fizessem algo neste setor.

Além disso, nos EUA, existia uma abordagem característica da PST, em que os programas e as atividades incidiam, em larga escala, nos fatores de risco, resultantes de problemas de saúde isolados, como as doenças cardiovasculares e o câncer.

Os programas chamados *Workplace Health Promotion* – WHP eram também dignos de nota devido a uma série de outras características; era dada pouca importância aos aspectos da participação dos empregados na concepção e na implementação dos programas e não havia qualquer relação aparente entre as atividades desenvolvidas no domínio da WHP e aquelas desenvolvidas no setor da saúde e da segurança. Além disso, havia poucos indícios de quaisquer intervenções no nível de meio ambiente ou da organização do trabalho, em todos seus aspectos.

Já na União Européia – UE, a Fundação Européia iniciou, em 1989, seu programa de pesquisa em matéria de promoção da saúde no trabalho.

A Promoção da Saúde no Trabalho (PST) poderá ser obtida através de uma combinação de estratégias corporativas que visem a:

- melhorar a organização e o ambiente de trabalho;
- facilitar a participação ativa e informada dos empregados e dos empregadores;
- incentivar o desenvolvimento pessoal e profissional dos empregados;
- incentivar a tomada de decisões saudáveis.

O desenvolvimento da Promoção da Saúde no Trabalho (PST) implica a adoção de uma política e de uma verdadeira cultura corporativa que integre a saúde como um dos critérios a considerar no contexto das decisões estratégicas tomadas no decurso da vida de uma empresa.

3. Missão – Eficácia

Consideramos o Sistema de Promoção da Saúde no Trabalho (PST) como um Subsistema de um Sistema de Promoção da Saúde. Este subsistema é, nesse contexto, um conjunto de processos que permite às pessoas exercerem um controle muito maior sobre a sua saúde e a melhorá-la, principalmente em seu local de trabalho.

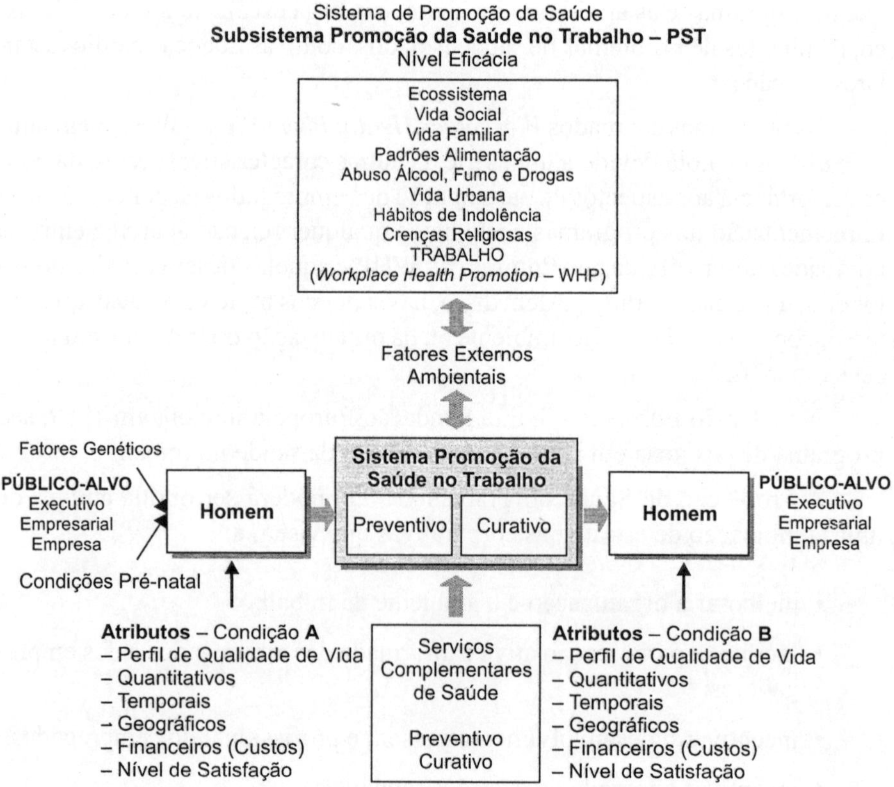

A Missão Eficácia do Subsistema de Promoção da Saúde no Trabalho visa a criar bem-estar físico psíquico e social de seu público-alvo (executivos, empregados/trabalhadores), resultando este de um equilíbrio dinâmico entre fatores biológicos, ligados ao indivíduo; fatores externos, próprios do ambiente onde trabalha e vive; e de suas condições de vida, exigindo, na sua concepção e aplicação, além de uma abordagem multidisciplinar e multissetorial, o envolvimento das pessoas e da empresa, as quais o Sistema é dirigido (público-alvo). Dessa forma, ultrapassa-se a intervenção dos serviços públicos e privados, tradicionais, de saúde.

No caso específico de um público-alvo definido como executivo empresarial ou empresa (seus empregados), o Subsistema de Promoção da Saúde no Trabalho (PST) tem por missão prover os meios para que o indivíduo possa realizar suas potencialidades de saúde e responder positivamente às exigências (físicas, biológicas, psicológicas e sociais) de um ambiente (laboral e extralaboral) em constante mutação.

Para que este sistema se torne realmente eficaz, é indispensável uma clara explicitação de sua missão, com uma definição minuciosa (e dinâmica) do perfil do público-alvo, seja ele individual (executivo empresarial), seja ele um corpo social (empresa). Isso porque os paradigmas são bastante diferentes daqueles de um plano de saúde tradicional.

4. Sugestões para Melhoria da Qualidade de Vida no Trabalho

A seguir, enumeramos algumas sugestões baseadas no *Workplace Health System* do Canadá, elaboradas pelo *Canadian Fitness and Lifestyle Research Institute.*

- Usar uma gama de estratégias de promoção da saúde para dar apoio aos empregados no seu esforço para melhorar suas práticas de qualidade de vida. O sucesso na mudança de uma prática de qualidade de vida pode aumentar a confiança dos empregados no sucesso de futuras mudanças.
- Reforçar e apoiar os empregados em seus esforços para melhorar a saúde, seja no tocante à alimentação saudável, seja no tocante às vedações ao uso de fumo, drogas ou abuso de álcool.
- Criar um *fórum* de debates entre empregados para discussão de assuntos relativos à saúde, procurando a participação ativa da força laboral de comitês ou de grupos de trabalho.

- Elaborar programas abrangentes com oportunidades para aconselhamento de empregados na redução de risco para aquelas funções de alto risco.
- Envolver os empregados na identificação de preocupações relevantes relacionadas ao ambiente de trabalho e na criação de soluções dirigidas a estes itens.
- Analisar políticas e práticas explícitas e implícitas reguladoras de práticas gerenciais e relações interpessoais.
- Rever ou criar programas assistenciais ou políticas que incluam estratégias de assistências aos empregados em assuntos relacionados à sua vida familiar.
- Ajudar os empregados a manter o equilíbrio entre o trabalho e sua vida familiar, flexibilizando políticas ou normas e programação de trabalho, sempre que possível.
- Compreender as necessidades do empregado, relacionadas com o ambiente de trabalho, com pressões familiares e com a qualidade de vida.
- Estabelecer uma ponte entre a vida laboral e familiar, incluindo o acesso de familiares aos programas de promoção da saúde.
- Envolver o empregado no redesenho de suas tarefas a fim de aumentar sua participação no controle destas mesmas tarefas.
- Ligar as estratégias do local de trabalho com os mais amplos sistemas comunitários, incluindo estratégias educacionais, médicas e tecnológicas para melhorar a saúde do empregado.
- Criar um ambiente de trabalho saudável, no qual o respeito, o apoio, o desenvolvimento de competência, as oportunidades de aprendizado, a segurança e a confiança estejam sempre presentes.
- Envolver empregados, sindicatos e corpo gerencial na identificação de necessidades e planejar um enfoque abrangente para cuidar destas necessidades.
- Fornecer ao empregado *feedback* detalhado das presenças e ausências, incluindo programa gerencial para estimular o compromisso do mesmo com a empresa.
- Gerenciar o estresse no trabalho, oferecendo a possibilidade de intervenção individual, tal como a reestruturação cognitiva (pensar diferentemente em uma situação estressante).

- Tomar um posição proativa no treinamento de segurança, ergonometria, condições de trabalho, programação e turnos de trabalho, horário flexível, programas de condicionamento físico e assistência ao empregado, e assegurar-se da compreensão e aceitação por parte do empregado.
- Migrar para horário flexível como estratégia para alcançar taxa mais baixa de absenteísmo para empregados com filhos menores, considerando que a mãe com filhos pequenos é a que oferece a maior taxa de absenteísmo entre os empregados.

5. Missão – Eficiência

A Missão, no nível da eficiência, seria a adequada aplicação dos recursos necessários para a consecução do nível eficácia, a saber: recursos financeiros;

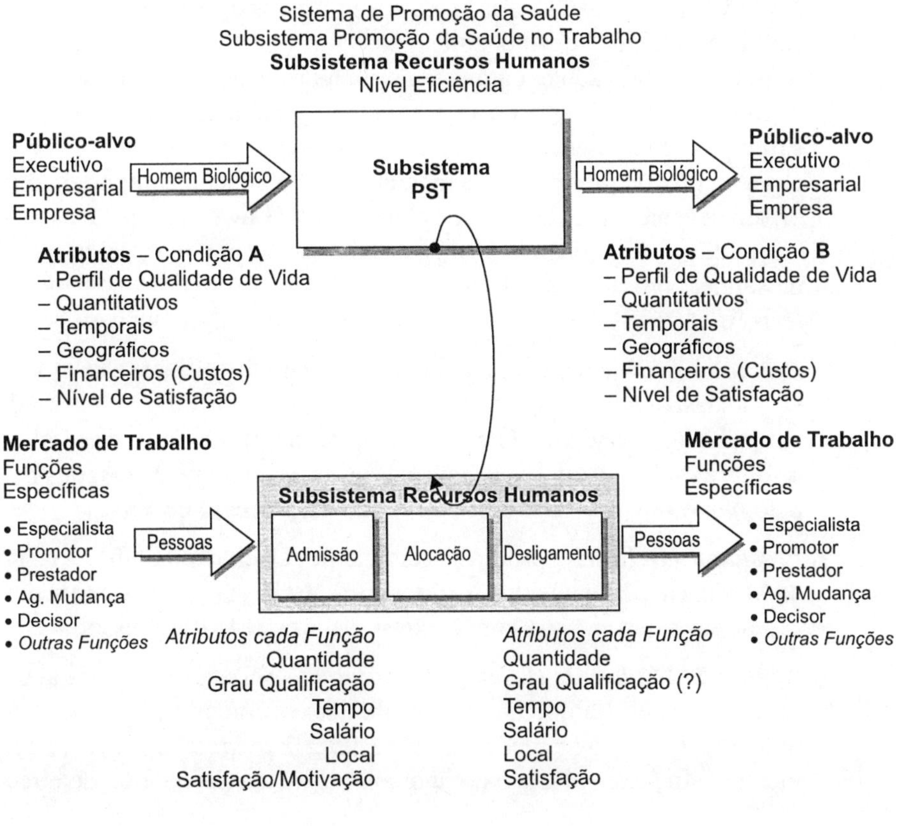

recursos humanos; recursos materiais, compreendendo instalações físicas (hospitais, ambulatórios, laboratórios, instituições educacionais, áreas de lazer e exercícios físicos etc.); recursos tecnológicos; recursos metodológicos; recursos informacionais; recursos educacionais e todos quaisquer outros que se fizerem necessários.

A título de exemplificação, a seguir é detalhado um Sistema de Recursos Humanos para a consecução de um Sistema de Promoção da Saúde no Trabalho (PST) com algumas sugestões sobre perfil funcional/profissional dos recursos humanos necessários.

6. Funções Específicas

Para a consecução da implementação de um Sistema de Promoção da Saúde no Trabalho (PST), seguem algumas sugestões de funções específicas.

- ***Especialista (Expert)*** – daria apoio aos processos do Sistema de Promoção da Saúde no Trabalho, aplicando seu conhecimento e experiência profissional, baseado em uma formação mais dirigida às competências cognitivas (*knowledge*) do que àquelas de natureza não-cognitivas. Entre estas competências estão a epidemiologia, a bioestatística, a coleta e a análise da informação, a medicina do trabalho, o comportamento organizacional, a metodologia de planejamento e avaliação etc. Esta função pode ser exercida pelo médico da empresa ou por outro profissional de saúde, com qualificação acadêmica de nível superior (enfermeiro, técnico de serviço social, ergonomista, sociólogo, psicólogo etc.).
- ***Promotor (Advocate)*** – teria como perfil predominante sua capacidade de persuasão, defendendo a "causa" do Sistema de Promoção da Saúde no Trabalho, usando uma linguagem clara, simples, prática e acessível ao público-alvo ao qual o sistema é dirigido. É diretamente responsável pelo *marketing* e comunicação ao longo do processo do PST.
- ***Prestador (Deliver)*** – estaria estreitamente relacionado com o Agente de Mudanças, desempenhando diferentes tarefas, tais como: coordenação de reuniões, ligação com o exterior e prestação de assessoria.
- ***Agente de Mudanças (Change Facilitator)*** – seria a figura central em todo o processo, já que um dos resultados esperados da Promoção da Saúde no Trabalho é a mudança quer a nível *individual* (novos conhecimentos, atitudes, valores e comportamentos em relação à saúde e me-

lhoria da mesma), quer a nível *organizacional* (melhoria do ambiente físico e psicossocial do trabalho, com implicações na saúde e no bem-estar). Poderia e deveria ser desempenhado pela alta gerência, pelo diretor de RH, por um especialista em comportamento organizacional (sociólogo, psicólogo, consultor externo). Exerceria a liderança estratégica do processo.

- ***Participante (Participant)*** – seriam os empregados/trabalhadores e seus representantes. É desejável que os participantes tenham, além da informação, uma formação básica prévia em Promoção da Saúde no Trabalho.
- ***Gerente (Decision Maker)*** – seria, por excelência um papel gerencial executivo ou de seu representante (diretor geral, diretor de RH, diretor financeiro etc.). Implicaria a tomada de decisões no que se refere aos recursos necessários (humanos, tecnológicos, financeiros, materiais, logísticos etc.) e à integração das atividades do Sistema de Promoção da Saúde no Trabalho (e de suas implicações) na política e na gestão da empresa (por exemplo: congruência do Sistema de Promoção da Saúde no Trabalho com a cultura e com o clima organizacional da empresa).

F. Visão Sistêmica – Sistema de Segurança

1. Apresentação

No cenário mundial atual, os conflitos armados e a sofisticada tecnologia neles empregados ou estão levando ou fatalmente levarão a uma reformulação dos paradigmas militares, empregados nos futuros conflitos armados, visto que há uma participação cada vez maior de civis como criadores e operadores de sofisticadas tecnologias empregadas naqueles conflitos armados.

Além disso, existe, também, uma participação também cada vez maior de empresas fabricantes de armamentos e prestadoras de serviços que nos leva a questionar se, em futuro bem próximo, a segurança das nações não estará delegada a empresas prestadoras de serviço.

Por ser este assunto da maior importância na análise de cenários para o processo de planejamento corporativo, o autor se sentiu estimulado a abordar este tema, já que teve a oportunidade de conviver, em sua vida profissional, com o público militar, enquanto Consultor do Estado Maior do Exército Brasileiro, na área de Planejamento Estratégico.

Além do mais, as atividades gerenciais civis, no que referem aos conceitos, aos paradigmas e à terminologia, muito devem às atividades e às organizações militares, principalmente após a Segunda Guerra Mundial. Conceitos, tais como missão, objetivo, e planejamentos operacional, tático e estratégico, de uso quotidiano nas empresas, são exemplos marcantes. Termos como *line*, *staff* e *headquarter*, por exemplo, têm o mesmo significado que seus originais militares.

Ainda que sob a ótica de cidadão civil, sem experiência e sem vivência na arte e na técnica militar, mas tendo vivido em um ambiente de aceleradas e radicais mudanças tecnológicas e paradigmas gerenciais, de comando e de liderança, o autor procurou agrupar um conjunto de conceitos e considerações. Todos, vale dizer, vistos sob a ótica sistêmica, sobre a tecnologia e suas implicações na missão, na organização, nas aptidões e na própria disciplina militar, não somente nos eventuais conflitos tradicionais, mas também naqueles que o atual mundo conturbado tem apresentado, com freqüência cada vez maior, como é o caso das organizações de guerrilha e de terrorismo internacional.

Como foi visto no capítulo "Visão Sistêmica – Sistema Estado", o conceito de Nação foi apresentado como o metassistema de um grupo humano maior que, baseado em ato volitivo de seus membros, deseja permanecer único e unido. Para o reconhecimento internacional do grupo ou nação, entretanto, é indispensável a conquista de um território geográfico e uma estrutura política, para que, com isso, se constitua o primeiro subsistema da nação – o Estado. Este, por sua vez, estruturará um subsistema gerencial, denominado Governo.

Obviamente, qualquer subsistema derivado deste metassistema Nação, e por este último delegado, deve atender aos legítimos anseios, interesses e necessidades dos indivíduos que compõem o referido metassistema. Se assim não o fizerem, estes subsistemas (Estado, Governo, Formas Armadas, Judiciário etc.) serão considerados ilegítimos perante o grupo (Nação).

Dentre os poderes delegados pela Nação ao Estado e, conseqüentemente, a seu sistema gerencial – o Governo –, está o uso da repressão e o confinamento daqueles indivíduos que transgredirem as regras estabelecidas pelo Grupo, com objetivo de atender à segurança interna, bem como o uso da violência, para garantir a segurança externa, através de um subsistema denominado Forças Armadas. Este último subsistema passa a ser, assim, um instrumento político para o uso da violência, por parte do Estado e por delegação da Nação, contra qualquer potencial agressor que possa ameaçar sua soberania ou sua integridade territorial, através de uma ação armada.

Se considerarmos, portanto, a guerra como um ato político, resultante de uma situação política e visando a um objetivo político, a dissuasão ou a vitória de um dos adversários deveria ser avaliada, também, em termos políticos.

Estes conceitos seriam perfeitamente válidos e aceitáveis nas guerras convencionais, anteriores à tecnologia nuclear, à guerrilha e ao terrorismo internacional. Mas, após Hiroxima e Nagasaki e o surgimento da guerrilha e do terrorismo internacional, surgem questões como as elencadas a seguir.

- Que objetivos políticos poderiam ser alcançados por meio de uma conflagração nuclear?
- Qual seria o conceito de vitória política em meio ao caos apocalíptico, resultante de uma guerra nuclear?
- Que tipo de vitória seria alcançada em uma guerra contra uma organização militar ou paramilitar de guerrilha institucionalizada, como é o caso das Forças Armadas Revolucionárias de Colombia – FARC?
- Seria considerada vitória a caça a um indivíduo, Osama bin Laden, por exemplo, cabeça de um grupo terrorista al-Qaeda ou a um ex-ditador Saddan Hussein, do Iraque?
- Que tipo de dissuasão seria empregada para desestimular um atentado suicida de terroristas fanáticos, cujo martírio e sacrifício pessoal representam, para a eles, a vitória?

Uma coisa parece certa: o crescente poder destruidor da tecnologia de guerra, com seus efeitos de destruição em massa, a guerrilha urbana e rural e o terrorismo internacional, está socializando o perigo e igualando, democraticamente, se assim pode ser dito, os riscos de conflitos e suas conseqüências, tanto para o soldado como para a população civil.

Ainda que as mudanças na arte e na técnica (doutrina) de guerra sejam lentas, mesmo nesta era tecnológica, porque dependem da compreensão, da absorção e da aplicação dessas novas tecnologias e das mudanças radicais do mundo atual, é inegável que aqueles sistemas militares que conseguirem antever a necessidade de aceitar essa realidade e, portanto, procurar acelerar esse processo de mudança levarão vantagem. Mudanças essas que terão implicações na reformulação de conceitos doutrinários básicos; nas relações hierárquicas, organizacionais e de aptidão; na composição e na miscigenação dos recursos humanos (civis e militares); bem como no grau de adestramento e na adequação ao tipo de guerra ou conflito em que, eventualmente, acorrerão os combates.

2. Novos Cenários de Conflitos Armados

Um novo cenário de potencial conflito é a guerrilha, que não raras vezes se constitui numa força paralela às próprias Forças Armadas institucionais, como é o caso do IRA (*Irish Republican Army*), na Irlanda; do movimento separatista basco ETA, na Espanha e das FARC (*Fuerzas Armadas Revolucionárias de Colombia*). Estas últimas, ao mesmo tempo e inseparavelmente, constituem uma organização política, militar e criminosa – partido, exército e máfia –, pois se dedicam, com o mesmo ímpeto e violência, à difusão ideológica, à guerrilha e ao narcotráfico.

Um outro cenário de potenciais conflitos, com suas catastróficas conseqüências, é o surgimento do terrorismo internacional, cuja atuação tem deixado atônitas mesmo as maiores potencias mundiais, detentoras das mais poderosas Forças Armadas e das mais sofisticadas armas tecnológicas.

Uma primeira razão para a complexidade deste tipo de conflito é a dificuldade na identificação do potencial inimigo, muitas vezes invisível e apátrida, e a dificuldade no estabelecimento de medidas preventivas, antes que ocorra o ataque terrorista. Uma outra razão, na maior parte das vezes, é a natureza fanática e suicida dos indivíduos envolvidos na organização terrorista, face aos quais a dissuasão pela imagem de força e emprego da violência não surte efeito algum, ou pelo contrário, estimula a possibilidade de seus membros tornarem-se heróis ou mártires, pela imolação individual.

Mesmo em se tratando de nações que tradicionalmente deram apoio a organizações terroristas e que têm reduzido este apoio, devido a sanções internacionais, de natureza econômica e militar ou a coações legais, ainda assim algumas delas continuam a dar refúgio a organizações terroristas, dentro de suas fronteiras, mesmo sem seu envolvimento direto.

Essas sanções econômicas, coações legais internacionais e ações militares, usando as mais sofisticadas armas tecnológicas, não têm sido suficientes, para efeito de dissuasão. Isso porque o problema maior, inerente às organizações terroristas, é que elas são motivadas por ideologias fanatizantes, de natureza política e religiosa, tão arraigadas, psicologicamente, na mente de seus membros, que eles se sentem, com o suicídio, herói ou mártir por sua causa.

Face a isto, não há dissuasão militar que funcione. No campo do terrorismo internacional, já não há mais o conceito de guerra tradicional. O inimigo quer morrer e, se não há o medo da morte, não há vitória possível.

3. Tendências da Organização Militar

Segundo Morris Janowitz (*Sociology and The Military Establishment*), existe, devido ao dinâmico avanço tecnológico, uma tendência à "civilização" (predominância civil) das organizações militares. As razões apontadas, pelo referido autor, são as enumeradas a seguir.

- Existe uma tendência ao maior envolvimento da população civil, sob o ponto de vista econômico, já que a percentagem da renda nacional destinada ao preparo, à execução e a reparos das guerras tende a crescer, visto a sofisticação e o custo resultante do emprego da tecnologia destinada à guerra e a suas conseqüências.
- A tecnologia tanto aumenta amplamente o poder destrutivo da guerra, como amplia o processo de informatização e automação de novas armas, exigindo uma maior participação de civis mobilizados, profissionais especializados nessas áreas, em deveres até então atribuídos a militares de carreira, haja visto o que aconteceu na Guerra do Golfo onde as batalhas eram mais *videogames* tecnológicos do que uma combate convencional e com o mínimo de perdas, por parte do detentor da tecnologia.
- O efeito destruidor da tecnologia da guerra está tornando a missão militar de dissuasão da violência mais importante do que os preparativos de aplicação desta violência. Isto tenderá a levar o pensamento e a organização militar para o lado do civilismo, fazendo com que os líderes militares cada vez mais se preocupem com políticas, comportamento social e diretrizes socioeconômicas, fazendo com que estas matérias façam parte da formação acadêmica militar.
- O caráter anterior de transitoriedade e o de periodicidade da organização militar (mobilização e desmobilização rápidas) foram substituídos pela manutenção ou expansão do efetivo permanente. Com isso, diminuiu o conflito entre militares e civis, devido a ansiedade destes últimos em abandonar a organização militar, uma vez findada a guerra.
- A complexidade da tecnologia de guerra com seu dinamismo tende a enfraquecer os limites organizacionais entre os elementos militares e civis. Por outro lado, esse mesmo alto grau de sofisticação tecnológica, com suas difusas fronteiras de aplicação, tende a aumentar os conflitos internos entre os diversos ramos das forças armadas.

- Os encargos "gerenciais" dos líderes militares tendem a ampliar-se para outros setores que outrora eram reservados a políticos e a profissionais civis.

Não obstante essas considerações, Samuel A. Stouffer (*The American Soldier*) e Arthur K. David (*Bureaucratic Patterns in the Navy Officer Corps*) afirmam que a análise sociológica, típica da organização militar, não tem levado muito em consideração as conseqüências destas tendências. Ao contrário, continua a encarecer a importância das dimensões autoritárias, hierarquicamente estratificadas e tradicionais, como base para distinguir a burocracia militar da burocracia não-militar.

4. A Organização Militar e sua Missão

A missão militar representa a chave da organização militar ou, em outras palavras, a organização militar é função de sua missão.

As conseqüências do preparo para um combate futuro e os resultados do combate anterior têm impregnado toda a organização militar. O caráter singular desta organização resulta da exigência de que seus membros sejam especialistas no emprego da violência e outros meios de destruição em massa. Mesmo existindo a tendência ao civilismo, permanecem, todavia, algumas exigências fundamentais que limitam essas tendências.

5. Adaptações Organizacionais

A necessidade de adaptações organizacionais específicas dos meios militares é maior, atualmente, do que aquelas necessárias às organizações da sociedade civil, já que os militares precisam insistir e persistir para obter inovações tecnológicas. Além disso, também reagem mais rapidamente às mudanças sociais.

Em vista disso, há uma crescente e contínua necessidade de preparar o pessoal das posições operacionais para exercer funções administrativas e de ter a necessária flexibilidade de passar das técnicas antigas para as mais novas. Isto só será possível se for ampliada, mais racionalmente, a educação em toda a carreira do oficial militar, em substituição à típica dosagem de matérias, concentradas nas Escolas e nas Academias militares.

A organização militar continua a ser baseada na "luta como resultado", na execução de tarefas perigosas e penosas e, ao contrário de uma organização civil, motivada pelo lucro, é orientada para o dever e para a honra.

A estrutura da autoridade militar – chave da organização – constitui uma expressão dos objetivos únicos dos militares, isto é, o preparo para a guerra propriamente dita. Assim, num período de fantásticas inovações tecnológicas e mudanças radicais nos cenários de potenciais conflitos, a liderança militar vê-se a braços com a crise de uma organização praticamente perpétua. Crise esta que, mesmo face à informatização e automação cada vez maior da tecnologia militar ou mesmo à mudança da missão de hostilidades para missão de dissuasão, combinadas com sanções econômicas ou coações legais internacionais, não pode e não consegue sofrer uma inclinação total para o civilismo.

Por outro lado, a diversificação e a especialização da tecnologia militar tendem a exigir um treinamento continuado, atualizado e formal do profissional militar.

Neste contexto, o marinheiro ou o soldado – membros temporários da organização militar – tornar-se-ão menos importantes. Nesse contexto, será mais vital uma força armada permanente e profissionalmente constituída, capaz de lutar em guerras esporádicas ou conflitos táticos ou estratégicas instantâneas, com as forças mobilizadas disponíveis.

Todavia, estas tendências contemporâneas não devem criar uma organização profissional, isolada e remota na sociedade civil, mas ao contrário, devem, sim, criar uma organização que seja parte integrante da sociedade maior, da qual dependem seus recursos humanos, econômicos e tecnológicos. Isto significa que as instituições militares deveriam participar no processo educacional civil, para que seus futuros profissionais tenham os conhecimentos básicos, indispensáveis aos seus futuros membros. No caso brasileiro, são exemplos marcantes o papel do Instituto Tecnológico da Aeronáutica – ITA – e do Instituto Militar de Engenharia – IME.

6. A Estrutura de Aptidão

Em todos os tipos de organização o dilema autoridade atribuída *versus* autoridade imposta está sempre presente. A complexidade e o dinamismo da tecnologia atual, bem como a complexidade do cenário internacional, tendem a aumentar a tradicional fonte de tensão organizacional em todos os três ramos das forças armadas – terra, mar e ar. Isto porque a estrutura de comando de estado-maior (*staff*), com suas funções ampliadas e suas novas qualificações especializadas, ainda opera de acordo com as linhas de autoridade formalmente prescritas. Linhas estas que serviram às unidades mais simples do século passado (Primeira e Segunda Guerras Mundiais e Guerra da Coréia), não se articulando adequadamente, como conseqüência com a estrutura de linha.

Este tipo de estrutura organizacional tradicional, na qual o oficial de estado-maior se limita ao papel de conselheiro assessor, poderá ter funcionado adequadamente enquanto a tecnologia de guerra se desenvolvia lentamente. Agora, entretanto, visto as razões já expostas, com referência à revolução tecnológica e aos novos cenários de possíveis conflitos, as tensões organizacionais tenderão a crescer.

Em teoria, pela tradição e pela imagem, o sistema de patentes militares é uma estrutura piramidal contínua, com linhas de autoridade diretas e insofismáveis e canais de comando escalonados. Mas, na realidade, este estrutura foi transformada em uma hierarquia, cuja configuração se assemelha a um losango. Isto porque a nova estrutura de aptidões da organização militar é de natureza tal que a especialização tecnológica penetra até as formações engajadas no combate.

A concentração de homens desempenhando ocupações puramente militares constitui agora uma minoria e mesmo as ocupações de combate envolvem, cada vez mais, especializações técnicas. Além disso, a possibilidade de transferência da qualificação para ocupações de natureza civil é extremamente ampla. Generais e almirantes, especialmente, têm que desempenhar funções não-militares, que envolvem qualificações administrativas e gerenciais, de uma maneira geral.

Estas mudanças, no longo prazo, na organização militar, poderão evidenciar-se na análise ocupacional do pessoal alistado no Exército Norte-americano desde a guerra civil. As ocupações do tipo militar representavam, então, 93,2% na Guerra da Secessão americana; já na Guerra Hispano-americana representavam 86,6%; na Primeira Guerra Mundial, 34,1 %; na Segunda Guerra Mundial, 36,4%; na Guerra da Coréia, 33,1% e no ano de 1954, apenas 28,8% (dados do *Relatório sobre Condições do Serviço Militar para a Comissão Presidencial de Aposentadoria de Ex-Combatentes Norte-americanos – 1955*).

Sobre o assunto, um interessante artigo foi publicado no jornal *O Globo*, do Rio de Janeiro, em 17 de novembro de 2002, sob o título "A Guerra Terceirizada", com subtítulo "Pentágono depende de equipamentos e serviços de empresas privadas para atacar Iraque" (artigo de José Meirelles Passos, correspondente do jornal em Washington).

Neste artigo, é apontada a sede de petróleo, a ganância da indústria de armas e a fome de lucros de empreiteiras especializadas em fornecer equipamentos e serviços à máquina de guerra como a grande motivação para uma nova ação bélica contra o Iraque.

O Pentágono presentemente não dá um passo, segundo o articulista, nos campos de batalha por sua própria conta: leva, além de soldados, um contingente cada dia maior de civis que se encarregam tanto da manutenção, como da operação de suas armas mais sofisticadas. E todos eles trabalham para empresas privadas.

Isto é uma tendência atual que está fazendo com que os Estados Unidos, aos poucos, privatize suas operações bélicas. E esta terceirização representa uma crescente fortuna que é disputada pelas empresas civis. No entanto, segundo o Conselho de Ciência da Defesa do Pentágono, este tipo de terceirização ajuda os EUA a pouparem pelo menos US$ 6 bilhões por ano.

Exemplos de apoio operacional e assessoria técnica dada por empresas privadas incluem sistemas mortíferos *high-tech*, largamente utilizados na guerra contra o Iraque, em 2003, tais como: sistema de mísseis antiaéreos *Patriot*, capazes de interceptar mísseis balísticos; helicópteros antitanque *Apache*, armados com mísseis guiados a laser; canhões autopropulsados *Palladin*, com alcance até 30 km; tanques *M1A1*, com blindagem e equipamentos eletrônicos sofisticados; aviões de reconhecimento, não tripulados, *Hunter*, com sofisticados sensores que transmitem informações, em tempo real, para as bases; rádio portátil, multifunção *Spitfire* (voz, imagem, operação em rede); sistema de mira *JSTARS*, crucial para que os alvos inimigos sejam atingidos e outros.

O Pentágono tem justificado sua progressiva privatização com um fato significativo: o de que ao mesmo tempo em que as Forças Armadas vêm sendo obrigadas a fazer cortes de pessoal, para reduzir gastos, a indústria bélica vem desenvolvendo armas cada vez mais sofisticadas, que exigem de seus operadores um conhecimento acima da média do nível de treinamento dos militares do Departamento de Defesa.

Seguindo a orientação do mesmo Pentágono, o Exército americano já começou a identificar 214 mil posições, atualmente ocupadas por militares e civis que fazem parte do seu contingente, que serão substituídas por pessoal de empresas privadas. Isso equivale a 16% do quadro do Exército americano.

Esta "civilização" das Forças Armadas tem trazido um problema, tanto prático, como legal. Os civis contratados não podem ir armados para o campo de batalha, pois, segundo a Convenção de Genebra, eles não são considerados combatentes. No entanto, podem ser classificados como inimigos – e, portanto, como alvos – na ótica dos adversários. Isto faz com que o Pentágono tenha de destacar militares com a função específica de protegê-los durante os combates. Em vez de atacarem o inimigo, soldados se tornam, assim, guarda-costas.

7. Modificação da Disciplina Militar

A complexidade tecnológica está exigindo uma nova estrutura de aptidões, que como primeira conseqüência, trará, provavelmente, uma modificação na tradicional disciplina militar, cujas formações estreitas, baseadas em poder de fogo relativamente reduzido, podiam ser dominadas e controladas por uma disciplina direta e rígida.

Desde que surgiu a bala de fuzil, entretanto, há mais de um século, a organização social das unidades de combate se está modificando continuamente, deixando o combatente individual entregue à própria sorte e aos recursos do seu grupo básico. No combate, a manutenção da iniciativa individual tornou-se uma exigência de maior importância do que o rígido cumprimento da disciplina tradicional.

Nas palavras de S. L. A. Marshall (*Men Against Fire*): "A filosofia da disciplina adaptou-se às novas condições. Na medida em que as armas de guerra possuem maior poder destruidor e requerem deslocamentos sempre mais amplos das forças, no campo de batalha, a iniciativa individual passou a ser a virtude mais elogiada do elemento militar."

Assim, a organização militar, com sua estrutura hierárquica, com suas exigências precisas quanto à coordenação, com sua aparente alta centralização do poder de organização, terá de empreender esforços no sentido oposto, a fim de promover a mais ampla descentralização da iniciativa, no ponto de contato com o inimigo.

À medida que aumenta o poder destrutivo dos sistemas de armamento, exceção feita da dizimação total, a importância da iniciativa individual aumenta para as formações militares que sobrevivem às hostilidades iniciais. O soldado combatente, independentemente da arma a qual pertença, quando engajado em batalha, dificilmente será o modelo do burocrata ideal de Max Weber, seguindo regras e regulamentos fixos e padrões predeterminados. Na batalha, na verdade, processa-se a desintegração da planejada divisão do trabalho.

A tecnologia da guerra tende a ser tão complexa que a coordenação e o moral de um grupo de especialistas não podem ser simplesmente assegurados pela disciplina autoritária, com base na autoridade imposta, mas, também, e cada vez mais, pela autoridade baseada na realização individual.

Assim, o código operacional das forças israelenses na campanha do Senai era, na realidade – *quando em dúvida, lançar o ataque* – uma expressão de pura iniciativa.

G. Visão Sistêmica – Sistemas Gerenciais

Existe um erro histórico que, infelizmente, ainda persiste, com relação ao conceito de Sistema de Informação Gerencial e a disponibilidade da Tecnologia da Informação.

Por esta razão, estão descritas a seguir as etapas que, segundo o autor, devem ser cumpridas a fim de permitir uma definição de qualquer Sistema de Informação Gerencial e a correspondente Tecnologia da Informação, a partir da definição de missão, com uma explicitação clara do *core business* da empresa.

1. Etapas para Definição dos Sistemas Gerenciais

Para a identificação e determinação dos Sistemas Gerenciais, seus Sistemas de Informação e o estabelecimento de um Processo de Planejamento Estratégico Corporativo de uma *holding* ou de uma empresa, e para evitar erros

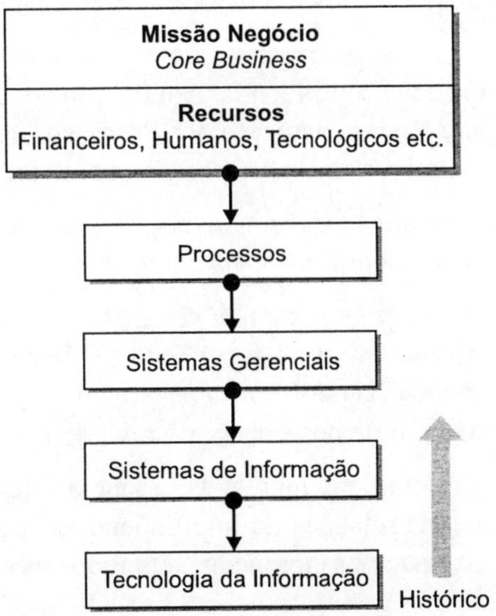

tradicionais e históricos, no uso da Tecnologia da Informação, são essenciais algumas premissas básicas e recomendações, que são descritas a seguir.

- O início dos trabalhos para a definição da razão de ser de um sistema ou de uma empresa deve ser feito a partir da definição da Missão da instituição, em se tratando de entidades não-lucrativas ou do *core business*, para as empresas de natureza lucrativa. Isso permitirá a identificação do nível Eficácia da Missão da mesma, seus Processos, seus Sistemas Gerenciais, seus Sistemas de Informações Gerenciais, a Tecnologia da Informação que, eventualmente, seja utilizada, e seu Sistema de Planejamento organizacional.
- Esta etapa deve incluir, também, a definição do nível Eficiência da Missão, abrangendo os recursos indispensáveis para sua consecução (*core business*), tais como: Recursos Financeiros, Humanos, Materiais, Tecnológicos, Organizacionais e outros, considerados relevantes. Para cada um desses recursos, deverão, também, ser identificados seus Processos, seus Sistemas Gerenciais, seus Sistemas de Informação Gerencial e feita similar análise da Tecnologia da Informação que, eventualmente, seja utilizada.
- Uma segunda etapa, na definição dos Sistemas de Informações Gerenciais, abrange a identificação dos Processos necessários para a consecução da Missão, nível Eficácia e relativa ao *core business*, bem como os Processos relativos aos Recursos empregados, em seu nível de Eficiência.
- A terceira etapa deve compreender a definição dos Sistemas Gerenciais necessários para o gerenciamento dos Processos, anteriormente identificados, tanto relativos ao *core business*, quanto relativos aos recursos.
- A quarta etapa abrange a definição das informações essenciais aos Sistemas Gerenciais, identificadas na etapa anterior.
- Finalmente, numa quinta etapa, e só após o cumprimento das etapas anteriores, torna-se possível fazer uma avaliação da Tecnologia da Informação, necessária para, como ferramenta tecnológica, acelerar ou melhorar o processo de percepção, no nível gerencial correspondente.
- Como trabalho complementar, mas essencial, devem ser analisadas, criteriosamente, as relações de interdependência entre os vários Processos, entre os Sistemas Gerenciais, em todos os níveis, e seus correspondentes Sistemas de Informação.

Estas cinco etapas, em alguns momentos devem correr paralelas, para permitir soluções parciais, funcionais, sem a necessidade de conclusão final dos trabalhos.

2. Prática Histórica

A seqüência, observada no gráfico anterior, é absolutamente indispensável, a fim de que não seja dado continuidade a uma prática, já histórica, de dar início a um Sistema de Informação Gerencial, a partir da aquisição de Tecnologia da Informação ou de pacotes rotulados de *Information Systems*, num processo *bottom-up*, sem nenhuma análise prévia de Missão, Processos, Sistemas Gerenciais e Sistemas de Informação, propriamente dito.

O resultado dessa prática, infelizmente, é o que ainda se observa atualmente: a tecnologia da informação, ou a informática, para economicamente justificar-se junto às empresas, passou a ser aplicada, em sua quase totalidade, apenas na informatização de procedimentos industriais, financeiros ou administrativos, sem chegar, contudo, à sua verdadeira aplicação em Sistemas de Informação Gerenciais.

Em outras palavras, a Tecnologia da Informação ou a Informática tem estado na ***contramão histórica***, no processo de sua introdução nas empresas.

É um erro fatal, pois, considerar Tecnologia da Informação, Informática, Banco de Dados ou pacotes do estilo *Management Information System* como Sistema de Informação Gerencial.

> *A simples disponibilidade de um painel sofisticado e completo de um Boeing 777 não habilita nenhum leigo a assumir, com eficácia, o papel de comandante da aeronave.*

3. Processo de Planejamento de Sistemas de Informação

As etapas para a determinação de um Sistema de Informação Gerencial, que foram anteriormente analisadas, referem-se a uma determinada situação da empresa, no tempo.

Caso seja considerada um outra dimensão temporal, seja ela emergencial, seja ela operacional, seja ela estratégica corporativa (item 4, *Intervalos Tempo-*

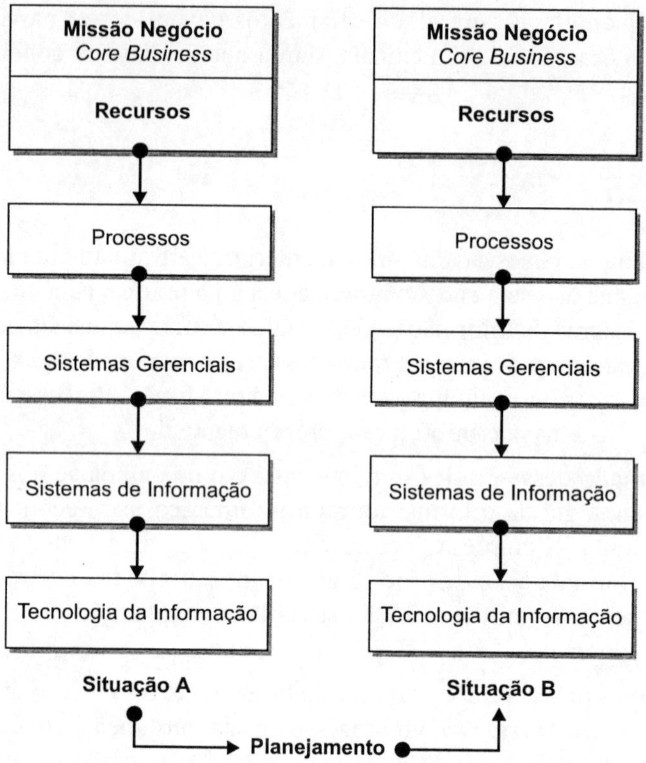

rais no Processo de Planejamento, do Capítulo III – *Processo de Planejamento*, deste trabalho), alterações podem ocorrer:

a) na Missão ou nas características do mercado, que possam vir a afetar o *core business* da empresa;

b) nos Processos, para ajuste de nova missão ou ajuste de novas características de mercado, ou para garantia de melhor eficiência dos processos, em si mesmos;

c) nos Sistemas Gerenciais, para ajuste de novas condições de missão ou para melhoria da eficiência gerencial;

d) nos Sistemas de Informação, para atendimento dos Sistemas Gerenciais, de novos requerimentos informacionais;

e) na avaliação da Tecnologia da Informação, utilizada ou a ser utilizada nos Sistemas de Informação Gerenciais.

A explicitação da *forma*, de *quando* e *como* esses ajustes devam ser realizados constituirá o Processo de Planejamento Organizacional e Informacional para passagem de uma Situação A para uma Situação B, em outra dimensão temporal.

Obviamente, nesse processo de ajuste, estará incluído o conceito de ***Reengenharia***, seja para o ajuste, isoladamente ou em conjunto, de Processos, de Sistemas Gerenciais e de Sistemas de Informação. A utilização de Reengenharia, não obedecendo a essas relações de interdependência e sua não vinculação à Missão ou aos ajustes de mercado do *core business*, levará fatalmente a frustrações, à perda de tempo e a gastos inúteis.

4. Conclusão

Além das considerações já feitas, devem ser considerados alguns pontos relevantes:

a) É de fundamental importância que toda e qualquer análise de Processo, Sistema Gerencial ou Sistema de Informação Gerencial, relativa ao *core business* ou aos recursos necessários para sua consecução, deve ser questionada em termos de seu impacto sobre a Missão Eficácia, principalmente dentro de suas prioridades e, mandatoriamente, deve partir de sua funcionalidade e nunca de um organograma.

   A razão desta sistemática é evitar que a "fisiologia" da empresa, ou seja, sua funcionalidade, fique subordinada aos vícios, eventuais, da "anatomia" estrutural, atual, da organização.

b) É essencial a formação de uma bagagem conceitual sólida e permanente, por parte de seu corpo gerencial, a fim de dirimir ou evitar confusões fatais, tais como a tradicional confusão do conceito de Informação com Informática; confusão de Planejamento Estratégico Corporativo, com as projeções financeiras no longo prazo ou com a consolidação de Planejamentos divisionais ou departamentais.

c) Todo e quaisquer Programas de *Business Transformation*, incluindo Reengenharia de Processos ou de Sistemas Gerenciais, requeridos pelos ajustes indispensáveis às mudanças de situações, devem, necessariamente, além da vinculação à Missão da empresa, ser precedidos de uma Reengenharia de Paradigmas Gerenciais, para que o corpo gerencial e executivo da empresa ou *holding* tenha uma perfeita percepção, não somente das mudanças necessárias que se impõem, mas, principalmente, do "por que" elas são necessárias.

3

Processo de Planejamento

Conceitos e Premissas

1. *Planejamento no Longo Prazo e Planejamento Estratégico*

Existe uma confusão conceitual entre o processo de Planejamento no Longo Prazo e processo de Planejamento Estratégico. No entanto, há uma diferença básica entre estes dois conceitos, diferença esta que reside em sua visão de futuro.

a. Planejamento no longo prazo

No Planejamento no Longo Prazo, o futuro é esperado ser previsível, através do exercício de uma extrapolação, baseada no crescimento histórico. A alta gerência, neste caso, baseada nesta extrapolação, pressupõe que o desempenho futuro dos negócios da empresa pode e deve ser melhor do que aquele do passado e objetivos mais altos a serem alcançados são, apropriadamente, negociados com os níveis gerenciais inferiores. O processo produz, tipicamente, objetivos otimistas que, na realidade, quase nunca são completamente alcançados, e os resultados reais, gráfica e tipicamente, podem ser representados por um perfil semelhante a um "dente de serra".

O planejamento no longo prazo foi uma resposta das empresas às pressões de rápido crescimento, tamanho e complexidade, ocorridas na década de 1950, quando não era mais possível recorrer ao conceito de *budgeting*. Conceito este até então usado no processo de planejamento para atender aos desafios competitivos futuros e às necessidades de expansão das empresas.

b. Planejamento estratégico

No processo de Planejamento Estratégico, o futuro não é, necessariamente, esperado ser uma extrapolação do passado e tampouco ser um melhoramento deste.

- Desta forma, como primeiro passo, deve-se fazer uma *análise de perspectivas* da empresa, que permita identificar tendências, ameaças, oportunidades e eventos singulares, que podem mudar a tendência histórica.
- Numa segunda etapa do planejamento estratégico, é feita a *análise competitiva*, que identifica os melhoramentos no desempenho da empresa, os quais podem ser obtidos pela melhoria nas estratégias competitivas, nas respectivas áreas de negócio.
- Uma terceira etapa é chamada de *análise de portfólio estratégico*, quando as perspectivas, nas diferentes áreas de negócio, são comparadas, prioridades são estabelecidas e os recursos estratégicos são alocados.
- Finalmente, deve ser feita uma *análise organizacional*, visando a adequar a estrutura gerencial, profissional e funcional ao processo de planejamento do *core business*.

O Planejamento Estratégico é, essencialmente, um processo gerencial, que se concentra nos níveis hierárquicos mais elevados da organização e não pode ser concebido como atividade clássica de atividade de planejamento, delegável a comissões ou a grupos de planejamento. Sua adoção requer, normalmente, não só uma mudança bastante significativa na filosofia e na prática gerencial, como também uma capacidade de inovação e adaptações constantes, por parte da instituição.

2. O Planejamento Estratégico Corporativo

O Direcionamento Estratégico Corporativo ou Visão Estratégica Corporativa e o Planejamento Estratégico Corporativo são dois conceitos diferentes e, portanto, devem ser considerados em separado.

A primeira parte, "*o que*" a empresa deseja "*ser*", numa projeção futura, constituirá a formulação do Direcionamento ou Visão Estratégica Corporativa. Isso deverá ser explicitado, de maneira estilística, qualitativa ou mesmo heurística, antes da fase de planejamento no longo prazo e da tomada de decisão cotidiana que se segue a esse planejamento.

Além disso, existem as unidades operacionais da empresa. Assim, "*o que*" a administração destas unidades deseja ou espera ser deverá estar em perfeita sintonia com a visão estratégica de seu sistema maior – a Corporação –, já que estas unidades pertencem a um mesmo sistema econômico-político-ideológico.

A segunda parte, "*como*" e "*quando*" chegar a "*ser*", no mesmo período considerado, constituirá o Planejamento Estratégico Corporativo. Neste nível, serão determinados o "como" e o "quando" seguir as alternativas eleitas pela corporação, no âmbito dos negócios, produtos ou serviços, mercados, capacidades básicas, taxas de crescimento, retorno de investimentos etc.

Embora esses dois conceitos sejam parte do pensamento no longo prazo, com dimensão temporal correlata, não devem ser confundidos, pois somente um entendimento claro daquilo que a Corporação pretende "*ser*", no período, permitirá aos executivos estabelecer o "*como*" e o "*quando*" fazer.

Em síntese: sem uma clara definição da Missão Corporativa, de seus Sistemas Gerenciais e de seu Sistema de Informação Corporativo, bem como o adequado uso da Tecnologia da Informação, o grupo executivo Corporativo, dificilmente, conseguirá tornar-se cada vez mais sensitivo às rápidas mudanças, preparando-se para trocar a administração atual, tipicamente financeira, pelo processo de Planejamento Corporativo, a partir de uma visão estratégica.

No Processo de Planejamento Estratégico Corporativo deve haver a definição de uma Missão ou de um *core business* com uma dimensão temporal futura, sob a forma de Visão Estratégica, baseada em cenários e formulada de uma maneira apenas estilística, qualitativa ou até mesmo heurística. No entanto, deve representar a vontade da corporação, em novos negócios, novos produtos, novas tecnologias ou novas opções de mercado.

Nesta formulação, deve haver a preocupação de continuidade da corporação, em um mercado em crescente complexidade e competitividade e o que ela será dentro de uma década.

Assim, serão necessárias análises de possíveis áreas estratégicas de novos negócios, novos produtos, novos serviços ou novas tecnologias, considerando não somente a atratividade, mas também a competitividade possível.

Dessa Visão Estratégica, e como parte de um Processo de Planejamento Estratégico Corporativo, deve surgir uma *Business Strategy*.

Os modismos de "Qualidade Total" e "Reengenharia" tiveram, indiscutivelmente, uma virtude e uma maldição. De um lado, a virtude de obter o triunfo da eficiência sobre a burocracia; e, de outro, a maldição como uma destruição perigosa da imaginação.

Na análise de mercado, o exame de algumas tendências é fundamental, pois podem constituir óbices ou oportunidades, que serviriam como *issues* de um *Issue Management System,* no nível corporativo, para gerenciar surpresas de um mercado turbulento. Abaixo, listamos exemplos de algumas dessas tendências.

a) A vulnerabilidade de um produto no mercado tende a crescer, com a distância que separa sua entrega a um intermediário (vendedor, transformador ou montador), de seu usuário final. É o caso típico dos produtos siderúrgicos, petroquímicos e mesmo computadores pessoais, que estão colocados na condição de *commodity*.

b) Existe uma tendência de maior concorrência de produtos siderúrgicos com outros de natureza ou tecnologias diferentes. Produtos petroquímicos, por exemplo, estão substituindo peças metálicas de veículos; metais não-ferrosos estão substituindo parte de motores e carcaças de veículos e aeronaves etc.

c) Existe hoje uma tendência, mundial, de crescente demanda de serviços em detrimento da demanda por produtos.

3. *Situações de Planejamento*

Para definição das etapas, eventualmente necessárias em um processo de Planejamento, consideremos as seguintes situações, conforme esquema a seguir.

a. Situação real presente

Refere-se à forma como a empresa ou a *holding* na realidade "*é*", no presente, quanto à sua estrutura de Processos, Sistemas Gerenciais, Sistemas de Informação Gerenciais e Sistemas de Planejamento. Considera-se a situação real presente mesmo que estas estruturas sejam baseadas em distorções ou confusões conceituais quanto à definição do *core business,* ou mesmo possuindo apenas Sistemas de Planejamento Operacionais, departamentalizados.

b. Situação ideal presente

Diz respeito à forma como a empresa ou a *holding* em questão "***deveria ser***", hoje. Essa situação tida como atual refere-se à sua estrutura de Processos, Sistemas Gerenciais, de Informação Gerenciais e de Planejamento, caso houvesse uma clara explicitação da missão, relativa ao seu *core business* (produção, vendas, marketing, linha de produtos ou prestação de serviços). Isso sem distorções e sem confusões conceituais graves, mas totalmente vinculada a uma visão estratégica e a uma *business strategy*, definida por um Processo de Planejamento Corporativo.

c. Situação real futura

Aqui, o foco é a forma como a empresa, a *holding* ou ambas "***poderiam ser***" numa dimensão temporal preestabelecida, quanto à sua estrutura de Processos, Sistemas Gerenciais, de Informação Gerenciais, considerando o *core business*, neste lapso de tempo. No entanto, vale dizer que essa situação real futura está sujeita, realisticamente, ou às restrições impostas pelo mercado, ou às razões de atratividade *versus* competitividade, ou, ainda, às limitações na disponibilidade de recursos para atingir uma Situação Ideal Futura, definidas no Processo de Planejamento.

d. Situação ideal futura

Refere-se à forma como a empresa, a *holding* ou ambas "***desejariam ser***" segundo os desejos do Grupo Corporativo ou dos Acionistas e sujeita apenas às restrições auto-impostas por estes Grupos, em um futuro predefinido. Isso quanto à sua estrutura ideal de Processos, seus Sistemas Gerenciais ideais e correspondentes Sistemas de Informação Gerenciais, necessários para a consecução de uma missão futura idealística, qualitativa, volitiva, e até heuristicamente, enunciada pela corporação, sem esta impor-se às restrições de um mercado futuro ou às limitações de recursos necessários.

Com relação às influências externas, devem ser consideradas, nesta situação, apenas tendências políticas, geopolíticas, sociais, econômicas, de perfil de mercado, que possam, de alguma maneira, oferecer óbices ou oportunidades àqueles desejos formulados pela corporação/acionistas, tais como: formação de blocos econômicos, regionalização, revolução tecnológica, globalização de produtos e serviços, predominância de serviços sobre produtos, *end users* mais sofisticados e exigentes etc.

4. Intervalos Temporais no Processo de Planejamento

O Processo de Planejamento Estratégico, que deve obedecer ao caráter Sistêmico, abrangeria os Intervalos Temporais, entre as Situações anteriormente enunciadas, a seguir relacionados.

a. Intervalo situação real presente (1) – Ideal presente (2)

A avaliação deste Intervalo, em termos de objetivos, recursos, óbices, estratégias, planos de ação etc., constituirá o nível de Planejamento Operacional Emergencial, de ajuste, predominantemente de execução. Entretanto, está subordinado e vinculado às diretrizes de um Planejamento Estratégico Corporativo.

b. Intervalo situação ideal presente (2) – Real futura (3)

A análise destas duas situações é parte de um Planejamento, tradicional, ideal, com previsão, eventualmente, de nova missão ou *core business,* de novos cenários, de novos mercados, de novas tecnologias ou de novos produtos.

Este é parte de um processo de Planejamento Operacional, tradicional, ao nível de desempenho, mas corporativo na definição de nova missão ou *core business* e na delimitação dos recursos disponíveis, no período considerado.

c. Intervalo situação real futura (3) – Ideal futura (4)

Este é parte de um processo de Planejamento, tipicamente Corporativo, qualitativo, estilístico. Deve buscar o desenvolvimento de uma ação corporativa junto ao meio para que a Situação real futura (3), com suas limitações de re-

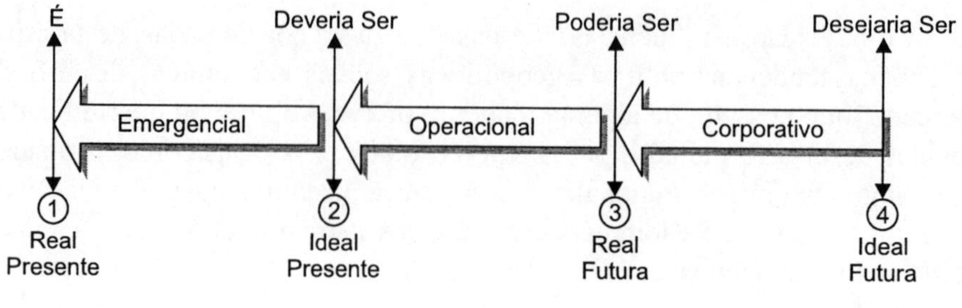

cursos e restrições de meio, se aproxime ao máximo daquela visionada pela Situação ideal futura (4).

A turbulência, eventual, desses cenários poderá levar à criação de um *Issue Managemet System* para o gerenciamento das surpresas.

B. Planejamento Organizacional

B1. Princípios Corporativos

1. Conceito

Antes de iniciar o Processo de Planejamento Estratégico Organizacional, a Corporação deve estabelecer as Proposições Doutrinárias, abrangentes e fundamentais, explicitadas através de crenças ou regras, admitidas, ainda que provisoriamente, como inquestionáveis, para orientação de opiniões e atitudes. Estas proposições, doutrinárias e estilísticas, devem servir de base para a formulação das Políticas Corporativas e como *Guidelines* para o Processo de Planejamento da Corporação. Emanadas dos acionistas ou dos dirigentes da Corporação, podem abranger:

- a visão estratégica da corporação;
- os objetivos corporativos;
- o comportamento ético da corporação e de seus dirigentes;
- os critérios para seleção de executivos e o perfil comportamental dos mesmos;
- o papel do treinamento e do desenvolvimento gerencial e profissional do corpo social;
- o conceito de "lucro" para as unidades de negócio e para o Sistema Econômico-Financeiro;
- as Estruturas Societária e Funcional da Corporação;
- a Imagem da Corporação e de sua Unidade de Negócio e suas prioridades;
- os Critérios para as Comunicações com o meio externo (governo, sociedade e clientes) e com seu corpo social.

2. *Princípios Corporativos (Sugestão)*

a. Com relação aos objetivos da corporação

- O objetivo fundamental do Grupo é a sua perpetuação no tempo, submetendo-se a este objetivo os interesses, os negócios, as atividades e as decisões.
- O objetivo fundamental não se sobreporá aos princípios éticos e morais ou aos mandamentos da Lei vigente.
- O Grupo se propõe a progredir, norteado por missões, claramente enunciadas, mediante a implementação de um Processo de Planejamento continuado e de um gerenciamento eficaz, quanto a seus objetivos, e eficiente, quanto ao uso de seus recursos.
- Para a consecução de seus objetivos, o Grupo fez opção pela Excelência, procurando o melhor, dentro de cada setor de atividade, progredindo pela qualidade e, para isso, adequando-se às condições econômicas, sociais, políticas, institucionais e legais.
- A Excelência, também, é a característica básica, almejada para os produtos e serviços de Grupo, através da plena satisfação de seus clientes (orientação a *marketing*).
- A direção executiva Corporativa acompanhará as mudanças legais, tecnológicas, institucionais, econômicas e sociais e a elas, continuamente, se ajustará.

b. Com relação ao comportamento ético da corporação

- O Grupo aceita a existência e o valor transcendente de uma ética empresarial e social, a cujos imperativos submete motivações, interesses, atividades e decisões.
- O Grupo espera que seus dirigentes e colaboradores evitem que o prestígio, o crédito ou o poder econômico do Grupo sejam utilizados ou invocados, em proveito pessoal.
- É inadmissível o uso, em benefício pessoal, do dirigente ou colaborador, de bens ou serviços das empresas.
- O Grupo espera que o dirigente ou colaborador evite receber favores ou vantagens pessoais, em razão de sua vinculação com a organização.

c. Com relação aos executivos dirigentes

- Os dirigentes são responsáveis por suas decisões, ações e atitudes.
- A seleção de executivos dirigentes far-se-á considerando, a par da aptidão e competência para o cargo, a vocação para o cumprimento do objetivo primeiro da Corporação.
- Os cargos superiores deverão ser preenchidos, preferencialmente, por elementos do próprio Grupo e são transitórios, à conveniência da Corporação.
- São qualidades notáveis, para a seleção de executivos dirigentes, a honestidade, a lealdade, a correção de princípios, a humanidade, a disciplina, o sentido de urgência, a sensibilidade, a maturidade, a fidelidade e a dedicação ao Grupo.

d. Com relação ao treinamento e ao desenvolvimento

- O Treinamento e o Desenvolvimento de Recursos Humanos serão perseguidos, de forma permanente e prioritária, com vistas à contínua renovação do Grupo.

e. Com relação ao lucro

- O Grupo reconhece o Lucro, definido como o "acréscimo do patrimônio" material, como sendo, simultaneamente, condição de sobrevivência e conseqüência do bom funcionamento de seu Sistema Econômico-Financeiro. Não sendo, assim, o indicador da eficácia, é, por excelência, a medida da eficiência do Sistema.

f. Com relação à organização

- A Estrutura Societária destina-se a exprimir a participação dos sócios acionistas do Grupo e as condições de associação, bem como a proporcionar adequação tributária.
- A Estrutura Funcional – totalmente independente da Societária – destina-se a prover um instrumento eficiente para a consecução das Missões, gerais e específicas, do Grupo. Além disso, baseia-se na existência de um núcleo Corporativo e de Unidades Operacionais – as Divisões e Coligadas.
- A Estrutura Funcional, operacional, estará, permanentemente, voltada para a realização de resultados. E mais: estará, permanentemente, procurando prevenir ou corrigir a burocratização: humanizando e dinamizan-

do o sistema gerencial, mediante a liberalização da iniciativa individual e a eliminação da desconfiança, pois a liberdade está na raiz da eficiência e a desconfiança na raiz da elevação dos custos.

g. Com relação à imagem

- A imagem e o bom nome do Grupo serão, permanentemente, preservados.
- Com relação à Imagem Externa, serão mantidos elevados o prestígio, a confiabilidade e a credibilidade do Grupo e de seus dirigentes nos meios governamental, financeiro e empresarial, bem como junto ao mercado, à imprensa e à comunidade em geral.
- Será dada prioridade à Imagem pública, institucional das Divisões e Coligadas.

h. Com relação às comunicações

- Nas Comunicações com o meio externo, serão evitados pronunciamentos públicos, que sejam contundentes e críticos a setores governamentais ou privados, ou que possam suscitar animosidade a pessoas ou empresas do Grupo.
- As realizações e os resultados do Grupo serão divulgados com preocupação de sobriedade, eliminando qualquer sentido de ostentação ou triunfo sobre congêneres.
- Nas Comunicações internas, o Grupo enfatiza o direito de as pessoas participarem na vida das Divisões e das empresas Coligadas e influírem, construtivamente, em seu futuro.
- Reitera, outrossim, ser vital que ninguém no Grupo, em qualquer nível hierárquico, se omita, pelo receio de ser mal interpretado e, com isso, deixe de pugnar por algo melhor; nem se acomode ou omita, impedindo, pelo silêncio cúmplice, providências que se imponham.

B2. Modelos Estruturais Corporativos

1. Histórico

Impulsionadas por um conjunto de mudanças radicais nos ambientes, tanto interno como externo, as grandes e globais corporações estão inovando e criando uma nova estrutura corporativa.

Baseadas no conhecimento e na *expertise*, antes que no capital ou na economia de escala, como recurso estratégico chave, esta estrutura é, fundamentalmente, diferente das organizações multidivisionais que emergiram na década de 1920 e que tornaram dominante o modelo corporativo nos anos pós-guerra.

Este período gerou um novo e extraordinário conjunto de oportunidades e desafios para a gerência das empresas da época, principalmente devido ao desenvolvimento empresarial nos Estados Unidos.

Por seu turno, as companhias não só desenvolveram novos enfoques estratégicos, criaram estruturas organizacionais inovativas e redefiniram os papéis gerenciais, em resposta ao ambiente em mudança, como também estimularam uma onda de pesquisas que visava a enriquecer e mesmo redefinir a teoria das organizações.

Em 1962, no *Massachusetts Institute of Technology* – MIT, o historiador de negócios Alfred Chandler havia ficado fascinado pela rápida disseminação de novas estratégias e como as organizações as estavam gerenciando.

Sua pesquisa, cuidadosamente documentada, forneceu uma rica interpretação das novas organizações multidivisionais que estavam começando a dominar as estruturas corporativas, dentro e fora dos Estados Unidos.

No estudo de Chandler, a adoção da estrutura organizacional multidivisional, por 50 das maiores companhias nos Estados Unidos e seu detalhado exame de quatro das pioneiras desta revolucionária forma estrutural, levou-o a desenvolver sua tese estratégia/estrutura, de grande influência naquele momento.

Sua conclusão final foi de que as companhias, sendo impulsionadas por crescimento de mercado e mudanças de tecnologia, tendiam a desenvolver maior diversidade em seus produtos e mercados e só seriam capazes de gerenciar, eficientemente, suas novas estratégias se adotassem a estrutura multidivisional, a assim chamada ***M-form***.

A razão pela qual esta forma estrutural provou ser tão poderosa foi porque definiu um novo conjunto de práticas e relações gerenciais que enfatizava a descentralização de responsabilidades para as divisões, cujas atividades eram planejadas, coordenadas e controladas por uma forte gerência corporativa – o *general office*, nos termos de Chandler – que também tomava as *entrepreneural decisions* sobre a alocação de recursos.

Chandler demonstrou como o sistema gerencial, criado por essas organizações, permitia às mesmas aplicar seus recursos mais eficientemente às oportunidades, surgidas pelas mudanças de mercado e pelas novas tecnologias.

No *Carnegie Mellon*, um outro extraordinário esforço de pesquisa estava sendo conduzido por Herbert Simon e James March, construindo a modelagem do comportamento humano para melhor compreensão de como eram tomadas as decisões nas complexas corporações emergentes.

A teoria comportamental resultante foi consolidada e formalizada, em 1963, por Cyert e March.

Alguns anos mais tarde (1970), a pesquisa sobre o planejamento de negócios e o processo decisório para investimentos estratégicos levou Joseph Bower, da *Harvard Business School*, ao modelo dos processos estratégicos nas organizações multidivisionais. Dessa forma, criou uma ponte entre a nova estrutura corporativa, descrita por Chandler, e a teoria da tomada de decisão, proposta por Cyert e March.

A década de 1970 e os primórdios de 1980 foram um período de refinamento e de progresso incremental, tanto para a prática como para a teoria gerencial.

Enquanto a gerência corporativa expandia sua diversificação de estratégias, elaborava suas novas estruturas divisionalizadas e refinava seus novos sistemas gerenciais, linhas de pesquisa eram desenvolvidas, com base no trabalho seminal de Chandler, Bower, Cyert e March, resultando versões mais ricas e refinadas de seus modelos e teorias.

No início da década de 1990, entretanto, novas demandas ambientais – particularmente aquelas emanadas da globalização da concorrência, dos mercados, da tecnologia e das correspondentes conseqüências econômicas e sociais – estavam impulsionando mudanças na estratégia, na estrutura e na gerência que eram tão disseminadas e impactantes quanto as mudanças na diversificação/divisionalização, que caracterizaram a revolução gerencial pós-guerra.

Em face de tal ambiente, começaram a surgir preocupações de que os existentes paradigmas de estratégia, organização e processo decisório, desenvolvidos para explicar um prévio modelo corporativo, não mais seriam tão relevantes ou poderosos como haviam sido até então (Handy, 1990, Hamel e Prahalad, 1993).

Seus argumentos foram reforçados pelos problemas disseminados em companhias que haviam fracassado em adaptar suas clássicas estruturas e processos.

Na verdade, na década de 1990, pelo menos duas de quatro organizações inovadoras da estrutura multidivisional, segundo o estudo de Chandler – *General Motors* e *Sears* – foram mais manchetes de problemas do que modelos de estrutura organizacional.

A estagnação que começou a ocorrer, deste então, não era incomum. Neste contexto, podemos citar o caso dos negócios da *Westinghouse* americana, principalmente na área de transmissão de potência, anterior à aquisição da mesma pela *Asea Brown Boveri* (ABB).

Como foi documentado por vários observadores das grandes companhias globais, os sistemas gerenciais hierárquicos e dirigidos pelos *staffs* tendiam a bloquear as iniciativas e as inovações originadas na linha de frente (Kanter, 1983 e Peters, 1992).

Essa evidência, já na década de 1980, sugeria o que Williamson (1975) descreveu sobre a deterioração das organizações muldivisionais, como sendo, talvez, não uma exceção, mas um estágio para o qual a dinâmica interna das organizações *M-form* tenderia no longo prazo (também A. Chandler, 1991).

Uma das maneiras para prevenir a erosão das iniciativas *entrepreneurias* da linha de frente é representada pela organização *conglomerada*, denominada por Wiliamson como modelo *holding* ou companhia *H-form.*

2. O Caso Asea Brown Boveri – ABB

Christopher A. Bartlett, professor de *Business Administration* da *Harvard Business School*, e Samantra Ghoshal, professor de *Strategy e Management* da INSEAD, publicaram um artigo *Beyond the M-Form: Toward a Managerial Theory of the Firm*, resultado de suas pesquisas. Neste artigo, sugerem que as grandes corporações globais estejam criando um novo modelo organizacional que é, significativamente, diferente das organizações *M-form*, cujas estruturas corporativas predominaram nas últimas cinco décadas.

Usando a ótica interpretativa de perspectiva estrutural de Chandler, o modelo de processo de Bower e a teoria comportamental de Cyert e March, analisaram as características organizacionais da *Asea Brown Boveri* (ABB). Esta é uma companhia de 250.000 empregados, resultado da fusão da *Asea* e *Brown Boveri* e, mais tarde, com a aquisição da *Westinghouse*, companhia aquela com operações internacionais, descrita como *negócio eletrotécnico* e freqüentemente citada como um dos melhores exemplos de uma estrutura corporativa emergente.

Num sentido mais amplo, alguns dos elementos estruturais, baseado nos quais a nova direção corporativa da ABB construiu a também nova organização, seguem os princípios básicos da clássica estrutura *M-form.*

No centro corporativo, a nova direção substituiu os grupos de *staff*, funcionalmente orientados, que tinham dominado o *headquarter* das duas companhias fundidas, por um time de grupos de executivos qualificados, apoiados por *staffs*, altamemente especializados.

O mais importante: o forte princípio de **descentralização** de responsabilidades, que Chandler observou como ponto central da operação de seu modelo, é também primordial para a filosofia gerencial da ABB, conforme explicitado no documento *ABB Mission, Values and Policies*: "Nosso princípio guia é descentralizar o Grupo em distintos centros de lucro e designar responsabilidade individual a cada um".

Além disso, o elemento-chave para a coordenação e para o controle das diversificadas operações da ABB continuou sendo a prescrição dada por Chandler no que se refere à criação de um confiável **Sistema de Informação** (***A****sea Brown* ***B****overi* ***A****ccounting and* ***C****omm****U****nication* ***S****ystem* – ABACUS), a fim de dar apoio às linhas de autoridade.

Enquanto os princípios gerais de delegação e controle tiveram suas raízes no modelo organizacional descrito por Chandler, o formato estrutural implementado pela ABB começa a divergir do clássico *M-form*.

A ABB está estruturada não mais no formato multidivisional, mas sim em torno de uma matriz *business/geográfica*, mantendo, dessa forma, um canal *dual* de *reporting*, ligando as unidades operacionais da linha de frente tanto à organização global de *Business Areas* – BA's, como às gerências nacionais ou regionais.Disso, resulta uma "federação de companhias" – 1.300 das quais estão estruturadas e separadas em negócios distintos e, até o possível, como entidades legalmente instituídas.

Igualmente impactante e, em contraste marcante com o clássico modelo organizacional *M-form,* foi a maneira com a ABB reduziu os níveis gerenciais, de tal forma que Chandler não os reconheceria. Ou seja, em lugar dos sete ou oito níveis gerenciais existentes nas estruturas clássicas das corporações, a ABB estabeleceu apenas um nível intermediário, entre o comitê executivo corporativo e os executivos da linha de frente das 1.300 companhias.

Este enfoque é denominado pela ABB de "descentralização radical". Ou seja, a fim de atender às forças competitivas e tecnológicas, as organizações precisam manter-se globalmente integradas. Por outro lado, estão sofrendo as crescentes pressões governamentais e de mercado, para uma postura mais sensível às particularidades nacionais ou regionais.

Essas mudanças, orientadas para uma descentralização radical, devem ser apoiadas por uma, também radical, realocação de recursos humanos, tecnológicos e financeiros.

Este processo *entrepreneural*, aplicado e institucionalizado pela nova estrutura organizacional da ABB e pela filosofia do *management*, está baseado em redefinição de um conjunto de papéis e relações gerenciais. Os gerentes da linha de frente – os principais executivos das 1.300 pequenas companhias – evoluíram, de seu tradicional papel de implementadores de decisões tomadas no sentido *top-down*, para tornarem-se os iniciadores primários da ação *entrepreneural*, criando e perseguindo novas oportunidades para sua companhia.

O nível intermediário passou a não mais estar preocupado com seu papel histórico de controlador, mas passou a ser uma fonte-chave de recurso, para os gerentes da linha de frente, no que se refere à *coaching* e apoio às suas atividades. E os altos executivos corporativos, tendo descentralizado radicalmente os recursos e delegado uma forte responsabilidade às companhias, passaram a dar maior enfoque na condução do processo *entrepreneural*, desenvolvendo um amplo espectro de objetivos corporativos e estabelecendo padrões de desempenho que a gerência da linha de frente deve cumprir.

Enquanto o sistema gerencial *entrepreneural* desenvolvido na ABB foi, explicitamente, desenhado para neutralizar a tendência do modelo *M-form* de reduzir a gerência da linha de frente a simples implementadores operacionais, ele também difere, significativamente, dos sistemas gerenciais do modelo *holding* (*H-form*), proposto por Williamson, fundamentalmente pelos papéis representados pelas gerências intermediária e corporativa. Diferente do modelo dos conglomerados, aqueles níveis gerenciais permanecessem envolvidos na realidade operacional dos negócios e contribuem, diretamente, para o processo *entrepreneural*.

3. Processo de Descentralização

Um outro ponto muito importante, descrito tanto por Chandler como por Bower, foi a centralização do processo de alocação de recursos, considerada apropriada para aquelas organizações que estavam sendo pesquisadas, por ambos, naquele momento.

Na rápida expansão da economia dos anos 20 e, novamente, no explosivo mercado das décadas do pós-guerra, entretanto, as oportunidades que surgiam excediam de muito a habilidade que muitas companhias possuíam em financiá-las.

No ambiente atual, altamente competitivo e impulsionado pela tecnologia, a escassez de recursos que restringe o crescimento e o sucesso estratégico das companhias não é tanto o capital, mas a carência do conhecimento especializado e *expertise*, e a aptidão organizacional que as companhias possuem em reconhecer isso e em implementar as necessárias mudanças.

De acordo com a avaliação da gerência corporativa, diferentemente do capital, o conhecimento é um recurso difícil de ser acumulado no nível corporativo e, adequadamente, de ser alocado, às necessidades estratégicas da organização.

Nas companhias, como a ABB, que aplicam este modelo de estratégia organizacional, deve haver um crescente e claro reconhecimento de que aqueles profissionais detentores de conhecimento especializado e *expertise,* vitais para a competitividade da companhia, são locados longe dos *headquarters* corporativos – nos laboratórios das unidades da linha de frente, nos grupos de *marketing* ou nos departamentos de engenharia.

4. Conclusões

Descentralizando ativos e recursos para as pequenas unidades operacionais, algumas companhias estão tentando criar um ambiente no qual este escasso conhecimento possa ser desenvolvido e aplicado mais adequadamente.

Isto, contudo, cria a necessidade de um poderoso processo de integração horizontal, a fim de que a organização, como um todo, possa ser beneficiada pelos recursos especializados e o *expertise*, desenvolvidos nas unidades *entrepreneurais*.

Liberada a gerência intermediária de manter estas ligações com as unidades operacionais, torna-se indispensável um eficaz **sistema de informação** vertical e um complexo processo decisório, politicamente orientado.

Um intensivo processo informal de comunicação, pode ainda reduzir, de forma considerável, as necessidades informacionais da gerência intermediária.

Além do sistema de informação e a fim de atender ao complexo sistema gerencial, a missão, os valores e as políticas devem ser explicitados de uma forma clara e direta, de como a corporação vê a comunicação, a interpretação e a elaboração dos objetivos estratégicos corporativos, bem como suas prioridades e filosofia.

Torna-se evidente que, em tais companhias, o nível corporativo deve assumir a responsabilidade de criar um sentimento de identidade compartilhada –

uma ideologia – para unir esforços díspares, bem como normas organizacionais para facilitar a união, que a intensiva transferência do conhecimento requer.

Sem tal contexto organizacional, as forças centrífugas impulsionando as unidades *entrepreneuriais* independentes podem resultar, rapidamente, na fragmentação, no isolamento ou na concorrência inter-unidades, criando barreiras e defesas contra o fluxo de recursos, conhecimento e *expertise*.

A liderança no modelo *M-form* é, fundamentalmente, baseada na visão de que as companhias são entidades econômicas. No novo conceito organizacional proposto, existe a premissa de que as grandes corporações, além disso, são instituições sociais complexas. Para conquistar a energia, o compromisso e a criatividade de seu corpo social, a gerência está substituindo o paradigma dos rígidos sistemas estruturais estratégicos do modelo *M-form* por um flexível e mais orgânico modelo, construído em torno de propósitos, processos e pessoas.

Indiscutivelmente, uma organização é uma estrutura social. Embora as ações internas e externas da companhia possam ser motivadas por uma variedade de objetivos econômicos e outros, elas emergem através de processos de interações sociais que são moldadas pela estrutura social.

B3. Delegação/Desconcentração Gerencial

1. Cenário Empresarial

a. As megafusões no mercado internacional

Já no início do século, era previsto, principalmente por profissionais da área econômica de ideologia esquerdista, uma tendência mundial para a formação de monopólios: as grandes empresas absorvendo as menores, criando impérios econômicos que poderiam, inclusive, romper o equilíbrio de poder econômico e político que, tradicionalmente, pertencem ao Estado, aos partidos políticos e aos sindicatos de trabalhadores.

Esta tendência foi adiada por duas guerras mundiais e pelos legisladores norte-americanos que procuraram evitar os monopólios através de duas leis, o *Sherman Anti-Trust Act*, de 1890, e o *Clayton Anti-Trust Act*, de 1914, bem como de sua posterior regulamentação. Isso porque acreditavam ser papel do Estado garantir a livre concorrência nos mercados. Em decorrência dessa legislação, a *Standard Oil*, a *AT&T*, e a *IBM*, por exemplo, tiveram de se dividir ou vender parte de suas atividades. Mais recentemente, a *Microsoft* sofreu um polêmico processo, por parte do governo, para impedir qua a mesma controlasse a Internet.

Na medida em que as taxas de juros baixam nos países cêntricos, há mais capital disponível nas bolsas de valores e, em conseqüência, recursos para as megafusões numa escala nunca vista.

As megafusões tiveram início. A *Exxon* fundiu-se com a *Mobil*, criando a maior companhia petrolífera do mundo. A *União de Bancos Suíços* incorporou a *Sociedade dos Bancos Suíços*, ambas originárias de antigas fusões, formando, na ocasião, o maior banco do mundo. O *Deutsche Bank* anunciou a compra do *Bankers Trust*, de Nova York, passando a ter ativos da ordem de US$ 800 bilhões. Antes, o *Travelers* comprara o *Citicorp* e o banco *Mitsubishi*, no Japão comprou o *Banco de Tóquio*. A *Daimler-Benz*, alemã, comprou a *Chrysler*, americana. A empresa farmacêutica *Glaxo*, inglesa, fundiu-se com a *Wellcome*. Da fusão da *Ciba* e *Sandoz*, resultou a *Novartis*, a maior empresa farmacêutica e de química fina do mundo. A *MCI* que comprou a *Embratel*, no Brasil, foi comprada pela *WorldCom*.

De modo geral, sob a perspectiva de gestão de negócios, há duas justificativas para as fusões. A primeira, muito alardeada pelos líderes empresariais, é a sinergia, a idéia de que o novo todo é maior do que a soma das partes, permitindo que os lucros aumentem sem, contudo, lesar os consumidores. A outra justificativa, pouco comentada em empresas bem-educadas, é o poder de mercado – a capacidade de reduzir as opções dos consumidores e de cobrar preços mais altos.

O principal fato sobre sinergia é que se trata de algo enganoso, pois é muito difícil saber, de antemão, se a sinergia resultante será bastante forte para justificar a fusão. Além disso, as economias resultantes do compartilhamento de recursos de projetos e produção, que deveriam fazer com que o acordo valesse a pena, são difíceis de vir à tona, ao passo que os custos – o costumeiro e freqüente choque entre as culturas organizacionais, ampliado pelas disparidades entre culturas nacionais – já afloraram com muita nitidez. A principal característica deste processo é que não é possível controlá-lo, ao menos pelos meios e formas que se conheciam até hoje.

A globalização e as fusões multiplicaram os investimentos mundo afora e, como conseqüência, todas as economias são atingidas pela dinâmica da globalização ou pela "*ganância infecciosa de executivos das grandes corporações*", como afirmou Alan Greenspan, presidente do *Federal Reserve* americano (julho de 2002).

Foi o caso da *Enron Corporation*, gigante empresa americana, atuando no mercado de compra e venda de energia e considerada uma das mais exitosas e inovadoras companhias da nova economia americana. Para manter viva sua mística empresarial e o preço de suas ações em alta, não exitou em estabelecer parcerias que pudessem ocultar suas perdas financeiras ou gerar receitas imaginárias. Com isso, conseguiu ludibriar o mercado e ofereceu, também, ao mundo globalizado, a oportunidade de assistir à autópsia de um episódio espalhafatoso de mescla de dinheiro e política – pois, quando a política e os negócios se encontram e se entrelaçam, não se está falando mais de uma *relação*, e sim de uma *transação* ou ainda, sem eufemismos, de *corrupção*.

Outro caso, não menos edificante, foi o da *WorldCom*, empresa global na área de comunicação na geração digital, controladora da *Embratel*, no Brasil, denunciada em julho de 2002, na *US Bankruptcy Court for the Southern District of New York*, para investigação como caso de bancarrota, devido à incompetência gerencial, a irregularidades e à fraude.

b. Privatização e fusões no Brasil

A abertura econômica e o processo de privatizações, no caso brasileiro, introduziram um novo conceito de **gestão compartilhada**, lançando por terra muitos paradigmas gerenciais e alterando a estrutura de poder, até então vigente, baseada na concentração do processo decisório em nome de empresários centralizadores e tradicionais.

Hoje, torna-se cada vez mais difícil identificar, não só os nomes de quem está por trás do processo decisório das empresas, como também a origem de seu capital. Cada dia, formam-se novos grupos, de culturas e etnias diversas, que passam a controlar as empresas, supostamente, baseado no consenso.

No caso de Grupo de Empresas ou *holding*, muitas vezes resultante de fusões ou aquisições, com uma multiplicidade de atividades e de formas de negócio, com etnias e culturas gerenciais as mais diversas, torna-se, mais do que nunca, imperativo uma clara definição da distribuição das decisões, das ações, das previsões e dos controles que devem ser compartilhados pelos novos acionistas. Todos relativos a todas as variáveis que intervêm nos negócios, sejam elas quantitativas, qualitativas, temporais, sejam elas financeiras, geográficas, ambientais ou psicossociais.

Esta definição das responsabilidades, desde o Conselho Corporativo (nível de acionista), até os níveis operacionais da empresa ou empresas, constituintes do Grupo ou *holding*, refere-se ao grau de "desconcentração gerencial".

A não observância desses cuidados tem, historicamente, levado ao fracasso de empreendimentos, pelos conflitos gerados desde o nível acionista até os operacionais das empresas constituintes do Grupo.

c. Tecnologia gerencial

Independente do processo de fusões e privatizações, atualmente em curso, uma nova postura das empresas é urgente, pois é inegável que as mesmas estão desempenhando um papel cada vez mais relevante no desenvolvimento dos países e no processo de transferência de tecnologia, tanto de produto, como de uso ou de serviço. Conseqüentemente, as interações interculturais e transculturais tendem a se tornar mais freqüentes e, dessa forma, também serão maiores as possibilidades e a probabilidade de conflitos internos ou externos, com seus impactos negativos sobre a imagem.

Este fato, em particular, traz, nitidamente, à baila uma responsabilidade adicional das empresas, qual seja, a de buscar estruturas organizacionais e estilos de gerência apropriados, conhecimentos – conceituais e contextuais –, habilidades e atitudes gerenciais que possam obter, concomitantemente, um rápido crescimento, um desenvolvimento de suas organizações, para melhor adequar-se a essas condições de meio.

Este desafio envolve, no caso brasileiro, selecionar, das tecnologias gerenciais e dos modelos de desenvolvimento organizacional bem-sucedidos, aqueles que forem mais adequados para o estágio técnico-econômico da empresa ou do Grupo, dentro do **contexto brasileiro**. Ao mesmo tempo, selecionar aqueles relevantes para o *ethos* cultural da empresa ou do grupo de empresas, mas sempre vistos, também, como parte integrante de um mercado e de uma sociedade local.

Muitas necessidades organizacionais são comuns às várias empresas: as organizações, independentemente dos contextos em que se situam, tendem – em função de seu estágio de desenvolvimento – a vivenciar necessidades semelhantes, em termos de identificação clara de sua missão, presente e futura; melhoria de estruturação organizacional interna; aperfeiçoamento de seus processos, em função de sua missão; estabelecimento de eficientes sistemas de informação gerenciais; melhor aproveitamento de seus recursos; melhoria de sua imagem institucional etc.

Finalmente, e como decorrência do que foi mencionado, as organizações já não podem ser gerenciadas pelos executivos "ecléticos" e centralizadores do passado. Um novo estilo e novos paradigmas gerenciais, baseados **na participação**, na **informação** e na **delegação**, portanto, se impõem.

As empresas que não os adotarem estarão impedindo o adequado aproveitamento do potencial de seus recursos humanos; estarão emperrando o seu processo decisório, estarão gerando conflitos gerenciais e, conseqüentemente, reduzindo sua capacidade de inovação, sua potencialidade de crescimento e sua possibilidade de sobrevivência.

2. Planejamento Organizacional Corporativo

No caso da existência ou de formação de uma *holding* gerencial ou Conselho Corporativo, é indispensável a definição do processo de repartição de responsabilidades entre os sócios ou acionistas, bem como o processo de delegação para as empresas coligadas ou associadas, responsáveis pela operação direta dos negócios.

Além disso, existem as unidades operacionais de cada uma das empresas. Assim, "o que" a administração destas unidades deseja ou espera ser deverá estar em perfeita sintonia com a visão estratégica de seu sistema maior – a Corporação, *holding* ou Conselho Corporativo. Isto porque estas unidades, agora, pertencem a um mesmo Sistema Econômico-político-ideológico.

Uma parte importante do processo de Planejamento Organizacional Corporativo, principalmente na formação de uma *holding* ou de um Conselho Corporativo, é a definição dos Sistemas Gerenciais a serem compartilhados ou delegados, suas Políticas, seus Procedimentos e seus correspondentes Sistemas de Informação Gerencial.

3. Missão da Empresa ou do Conselho Corporativo

A Missão de uma empresa é sua *raison d'être* como negócio escolhido pelos acionistas ou sócios, para incremento de seu patrimônio econômico.

A Missão de uma *Holding* ou de um Conselho Corporativo, sob o aspecto gerencial, deve ser entendida e definida quanto ao grau de repartição gerencial entre os sócios ou acionistas e quanto ao grau de delegação gerencial, transferida às unidades operacionais ou às empresas do Grupo. Tudo isso em termos de decisões, de ações, de previsões e de controles, segundo políticas e procedimentos predeterminados, no que se refere às variáveis quantitativas, qualitativas, temporais, geográficas, financeiras e sociais e/ou ambientais.

Os Sistemas Gerenciais, por outro lado, são aquelas situações gerenciais (decisões, execuções, previsões, controles, seguindo procedimentos e políticas), necessárias para a consecução das Missões, hierarquicamente, definidas.

Assim sendo, a clara explicitação das Missões, desde o nível *holding* ou Conselho Corporativo, até os níveis funcionais, operacionais, dentro das várias unidades que compõem o Grupo, torna-se condição essencial para a identificação, numa seqüência decrescente dos Processos, dos Sistemas Gerenciais, de seus correspondentes Sistemas de Informações, das Políticas, dos Métodos e Procedimentos, do uso adequado da Tecnologia da Informação, da adequação da estrutura organizacional e dos perfis gerenciais, profissionais e funcionais.

4. Delegação

A combinação de forças e circunstâncias do mundo atual (mudanças drásticas do ambiente de negócios, sofisticação de mercado e revolução tecnológica) está forçando as organizações tradicionais, baseadas numa escala hierárquica, a uma desconcentração gerencial, mantendo apenas vínculos, através da informação, usando a nova tecnologia da informação e das telecomunicações.

Uma considerável quantidade de estudos tem comprovado que as pessoas se tornam mais eficientes quando controlam (ou pelo menos pensam controlar) seus próprios destinos. Por esta razão, fortes Culturas organizacionais são mais facilmente construídas e consolidadas em unidades menores. Essas unidades comportam-se mais coesivamente e, como conseqüência, conseguem melhor produtividade e eficiência.

Por outro lado, a Tecnologia da Informação e as Telecomunicações serão cada vez mais baratas do que a manutenção de dispendiosas hierarquias de gerência intermediária.

Small is beautiful – manter pequenas e semi-autônomas unidades – tende a ser uma nova opção organizacional, não só porque melhor serve às necessidades do moderno *business,* como também às necessidades das pessoas.

O **Processo de Delegação Gerencial** como pode ser definido é a transferência a outros Sistemas Gerenciais, hierárquica ou funcionalmente diferenciados, das decisões, e/ou das ações, e/ou das previsões, e/ou dos controles.

a. Descentralização gerencial

A Descentralização é o processo de delegação **incondicional** a outro Sistema Gerencial, hierárquica ou funcionalmente diferenciado, de todos os elementos que constituem os subsistemas de Decisão, Ação, Previsão, Controle e Informação, bem como os Procedimentos e as Políticas correspondentes.

b. Desconcentração gerencial

Desconcentração é o processo de delegação **parcial e condicional** a outro Sistema Gerencial, hierárquica ou funcionalmente diferenciado, de todos ou parte dos elementos que constituem os subsistemas de Decisão, Ação, Previsão e Controle, condicionados a Políticas e a Procedimentos preestabelecidos.

Assim, no processo de desconcentração, podem ser delegadas as Decisões, e/ou a execução das Ações; e/ou os Procedimentos para a execução das ações; e/ou as Previsões; e/ou os Controles, bem como as Informações correspondentes.

- Quando as Decisões são transferidas, exige-se que haja, no novo processo decisório, uma competência gerencial. Junto com a delegação, deverão ser explicitadas as premissas básicas para a tomada de decisão – ***as políticas***.
- Quando a Ação é delegada, ou transferem-se a Execução e seus procedimentos/metodologias, ou delega-se apenas a Execução, mantendo centralizados ***os procedimentos***.
- Quando as Previsões são delegadas, exige-se uma explicitação estruturada e formal – ***o planejamento***.
- Quando o Controle for transferido, determinam-se os elementos referenciais, que permitam uma avaliação dos desvios – ***planos, índices, orçamentos etc.***
- Pela combinação dessas opções, pode ser planejada uma estrutura organizacional, preliminar, dentro do conceito de ***desconcentração gerencial***.

c. Políticas

Os meios através dos quais se tenta cumprir a missão, atingir metas ou objetivos variam em generalidade, do mais particular – uma alternativa de ação escolhida (Estratégia) – através de práticas, procedimentos e programas, ao mais geral – através de Políticas.

Assim, os meios, da mesma forma como os fins, podem ser formulados a diferentes níveis de generalidade que podem ser postos, em escala hierárquica crescente como os relacionados a seguir.

Ações – determinado ato de um indivíduo ou grupo. Por exemplo: contratar certo empregado, efetuar uma compra ou pagar dividendos.

Práticas – ação que é repetida em circunstâncias semelhantes. Por exemplo; fazer uma liquidação, todo ano, antes do inverno, ou contratar apenas pessoal de nível universitário para determinado cargo.

Procedimento – seqüência de ações dirigidas a uma única meta (geralmente de curto prazo), que se tenta atingir repetidas vezes. Por exemplo: procedimentos para contratar, comprar ou faturar.

Programa – conjunto ordenado de ações inter-relacionadas, geralmente mais complexas que um procedimento, dirigidas para se atingir um objetivo específico (geralmente de longo prazo) que se deseja apenas uma vez. Por exemplo: programa de treinamento de executivos.

Políticas – as regras básicas para escolha e definição de estratégia para a consecução da Missão ou uma regra para decisão (por exemplo: "Satisfação garantida ao Cliente"). Uma política adequada é uma regra de decisão que leva em consideração todas as condições e informações relevantes, existentes no momento em que for necessário agir.

A política, portanto, permite a utilização de todas as informações disponíveis no momento de uma decisão, oferecendo mais flexibilidade e adaptabilidade do que alternativas específicas de ação. Considerando, ainda, a estratégia como a alternativa possível de ação, para o cumprimento da missão, as Políticas são, portanto, aquelas regras básicas para a escolha de uma estratégia.

d. Desenvolvimento do processo de planejamento organizacional

A definição do grau de "desconcentração gerencial", com a clara identificação das responsabilidades gerenciais, desde o Conselho Corporativo (nível de acionista) ou *holding*, até os níveis operacionais da empresa ou empresas, constituintes do Grupo, deve obedecer a uma seqüência de atividades que, a seguir, são propostas.

- Explicitação clara dos Princípios Corporativos, através de *Guidelines*, que possa ter impacto sobre o Planejamento.

- Entendimento e definição clara da Missão das Empresas do Grupo e do Conselho Corporativo (incluindo grupos de acionistas ou sócios), no que se refere ao *core business* das empresas constituintes do Grupo, bem como dos recursos financeiros, humanos, materiais, tecnológicos etc., necessários para a consecução da missão-fim.
- Identificação dos macroprocessos das Empresas e do Conselho Corporativo (considerando os objetivos dos mesmos já explicitados).
- Priorização dos macroprocessos, de acordo com os objetivos determinado pelo Grupo Executivo ou pelos Sócios.
- Definição dos Sistemas Gerenciais das Empresas e do Conselho Corporativo, em termos de Decisões, Ações, Previsões e Controles, a serem compartilhados e exercidos, referentes às variáveis quantitativas, qualitativas, temporais, financeiras, geográficas, ambientais e/ou psicossociais que intervêm nos processos.
- Análise dos processos de delegação descentralizada ou desconcentrada (do Conselho Corporativo para as Empresas) em termos de Decisões, Ações, Previsões e Controles, de acordo com as variáveis quantitativas, qualitativas, temporais, financeiras, geográficas e psicossociais.
- Recomendação de elaboração de Políticas e de Procedimentos, conseqüência do compartimento de responsabilidades entre os sócios ou do processo de delegação gerencial às Empresas do Grupo, quando se fizerem necessárias.
- Definição e explicitação das funções e das responsabilidades, no nível Corporativo, decorrentes do processo de repartição de responsabilidades e de delegação, que podem ser estendidas até os níveis operacionais das empresas, quando desejado.
- Planejamento organizacional, gerencial, profissional ou funcional, resultado do cruzamento com as responsabilidades, profissões e funções, quando já existentes.
- Planejamento educacional, para adequação gerencial, profissional ou funcional para ajuste de responsabilidades, desde o nível acionista até os níveis operacionais que se fizerem necessários.
- Proposição para inclusão de parâmetros no Processo de Planejamento Corporativo.
- Definição de Grupos de Dados para a formação de Sistemas de Informação Gerenciais.

C. Planejamento de Business Transformation

1. Conceito

É parte do Processo de Planejamento Estratégico, que objetiva a transformação, a reengenharia, a reformulação ou a maneira de "repensar" os Processos, os Sistemas Gerenciais e os correspondentes Sistemas de Informação Gerenciais, a fim de ajustá-los ao *core business* presente ou prepará-los para uma situação futura de negócio, definida por uma *business strategy*.

2. Intervalos do Processo de Planejamento Business Transformation

Os Processos de *Business Transformation* correspondem aos mesmos intervalos temporais, explicitados para os Processos de Planejamento.

a. Intervalo situação real presente (1) – Ideal presente (2)

A análise destas duas situações permitirá a identificação dos desvios e das distorções dos Processos e dos Sistemas Gerenciais, em relação a uma situação ideal presente, podendo resultar um *Business Transformation* **Emergencial** de ajuste, abrangendo Reengenharia de Processos e de Sistemas Gerenciais.

b. Intervalo situação ideal presente (2) – Real futura (3)

O confronto das duas situações permitirá uma fase de *Business Transformation* **Operacional**, abrangendo a definição de novos Processos ou ajustes dos atuais, bem como dos Sistemas Gerenciais e dos Sistemas de Informação Gerenciais, necessários para atingir os objetivos de um Planejamento Estratégico Operacional, de cunho realista.

c. Intervalo situação real futura (3) – Ideal futura (4)

A análise destas duas situações levará a uma fase de *Business Transformation* **Corporativo**, com definição de Processos, Sistemas Gerenciais e Sistemas de Informação Corporativos, baseados em uma Visão Estratégica, definida pela corporação, fundamentados em cenários de meio ambiente futuros.

3. Business Strategy

Estratégia é o padrão de missões, objetivos, políticas e de planos de utilização de recursos relevantes, da forma como foram definidos no processo de planejamento, para que a empresa seja o que deve ser, no presente, ou o que possa ou deseja ser, no futuro, com relação ao seu *core business*.

Um completo elenco de estratégias definirá, especificamente, em cada fase do Processo de Planejamento:

- a linha de produtos ou prestação de serviços; em alguns casos, pode ser incluída a própria embalagem do produto;
- os mercados e os segmentos de mercado, aos quais os produtos ou serviços oferecidos devam atender;
- os canais, através dos quais estes mercados podem ser atingidos, dentro da utilidade: tempo e espaço;
- os meios pelos quais a operacionalidade possa ser financiada;
- os objetivos de lucratividade;
- as dimensões, que a empresa deseja alcançar; a imagem, que a empresa deseja criar e manter, com relação a seus clientes, empregados, fornecedores e comunidade em geral.

Podem fazer parte da Estratégia conceitos tais como **Fatores Críticos de Sucesso**, que delimitam certo número de áreas gerenciais do negócio. Uma vez satisfatoriamente gerenciadas, permitem assegurar um desempenho competitivo da empresa. Estas poucas áreas são aquelas onde *things must go right*.

Ao contrário de outros conceitos usados no Processo de Planejamento, o encontro dos Fatores Críticos de Sucesso de uma empresa ou negócio é um julgamento subjetivo, dependente de uma percepção gerencial e, conseqüentemente, não existem algoritmos que possam auxiliar nesta determinação.

A Estratégia, basicamente, é um conjunto de regras do Processo Decisório, que servem como guia para o comportamento gerencial neste nível de Decisão.

Dentre as regras existentes, destacamos as seguintes:

- O desempenho, presente e futuro, da empresa pode ser medido por marcos referenciais. A qualidade destes "marcos" é, usualmente, chamada de objetivos, e a quantidade desejada dos mesmos é denominada ***metas*** (*goals*).
- O desenvolvimento das relações da empresa com seu ambiente mutável deve ser estabelecido. Assim, precisam ser determinados quais produtos, serviços ou tecnologias a empresa deverá desenvolver; onde e para quem os produtos/serviços deverão ser vendidos e como a empresa obterá vantagem competitiva sobre a concorrência. O conjunto de regras para este desenvolvimento chama-se ***business strategy***.

Quando o planejamento estratégico sistemático foi, primeiramente, iniciado na década de 1960, o foco principal foi a diversificação de negócios da empresa. Quando as empresas, entretanto, começaram a enfrentar desafios estratégicos, como turbulência tecnológica, concorrência diversificada e mutável, saturação de crescimento e pressões de natureza sociopolíticas, tornou-se evidente que os problemas desencadeados por estes desafios não poderiam ser, simplesmente, resolvidos por adicionar novas áreas de negócio.

Como resultado, nos anos 70, a atenção dos estrategistas de negócios voltou-se da diversificação para a otimização das estratégias competitivas em seu negócio histórico e, posteriormente, à otimização do *portfólio* total de negócios. Para isso, tornava-se necessário voltar-se para uma análise do ambiente externo da empresa em termos de distintas áreas de tendências, ameaças e oportunidades.

4. Área Estratégica de Negócio (SBA)/Unidade Estratégica de Negócio (SBU)

A unidade para a análise do ambiente externo das empresas, em termos de negócios, foi chamada Área Estratégica de Negócio (*Strategic Business Area* – SBA), que representa um segmento diferenciado do mercado no qual a empresa atua ou deseja atuar.

Este conceito foi, inicialmente, usado, na área militar, por Robert McNamara e C. H. Hitch, no Departamento de Defesa Norte-americano, na década de 1960.

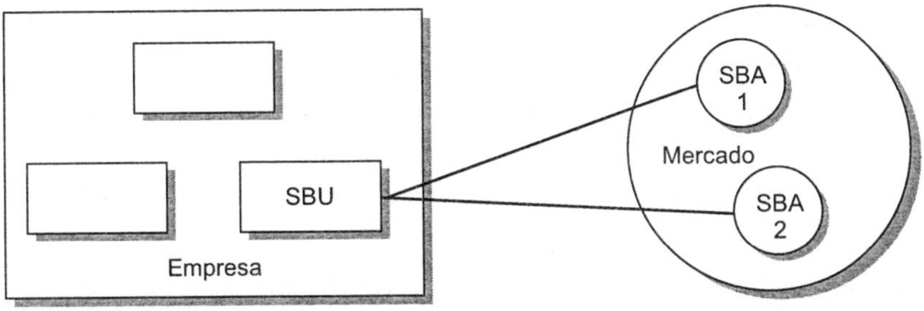

Na área de negócios, a empresa pioneira, no uso desta formulação, foi a *General Electric*, que desenvolveu um conceito complementar, chamado Unidade Estratégica de Negócios (*Strategic Business Unit* – SBU), que seria a Unidade, dentro da estrutura organizacional da empresa, responsável pela análise e pelo desenvolvimento da posição estratégica, em uma ou várias SBA's.

Observação: na opinião do autor deste trabalho, que, em sua vida profissional, teve oportunidade de utilizar tais conceitos e analisá-los, é essencial dar um ***mesmo*** enfoque ou visão de mercado, tanto para a SBA, como para a SBU. Assim, quando a empresa analisa SBA's sob uma visão orientada à especialização por Indústria, não deverá criar SBU's com visão interna, prioritariamente, por exemplo, orientada a resultados financeiros. Ou seja, as organizações conceituais das SBU's devem espelhar como a empresa vê e analisa o mercado através das SBA's.

A não observância desta coincidência, além de representar uma miopia de *marketing*, pode ser fatal para aquele determinado segmento de mercado.

5. Ciclo de Vida de um Negócio – Descontinuidade

As mudanças, hoje, ocorrem numa velocidade cada vez maior e pouca ou nenhuma predição é válida. Isto conduz a uma condição chamada ***descontinuidade***, que, embora produza incerteza, é uma parte natural do padrão de crescimento de organismos e organizações complexas. As conclusões dos estudos sobre estes padrões servem como ferramentas analíticas para as empresas contemporâneas.

Dois fenômenos tornam as mudanças atuais diferentes daquelas ocorridas no passado:

- a taxa que mede as mudanças que estão ocorrendo no mundo está em contínua aceleração;
- a natureza da mudança, em si, é diferente, pois não é mais linear, e as relações causa-efeito não mais existem; o que aconteceu antes não necessariamente prediz, com precisão, o que acontecerá a seguir.

No mundo dos negócios, a descontinuidade efetivamente muda as regras do jogo e, ultimamente, está mudando o próprio jogo. Isto pode criar rupturas nos negócios, para os despreparados, mas pode, também, criar excelentes oportunidades para aqueles que estão vigilantes, bem informados e bem organizados, para tirar vantagem dessas mudanças.

De acordo com Ilya Prigogine, ganhador de Premio Nobel, é impossível predizer a direção que a descontinuidade tomará em um sistema. Há, contudo, um padrão previsível na progressão da mudança, quando se dirigindo à descontinuidade, ou, em outras palavras, quando existe um padrão para o crescimento.

A descontinuidade ocorre quando a organização não pode mais predizer o futuro, com qualquer grau de confiabilidade. Este fenômeno é parte natural e inevitável dos sistemas em crescimento, desde os seres mais elementares, unicelulares, até as complexas organizações multinacionais. Nesse contexto, pode ser representado, graficamente, por uma curva em "S" ou sigmóide; pode, também, ser dividida em três ou mais fases, com distintas taxas e características de crescimento.

Dois analistas americanos, George Ainsworth-Land e Richard Foster, desenvolveram modelos de curvas sigmóides, a fim de explicarem os ciclos de crescimento. Ainsworth-Land desenvolveu modelo para definir o processo de crescimento de qualquer entidade, seja ela natural ou organizacional. Segundo ele, cada fase da curva de crescimento, inevitavelmente, se transforma para a próxima fase. Isto ocorre quando as organizações exaurem as oportunidades de crescimento, dentro de uma determinada fase, e passam a exercer pressão para a transformação em uma nova fase. Se esta transformação não ocorrer, o resultado é a morte, para o sistema natural, e a falência, para um sistema de negócios.

Já Richard Foster, em *Innovation: The Attacker's Advantage*, analisou a curva de crescimento sob o enfoque da mudança tecnológica. Segundo ele, cada tecnologia tem seu limite de saturação ou de maturação, tornando, assim, a mudança tecnológica algo inevitável.

Os limites tecnológicos definem quanto uma empresa pode, lucrativamente, investir em um produto, antes de mudar para uma outra tecnologia ou antes que seus concorrentes a alcancem. Uma vez conhecidos estes limites, a gerência torna-se capaz de definir quando é chegado o momento para mudanças.

Assim, em diferentes termos, ambos, Ainsworth-Land e Foster, descrevem o crescimento como um processo constante de inovação e renovação, obtido através de transformação.

6. Ciclo de Vida Demanda-tecnologia

Aplicando os conceitos sobre crescimento, observamos que, durante os primeiros 30 anos deste século, a maioria das Unidades Estratégicas de Negócio ou SBA's crescia de uma maneira positiva e constante; crescimento que, algumas vezes, era interrompido por crises econômicas, políticas ou sociais, mas quase sempre de natureza temporária.

Por essa razão, as empresas desenvolveram o hábito de estabelecer comparações entre as várias indústrias, na base de sua taxa de crescimento e de prever futuros desempenhos, pela extrapolação de tendências históricas.

Na metade da década de 1970, no entanto, muitas anomalias começaram a se manifestar na tendência de crescimento econômico, e, como conseqüência, uma nova percepção de crescimento começou a emergir.

Esta percepção era baseada no que os economistas, por anos, chamavam de *Curva de Crescimento de Gompert* que, em última análise, é uma sigmóide, representativa do fenômeno de crescimento.

Com a prática, esta curva de natureza econômica foi redenominada como *Ciclo de Vida Demanda-tecnologia,* cuja configuração é representada no gráfico seguinte.

Como exemplo de ciclos tecnológicos, para atender a uma determinada curva de demanda, podem ser citadas as várias tecnologias que se sucederam para atender, por exemplo, à demanda de recipientes para bebidas: vidro, aço, alumínio, plástico e papel.

O mesmo gráfico pode representar sucessivas ondas de tecnologia: a indústria substituindo a agricultura; carros, ônibus e trens, substituindo cavalos e carruagens; navios a vapor, substituindo navios à vela; aviões a jato, substituindo aviões à hélice.

A Curva superior, na figura, *Ciclo de Demanda*, representa a evolução típica de demanda de uma necessidade social ainda não atendida (por exemplo: transporte individual, amplificação de sinal elétrico, recepção doméstica de

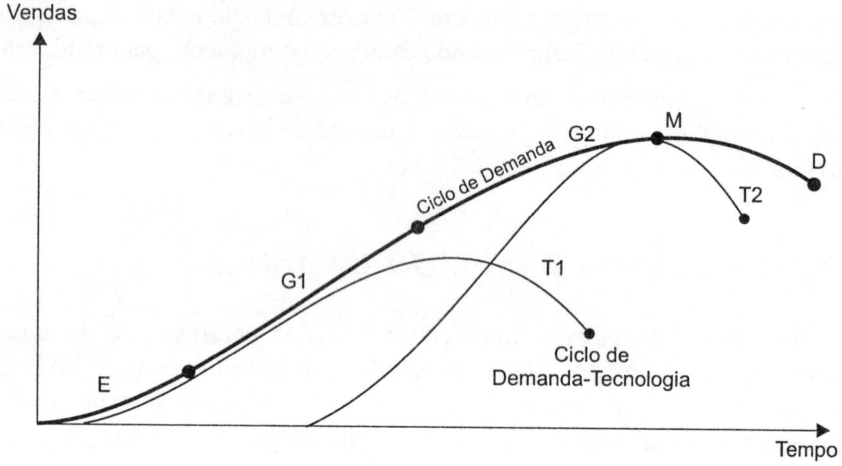

imagens), a partir do dia em que começa a ser servida por produtos ou serviços, oferecidos pelas empresas.

Como pode ser observado, a curva mencionada pode ser subdividida em:

- ***Emergência (E)*** – correspondente a um período turbulento, durante o qual a indústria nasce e uma quantidade de competidores procura alcançar a liderança no atendimento às necessidades do segmento de mercado.
- ***Aceleração do Crescimento (G1)*** – correspondente ao período no decorrer do qual os competidores sobreviventes podem alcançar o sucesso. Durante o período G1, o crescimento da demanda, usualmente, ultrapassa o crescimento do atendimento à mesma.
- ***Desaceleração do Crescimento (G2)*** – a curva tem início quando os primeiros sinais de saturação aparecem e o atendimento começa a superar a demanda.
- ***Maturidade (M)*** – a curva tem início quando a saturação é alcançada e há uma substancial supercapacidade de atendimento.
- ***Declínio (D)*** – correspondente à queda da demanda (eventualmente até alcançar zero), determinada por fatores demográficos ou econômicos e por índices de obsolescência de produtos ou queda de consumo.

Aqui, apresentam-se dois desafios gerenciais: 1. para a manutenção do crescimento da empresa, a gerência deveria estar permanentemente preocupada em adicionar novas SBA's à empresa e desativar aquelas que não mais apresentassem os resultados objetivados; 2. quando o ciclo de vida passa de uma fase para outra, as estratégias competitivas, usualmente, tornam-se ineficazes.

Como representado na figura seguinte, os Fatores Críticos de Sucesso mudam à medida que a demanda move-se para um outro estágio de crescimento. Por exemplo: o advento da fase G1, na indústria automotiva americana, ocorrida nos anos 30, produziu uma mudança de produtos não diferenciados e concorrência por preço por produtos bastante diferenciados e antecipação de necessidades e de espectativas de clientes.

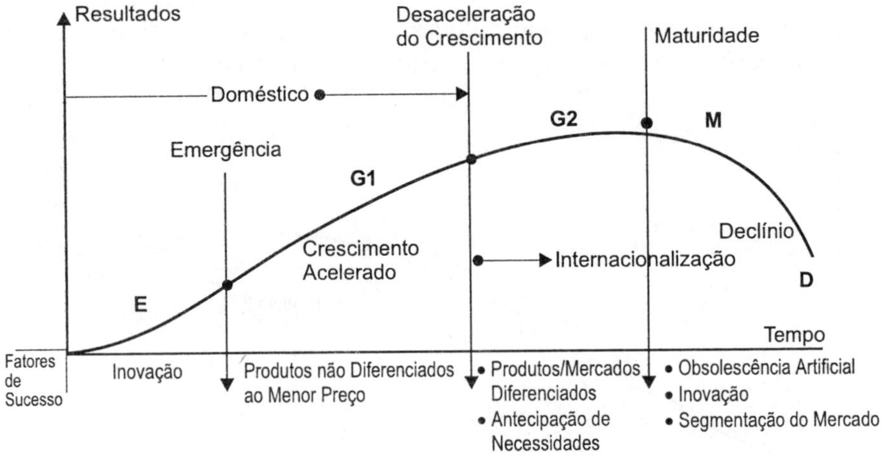

Dessa forma, fica evidente que o desafio gerencial na definição de uma *business strategy* passa a ser antecipar as transições, entre as fases do ciclo de demanda, e estar preparado para revisar as estratégias de negócio, em tempo de responder às mudanças dos fatores competitivos, do segmento de mercado da SBA.

A figura também mostra que a empresa será mais bem sucedida se concentrar sua força e sua energia, nas fases E e G1, em seus segmentos de mercado interno. À medida, entretanto, que a fase de desaceleração progredir, a internacionalização de futuras Áreas Estratégicas de Negócio (SBA's) pode, progressivamente, tornar-se atrativa para a empresa.

Nas figuras anteriores, sobre o *Ciclo de Vida Demanda-tecnologia*, fica demonstrado qual a demanda para as necessidades do mercado é atendida por produtos/serviços, baseados numa determinada tecnologia, em particular.

Se a tecnologia é *fértil*, como mostrado na figura seguinte, a empresa pode basear sua estratégia de negócios no desenvolvimento de uma sucessão de produtos, melhorando o desempenho dos mesmos ou ampliando seu campo de aplicação, apenas incorporando melhoramentos progressivos naquela tecnologia original. Pode ser dito, como conseqüência, que esta é uma empresa, tipicamente, orientada à Tecnologia.

Devido, contudo à forte concorrência no nível de produto/serviço, estes últimos passam a ter ciclo de vida muito curto. Com isso, a empresa, normalmente, acaba se expondo a uma permanente pressão para inovar.

Quando, contudo, a importância da tecnologia original começa a declinar, a força da orientação pela tecnologia *(technology-driven)* continua a proliferar produtos que não são mais competitivos no mercado.

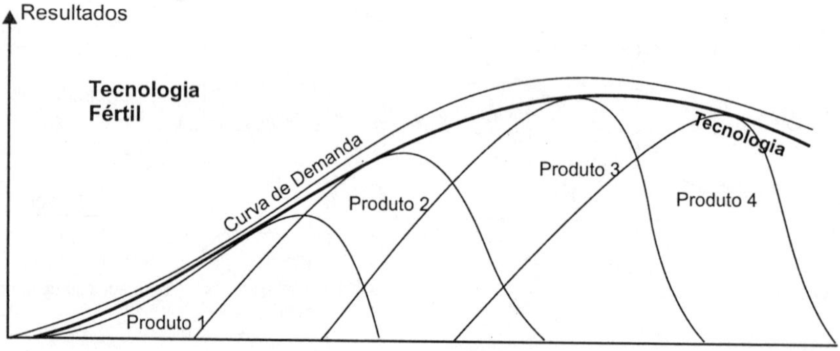

Dessa forma, em ambientes de tecnologia turbulenta, a gerência necessita perceber e reconhecer os primeiros sinais de obsolescência da sua tecnologia e não permitir que a empresa continue produzindo produtos/serviços já tecnologicamente obsoletos.

Nos ambientes de mercado de Tecnologia Turbulenta, deve fazer parte da estratégia de negócio (*business strategy*) a mudança do ciclo de tecnologia, a fim de atender uma determinada curva de demanda.

Por exemplo, a demanda para amplificação de sinais elétricos fracos nasceu, originalmente, com a invenção da válvula pelo Dr. De Forest. Como a curva de demanda ainda permanece na fase G1, pelo menos três maiores substituições tecnológicas tiveram lugar, durante o período: de válvulas para transistores; de transistores para microcircuitos e de minicircuitos para *chips* miniaturizados.

Deve ser reconhecido que as mudanças tecnológicas são bastante difíceis para a empresa, não só sob o aspecto financeiro, como, principalmente, sob o aspecto cultural e político, porque podem afetar a estrutura de poder da organização. Dessa forma, o desafio para a alta gerência é tornar-se realista o bastante com relação às conseqüências de mudança para uma nova tecnologia.

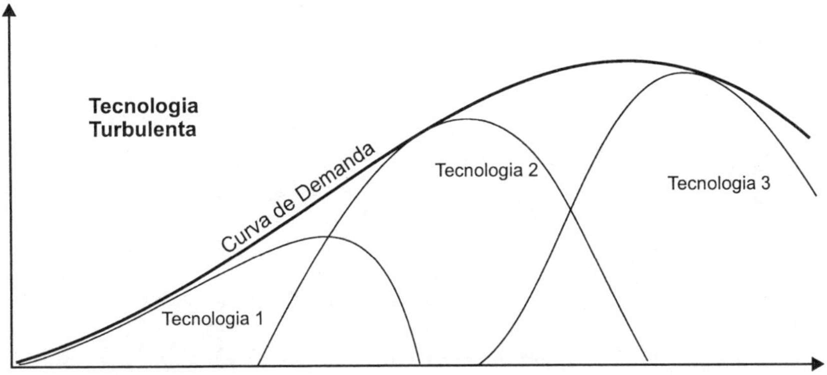

O caso da empresa *DuPont* (representado na figura seguinte) ilustra um exemplo de mudança da curva de tecnologia.

A *DuPont*, para atender a uma curva de demanda no que tange o atendimento de cordões de pneus, começou a produção de produtos, utilizando, inicialmente, a tecnologia de Algodão. Depois, adotou nova tecnologia, a Rayon. Dentro desta desenvolveu uma sucessão de produtos: Super Rayon, Super Rayon 2 e Super Rayon 3. Finalmente, introduziu a tecnologia do Nylon, desenvolvendo, também dentro desta tecnologia, uma sucessão de produtos: Nylon Militar, Nylon Comercial, Nylon 2 e Nylon 3.

Paralelamente, também para atender à curva de demanda de cordões para pneus de veículos, uma outra empresa, *Celanese*, deu início à produção de produtos, baseada na tecnologia de Polyester. A *DuPont*, ainda que estivesse, também, trabalhando no desenvolvimeto da tecnologia de Polyester, tomou a decisão de dividir seus investimentos dedicados à P&D entre as duas tecnologias, obviamente, desconhecendo os limites da curva de tecnologia do Nylon (já na fase de maturação). Por outro lado, a empresa *Celanese* concentrou seus investimentos na tecnologia do Polyester, a qual, estando ainda na fase E e G1, tem demonstrado ter desempenho bem maior que o Nylon.

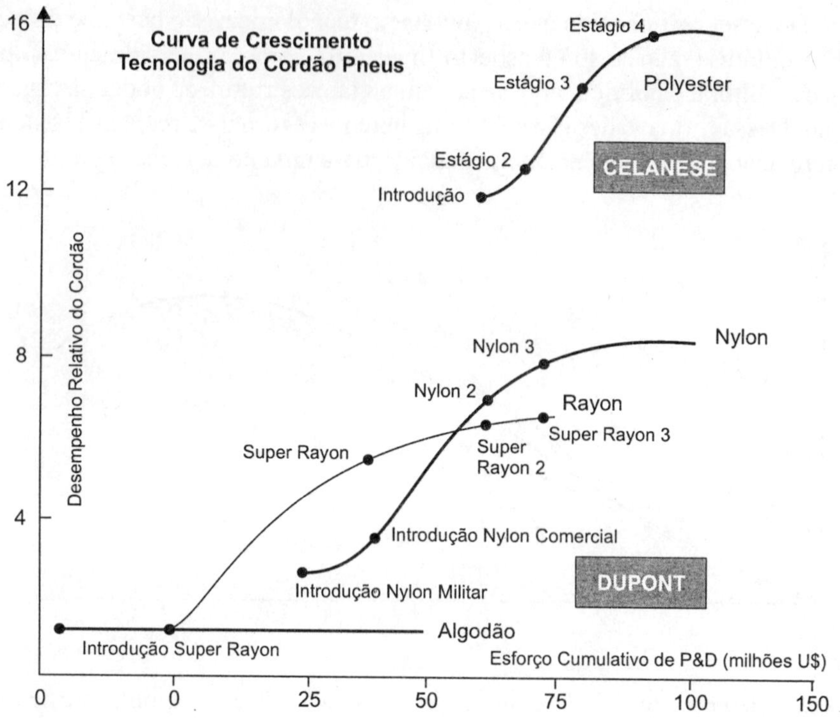

O resultado final foi que a tecnologia do Polyester, cuja produtividade é cinco vezes superior à do Nylon, permitiu à empresa *Celanese* dispender metade dos investimentos da *DuPont* em P&D. E mais: a empresa ainda progrediu duas vezes mais rápido, capturando, no período de cinco anos, 75% do mercado de cordão para pneus, muito embora este mercado tenha tido pouco crescimento.

7. Ciclo de Vida – Business Transformation

George Ainsworth-Land, autor de *New Rules for Growth and Change – The Leader Manager*, usa, também, o modelo da curva de crescimento para descrever os padrões de crescimento para todas as entidades vivas. E faz isso desde uma simples célula até um organismo complexo, e desde a relação simples, entre duas pessoas, até o desenvolvimento de complexas organizações multinacionais.

Ainsworth-Land divide a curva de crescimento em três fases, mostradas na figura:

Fase I – que Ainsworth-Land chama de ***Fase Formativa***, é o primeiro estágio de desenvolvimento.

Elevados níveis de atividades criativas caracterizam esta fase, quando a empresa busca por um padrão de sucesso, em ambiente de mercado não comprovado e imprevisível.

Nos organismos vivos, por exemplo, uma célula, recentemente emergida de uma célula-mãe, tem dois objetivos: sobreviver e crescer. Para atingir tais objetivos, ela tem que buscar, com sucesso, meios de interagir com seu meio ambiente, para adquirir bastante nutrientes e espaço para crescer.

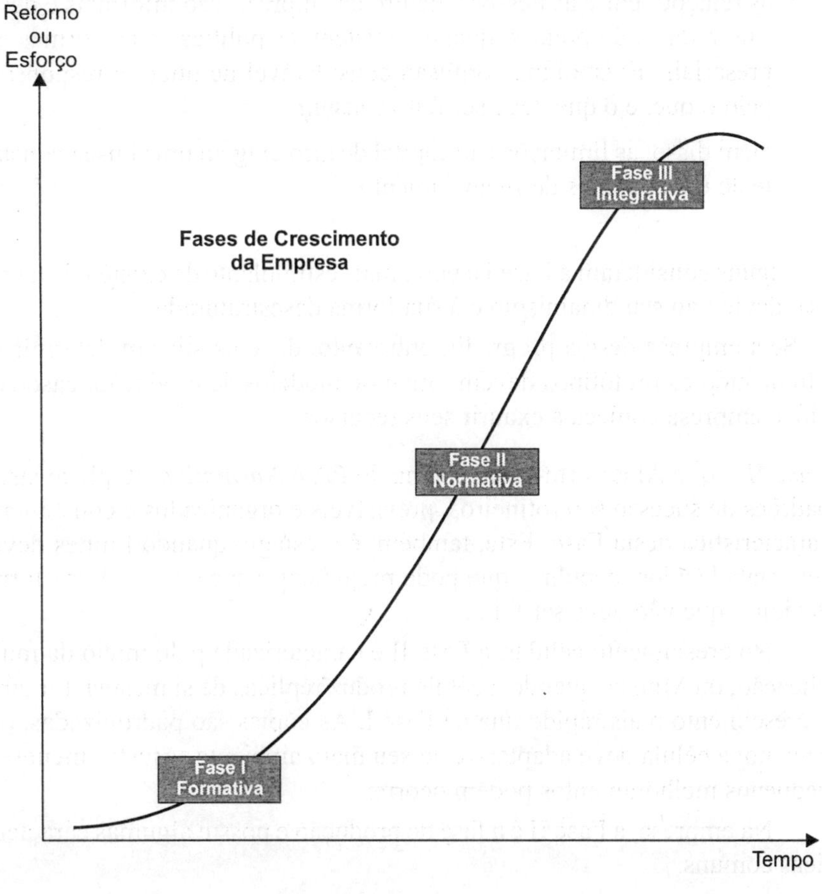

A Fase I para uma empresa é a demarragem ou o início do empreendimento. A missão da empresa é interagir com o mercado e levar a ele seus produtos ou serviços. Existem algumas características próprias desta fase:

- o fundador ou *entrepreneur* está preocupado no desenvolvimento de produtos ou idéias com muitas opções e protótipos. A solução de um problema, contudo, freqüentemente conduz a outro. Devido a este processo de tentativa e erro, o crescimento é lento e oscilante. A inclinação da curva de crescimento, nesta parte da Fase I, não é acentuada;
- as comunicações entre funcionários e a gerência, usualmente o próprio *entrepreneur*, são freqüentes. Este último, normalmente, exerce uma forma de liderança carismática, da qual seus empregados passam a depender fortemente;
- as relações entre as pessoas, dentro da empresa, são informais e desestruturadas. São poucas, quando existem, as políticas e as normas empresariais. Existe uma confusão considerável de quem é responsável pelo o quê, e o que deve ser feito a seguir;
- além disso, as limitações do capital de giro exigem uma busca constante de novas fontes de financiamento.

Alguns consideram a Fase I a parte mais estimulante da existência da empresa, devido ao seu dinamismo e à sua forma desestruturada.

Se a empresa deseja progredir, entretanto, deve existir um determinado ponto quando os protótipos devem tornar-se modelos de produção; caso contrário, a empresa começa a exaurir seus recursos.

Fase II – que Ainsworth-Land chama de ***Fase Normativa***. Replicáveis, os padrões de sucesso são rotineiros, previsíveis e organizados e constituem a característica desta Fase. Este, também, é o estágio quando limites devem ser estabelecidos: decidir o que pode prejudicar o sucesso, e, dessa forma, decidir o que não deve ser feito.

No crescimento celular, a Fase II é caracterizada pelo início da multiplicação, ou Mitose, quando a célula produz réplicas de si mesma, tornando o crescimento mais rápido que na Fase I. As cópias são padronizadas, mas cada nova célula deve adaptar-se ao seu meio ambiente. Ajustes menores e pequenos melhoramentos podem ocorrer.

Na empresa, a Fase II é a fase de produção e possui algumas características comuns:

- apresenta processos padronizados de fabricação e distribuição;
- em lugar de continuar a explorar novos padrões, a empresa concentra sua energia no refinamento, na expansão e na aplicação dos padrões que foram desenvolvidos durante a Fase I;
- o continuado processo de melhoria conduz a um rápido e constante crescimento, mostrado por uma acentuada inclinação da curva de crescimento.

O modelo da curva de crescimento sugere que a Fase II envolve um crescimento ininterrupto, o que na realidade não acontece, pois o mesmo passa por altos e baixos. Ciclos de negócios, normas governamentais e outras condições de meio causam oscilações na curva, ainda que sua tendência seja de alta.

Existe, nesta Fase, menos dependência no *entrepreneur,* como líder. Freqüentemente, o mesmo deixa a empresa nesta Fase para dar início a outro empreendimento que pode, inclusive, passar a competir com a empresa original. As comunicações e os procedimentos tornam-se, também, formalizados, e o capital de giro é disponível.

A típica Corporação de sucesso está na Fase II. O erro, também típico destas Corporações, é imaginar que o crescimento da Fase II será eterno.

Se uma empresa é bem-sucedida, chega a um ponto onde o continuar a produzir mais pode diminuir seu retorno. Isto porque:

- a concorrência procura imitar o sucesso, desenvolvendo um melhor ou mais barato produto ou serviço – por exemplo, relógios eletrônicos digitais marcam o tempo com mais precisão, por menor preço, do que os relógios mecânicos;
- a tecnologia produz mudanças dramáticas e irreversíveis – por exemplo, os circuitos integrados tornaram os transistores discretos, virtualmente desnecessários, como componentes eletrônicos;
- as condições de meio ambiente (mercado), tais como expectativas de clientes ou consumidores, ameaçam os produtos ou serviços – por exemplo, o sucesso dos computadores pessoais criou uma crescente classe de consumidores que são extremamente cientes e exigentes, com respeito a dispositivos e funções desses computadores, passando a insistir sobre produtos e serviços, que atendam a necessidades computacionais, específicas e sofisticadas. Além disso, suas necessidades e expectativas crescem à medida que prevêem novas aplicações;

- existe uma crescente inabilidade gerencial no trato dos assuntos e das expectativas políticas e sociais da comunidade.

Fase II (final) – A parte final da Fase II, representada pela transição da Fase II para a Fase III, é considerada a mais crítica para o gerenciamento do crescimento. A empresa (ou produto, ou segmento da indústria, ou o próprio negócio) aproxima-se do estágio de maturidade. A taxa de crescimento cedo atingirá seu máximo e, a partir daí, terá início o declínio. Se a empresa deseja sobreviver ao longo do tempo, este é o momento para mudanças significativas. Existe um número considerável de sinais que apontam para esta fase crítica:

- a rivalidade e a competição intra e interdepartamental, motivada por prestígio e crescimento, começam a aumentar dramaticamente;
- a empresa passa a introduzir no mercado extensões de produtos ou serviços, em lugar de buscar novas tecnologias; passa, ainda, a pressionar a redução de custos, para restaurar o declínio de sua lucratividade;
- a gerência concentra-se em imaginar táticas de vendas, de curto prazo, em lugar de desenvolver estratégias de *marketing*, de longo prazo;
- a participação no mercado declina (*market share*) e a empresa passa a aumentar seus gastos para mantê-la ou recuperá-la;
- a missão econômica, em lugar de visão *entrepreneural*, torna-se a base para o apoio gerencial. Lucro passa a ser razão de tudo e de todos. O tempo dispendido para as revisões financeiras críticas cresce, como cresce a freqüência destas revisões;
- a empresa passa a crer que conhece melhor o que o mercado deseja ou espera, do que ele próprio. Dessa forma, a empresa passa a projetar produtos e serviços que ela própria deseja produzir, em lugar daquilo que o mercado realmente necessita ou espera;
- eventualmente, a participação no mercado diminui, resultando num aumento dos custos de vendas;
- aumenta a rotatividade dos empregados (*turnover*), seguida de impactos sobre o moral do grupo.

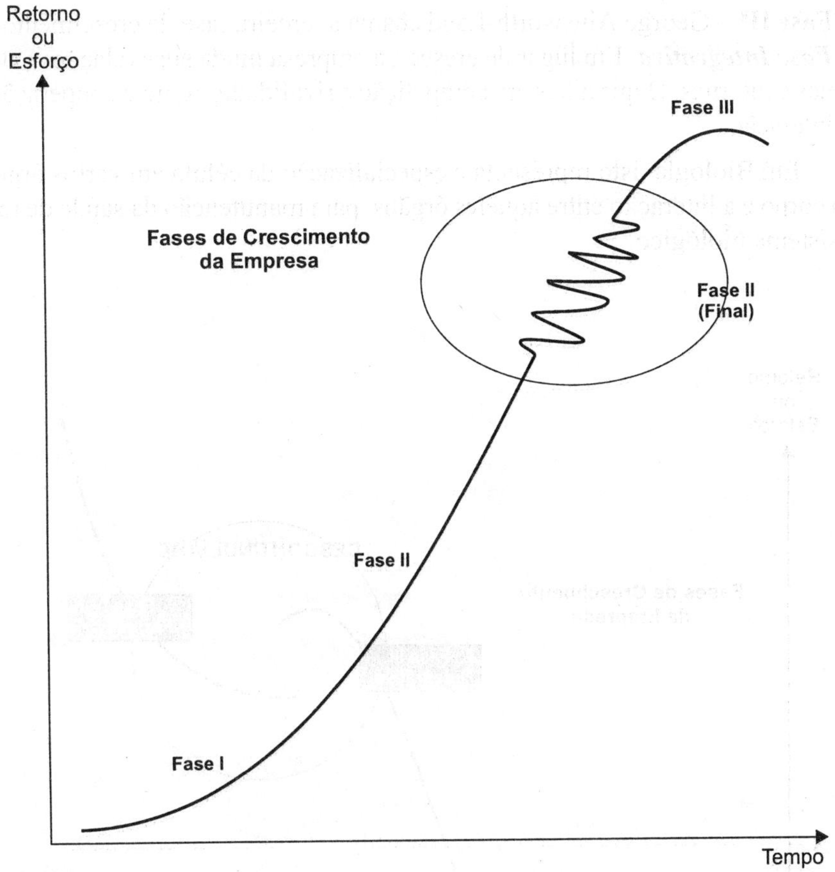

A figura, apresentada anteriormente, mostra as oscilações da parte final da Fase II.

Quando estes sinais aparecem, empresas desinformadas muitas vezes tentam retornar a antigas e bem-sucedidas maneiras de operar do passado, o que pode até ter, eventualmente, algum sucesso transitório. No entanto, terminado este período, o declínio da curva será muito mais rápido. Outras vezes, a empresa pode tentar reativar vendas, produzindo novas linhas de produto, já em estágio de maturidade. Também, esta tentativa tende a acelerar o declínio da curva de crescimento.

Todos estes esforços, para recriar "*a maneira que fomos*" ou "*continuar a maneira que somos*", ignoram o fato que a mudança é inevitável e que o meio e o mercado estão em crescente mutação.

Fase III – George Ainsworth-Land chama a terceira fase de crescimento de ***Fase Integrativa***. Em lugar de crescer, a empresa muda suas relações externas e internas. O que antes era competição e rivalidade, agora é cooperação e interação.

Em Biologia, isto representa a especialização da célula em vários órgãos do corpo e a interação entre aqueles órgãos, para manutenção da saúde de todo o sistema biológico.

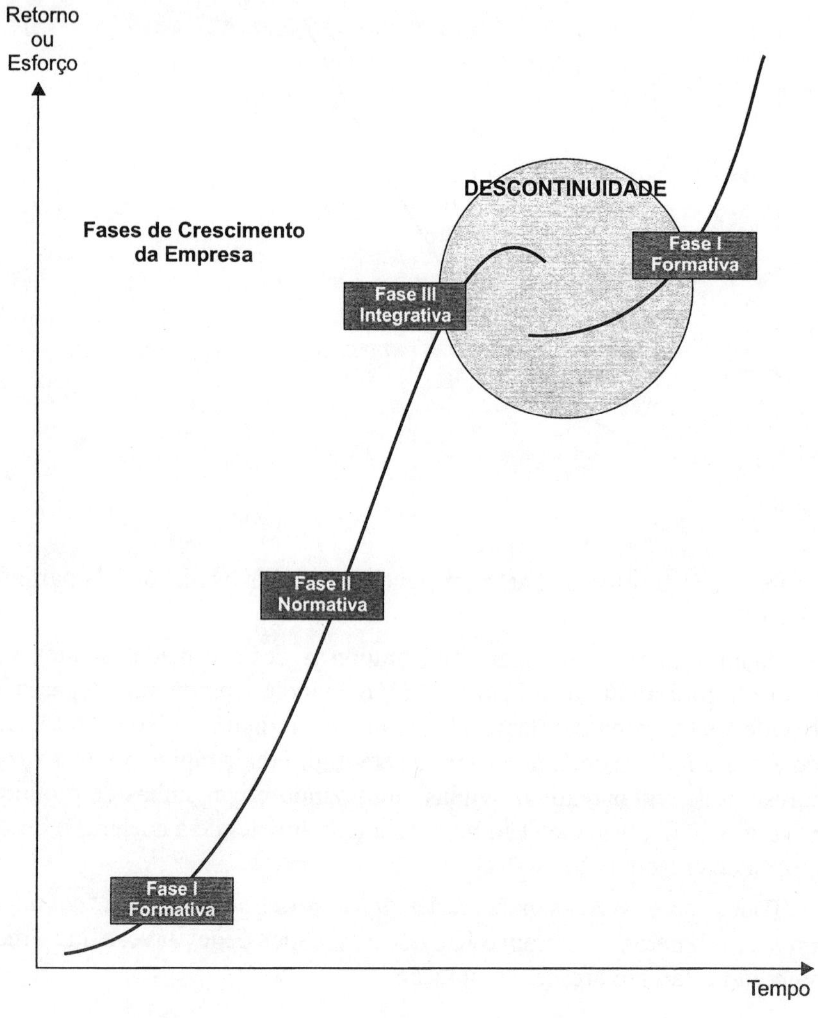

No campo dos negócios, esta é a fase da renovação e da inovação. A empresa e seu mercado movem-se em direção ao que Ainsworth-Land chama de "mutualismo", que significa o tratamento que a empresa empresta a seus clientes, como se fora seus parceiros, no processo de criação de novos e melhores produtos e serviços.

A Fase III requer que a empresa, como um todo, compartilhe uma visão e um propósito comum, concentrados na solução de problemas dos seus clientes.

Além disso, a empresa, entrando na Fase III, tem ainda outra tarefa a considerar. Essencialmente, ela não está somente "amadurecendo" na Fase III, mas está, também, recriando-se, através do início de uma outra Fase I. Com isso, obriga o Sistema Gerencial a ocupar-se, simultaneamente, destas duas tarefas, representadas no gráfico pela antiga e a nova curva.

Quando a empresa explora novas áreas de negócio, deve ficar bem claro o fato de que estas novas áreas representem um real ponto de partida, considerando a linha de produto ou de serviços existentes.

Tipicamente, a rivalidade entre os departamentos da empresa deve dar lugar à cooperação em novos projetos. Novos gerentes emergem, para dirigir novas unidades de negócios, dentro da empresa.

A gerência volta a enfatizar os resultados qualitativos sobre os resultados (financeiros) quantitativos imediatos e também renova o compromisso da empresa com o mercado, orientado ao cliente.

Ainsworth-Land sugere que, para enfrentar a atual taxa rápida de mudança, a empresa desenvolva e mantenha uma mentalidade na Fase III, baseada na:

- continuada inovação;
- abertura às mudanças;
- busca de oportunidades;
- integração do novo e do incomun.

Um exemplo marcante de crescimento de negócios, baseado no gerenciamento bem-sucedido da Fase III, do modelo da curva de Crescimento de Ainsworth-Land, é dado pelo *Banc One*, dos Estados Unidos.

Em 1959, *Banc One* era um modesto banco local em Columbus, Ohio, conhecido como *City National Bank.* Possuia, na época, U$S 150 milhões em ativos e, basicamente, sua carteira era formada por clientes comerciais.

Em 1984, possuía U$S 7 bilhões em ativos, com clientes do setor de consumo. Este crescimento extraordinário foi atribuído a duas estratégias: expansão geográfica, através da formação de uma empresa bancária *holding*, e compromisso com a inovação de serviços, através do máximo uso de recursos informacionais.

Em 1959, *Banc One* teve início, comprometendo até 3% de seu lucro anual na experimentação de novos serviços. Investiu na época, basicamente, em tecnologia da informação, algumas vezes em conjunto com outros prestadores de serviço.

Em 1966, introduziu o primeiro serviço de cartão de crédito *Bank Americard*, fora do Estado da Califórnia.

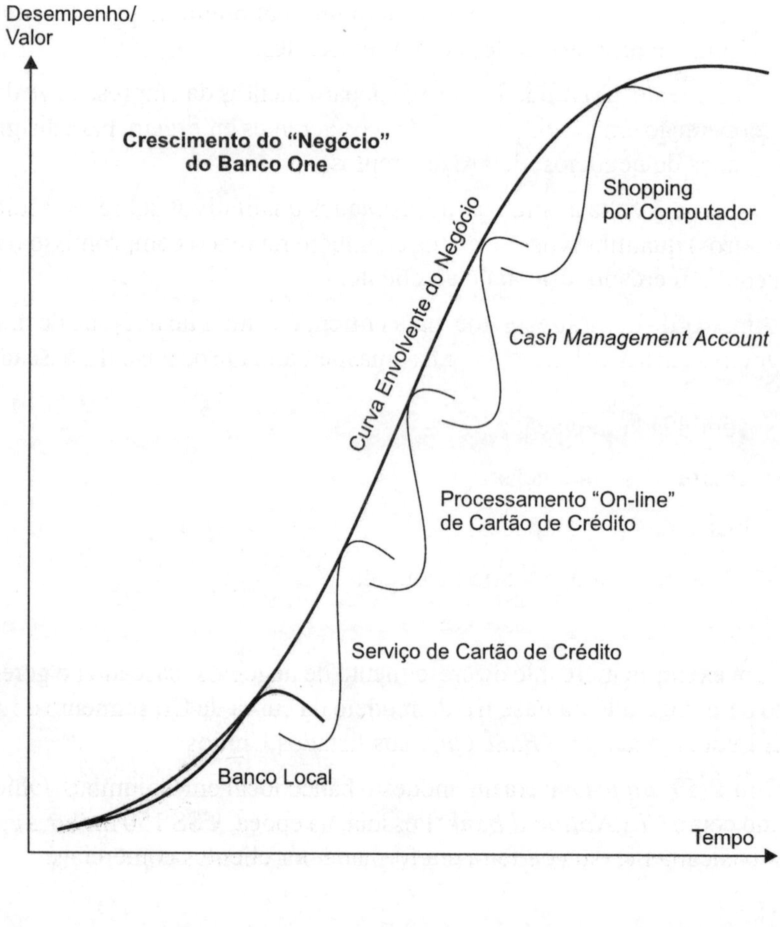

Em 1967, iniciou uma rede *on-line* de processamento de cartão de crédito, que hoje cobre 30 Estados americanos.

Já nessa época, a reputação do banco, nos serviços de processamento de sistemas de informação, começou a atrair novos negócios. No final da década de 1970, a corretora *Merril Lynch* contratou o *Banc One* para emitir cartões Visa e para serviços de processamento de dados.

Ambos serviços foram conectados ao novo sistema da *Merril Lynch*, *Cash Management Account* – CMA. Como resultado, o *Banc One* é hoje um dos três maiores processadores de transações de cartão Visa.

Dessa forma, o *Banc One*, fazendo da inovação e integração parte de sua cultura de negócio, conseguiu oportunidades, numa seqüência tal, que permitiu vencer as descontinuidades que surgiram desde sua criação.

8. Segmentação do Mercado em SBA's

Quando uma empresa decide segmentar seu mercado, o processo de segmentação deve identificar um número de SBA's suficiente para permitir à gerência decisões significativas na alocação estratégica e competitiva de recursos. Por outro lado, este número deve ser pequeno o bastante para manter as decisões estratégicas compreensivas e gerenciáveis.

A experiência tem demonstrado que a gerência tem dificuldades no processo de segmentação do mercado em SBA's. Uma das razões reside na dificuldade que muitas pessoas têm em mudar um ponto de vista, culturalmente arraigado. Por exemplo, passar de uma visão de mercado, através do conceito, tradicional, de vendas de *product line*, para uma visão mais ampla de ambiente de mercado, como se fora um campo de futuras necessidades e expectativas, onde qualquer concorrente possa, também, escolher para atuar.

Um procedimento que tem demonstrado ser útil é evitar o uso de nomes e características de produtos, tradicionalmente comercializados pela empresa, na identificação e na seleção das SBA's.

O critério para a seleção das SBA's pode ser baseado nos quesitos abaixo relacionados.

Necessidades – uma necessidade social para produtos ou serviços. Por exemplo: a necessidade de *displays* audiovisuais de sinais elétricos.

Tecnologia – que atenderá a necessidade no futuro. Por exemplo: tecnologia de raios catódios ou cristal líquido.

Tipo de cliente – que originará a necessidade. Por exemplo: consumidor individual, industrial ou governamental.

Região geográfica – na qual a necessidade será atendida.

Cada um desses critérios pode ser analisado sob o ponto de vista de: *crescimento*, com características determinantes de fase de curva de demanda, de dimensão de mercado, de poder de compra ou de barreiras de comercialização; *lucratividade*, com características determinantes de hábitos de compra ou consumo, estrutura e intensidade de concorrência, sistemas de distribuição e regulamentação governamental; *turbulência,* econômica, tecnológica ou político-social ou *fatores críticos de sucesso.*

9. Posicionamento Competitivo

Para a formação de um *Portfólio* de Unidades Estratégicas de Negócio (SBA's), torna-se necessário estabelecer o posicionamento competitivo destas Unidades, dentro de seu segmento de mercado.

A partir da década de 1960, uma série de técnicas tem sido desenvolvida com o objetivo de expor as operações de uma empresa diversificada, na forma de um *portfólio* de negócios. Estas técnicas fornecem metodologias simples, para uma demonstração gráfica ou uma categorização dos diferentes negócios, dentro do *portfólio* de SBA's de uma corporação como um todo.

a. Matriz BCG

Para esta comparação competitiva de SBA's, um dos métodos é a chamada Matriz BCG, introduzida pelo *Boston Consulting Group.* Nesta matriz, o eixo das ordenadas é representado pelo Volume de Crescimento das perspectivas, identificadas nas SBA's, enquanto o eixo horizontal é representado pela participação no mercado (*market share*), pela empresa, em relação à participação no mercado do principal concorrente.

Com isso, a matriz BCG considera este parâmetro como a medida para determinação da futura posição competitiva relativa da empresa.

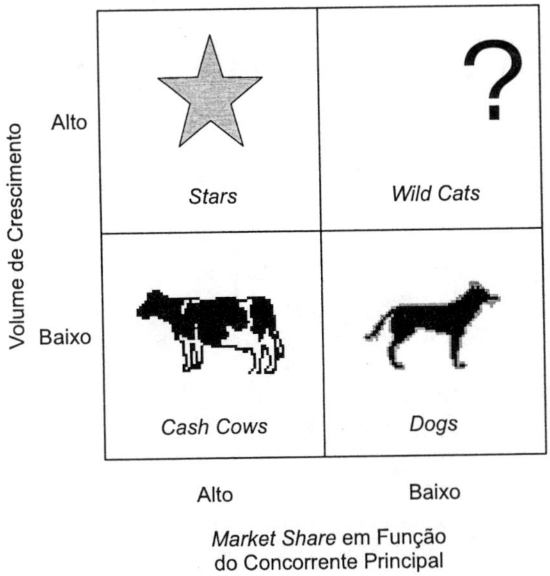

O gráfico é dividido em quatro quadrantes, e as SBA's, localizadas em cada um deles, estarão em posição financeira, essencialmente diferente, o que resulta em algumas implicações no tratamento gerencial de cada uma delas.

Stars ***(estrelas)*** – negócios com participação relativamente alta no mercado de alta taxa de crescimento irão solicitar grande volume de investimentos, mas possuem posição firme no mercado.

Wild Cats ***(gatos selvagens)*** ou ***"Ponto de Interrogação"*** – negócios com participação relativamente baixa em mercado de rápido crescimento irão exigir grandes investimentos; além disso, possuem posição competitiva insatisfatória.

Cash Cows ***(vacas caixeiras)*** – negócios com *market share* relativamente alto, mas em mercado de baixo crescimento, que podem fornecer um fluxo de caixa para desenvolvimento de outros negócios em desenvolvimento.

Dogs ***(cães)*** – negócios com participação de mercado relativamente baixa, em mercados de baixo crescimento e que serão modestos usuários de recursos, mas que podem constituir-se armadilhas, devido à fraca posição competitiva.

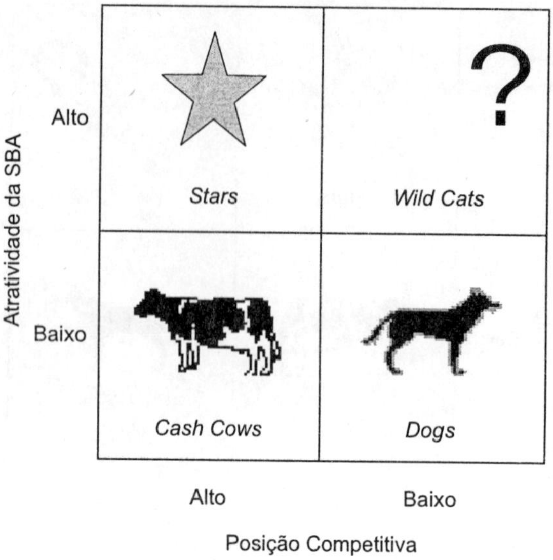

b. *Matriz General Electric – McKinsey*

Em ambientes de mercado turbulento, onde a dimensão da Curva de Ciclo de Vida Demanda-tecnologia é menor do que o horizonte temporal de planejamento da empresa, as perspectivas de uma SBA devem ser medidas por vários critérios e não apenas por um, como é o caso da matriz BCG.

Uma vez definida a atratividade da SBA, pode ser usada a Matriz *General Electric – McKinsey* que procura minimizar as críticas relacionadas às super simplificações da matriz BCG, passando o eixo vertical a representar a atratividade da SBA, enquanto o eixo horizontal representa a posição competitiva da empresa no mercado. Os tipos de decisões, entretanto, são de mesma natureza que sua predecesssora. Diferentemente, também, da matriz BCG, a GE-McKinsey pode ser aplicada a todas as fases do Ciclo de Vida de Demanda e num *espectrum* bem mais amplo de ambientes competitivos.

Existem alguns critérios para a determinação da Posição Competitiva. Estes critérios podem ser utilizados tanto para a determinação da Posição Competitiva, representada no gráfico pelo eixo horizontal, como para a avaliação da Atratividade da SBA, representada pelo eixo vertical.

- **Posição Competitiva (horizontal)**
- Tamanho.
- Crescimento.
- *Market Share.*
- Rentabilidade.
- Margens.
- Posição Tecnológica.
- Pontos Fortes/Fracos.
- Imagem.
- Agressão Ambiental.
- Pessoal.

- **Atratividade (vertical)**
- Tamanho.
- Crescimento do Mercado, Preço.
- Diversidade do Mercado.
- Estrutura Competitiva.
- Rentabilidade da Indústria.
- Função Técnica.
- Função Social.
- Função Ambiental.
- Função Legal.
- Função Humana.

c. Matriz Nove-Células (*Shell*)

Tanto a matriz BCG quanto a GE-McKinsey levantam a questão natural quanto à origem e validade dos comandos contidos nos quadrantes da matriz: otimizar, manter, retirar etc. A matriz proposta pela *Shell* aumenta o número destes comandos para nove e adiciona a questão de: como selecionar entre os comandos alternativos, dentro de cada quadrante (por exemplo, retirar ou manter), sem responder, entretanto, à questão da validade.

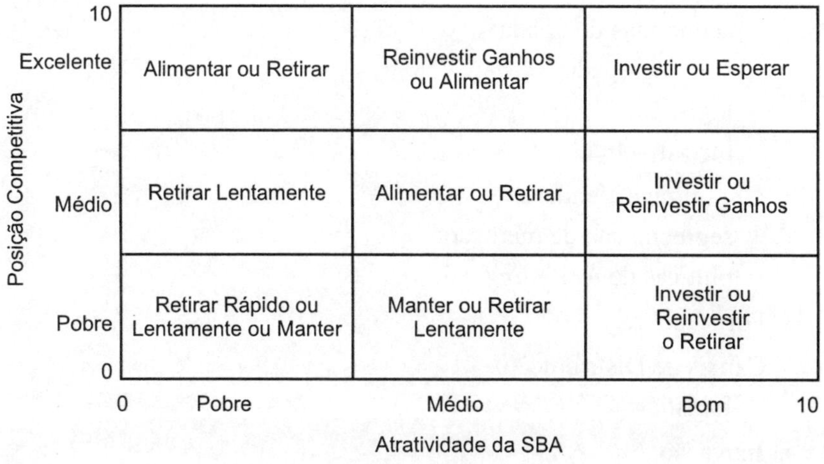
10
Excelente
Médio
Pobre
0
Posição Competitiva
Alimentar ou Retirar
Reinvestir Ganhos ou Alimentar
Investir ou Esperar
Retirar Lentamente
Alimentar ou Retirar
Investir ou Reinvestir Ganhos
Retirar Rápido ou Lentamente ou Manter
Manter ou Retirar Lentamente
Investir ou Reinvestir o Retirar
0
Pobre
Médio
Bom
10
Atratividade da SBA

d. Análise da competitividade das SBA's

O problema reside na obtenção de dados representativos das perspectivas da SBA e na forma como os mesmos podem ser organizados. Basicamente, existem dois tipos de dados sobre a SBA: aqueles publicados e os coletados em entrevistas com participantes e observadores.

Ao iniciar uma análise deste tipo, os pesquisadores costumam precipitar-se e coletar uma massa de dados detalhados, sem uma metodologia geral ou um método para o ajuste destes dados. Esta prática, muito comum, é o reflexo de um esforço em vão e de frustrações.

Uma Categoria de Dados Brutos para análise de SBA's, sugerido, simples, mas completo está relacionado a seguir.

- Linhas de Produtos.
- Compradores e seu Perfil de Necessidades e Expectativas.
- Produtos Complementares.
- Produtos Substitutos.
- Crescimento:
  índice;
  padrão (sazonal, cíclico);
  determinantes.
- Tecnologia de Produção e Distribuição.
- *Pricing*:
  estrutura de custo;
  economias de escala;
  valor agregado;
  logística;
  mão-de-obra.
- *Marketing* e Vendas:
  segmentação de mercado;
  práticas de *marketing* e de vendas.
- Fornecedores.
- Canais de Distribuição:
  logística.
- Inovação:

tipos;
fontes;
índice;
economias de escala.

- Concorrentes – estratégias, metas, pontos fortes/fracos e hipóteses.
- Meio Social, Político e Legal.
- Meio Macroeconômico.

10. *Estimativa da Taxa de Investimento Estratégico*

Tanto a teoria econômica como o bom senso sugerem que a lucratividade numa SBA será proporcional ao volume de seu investimento.

No entanto, a experiência tem demonstrado que a lucratividade segue uma curva semelhante à mostrada ao lado, onde a escala horizontal representa

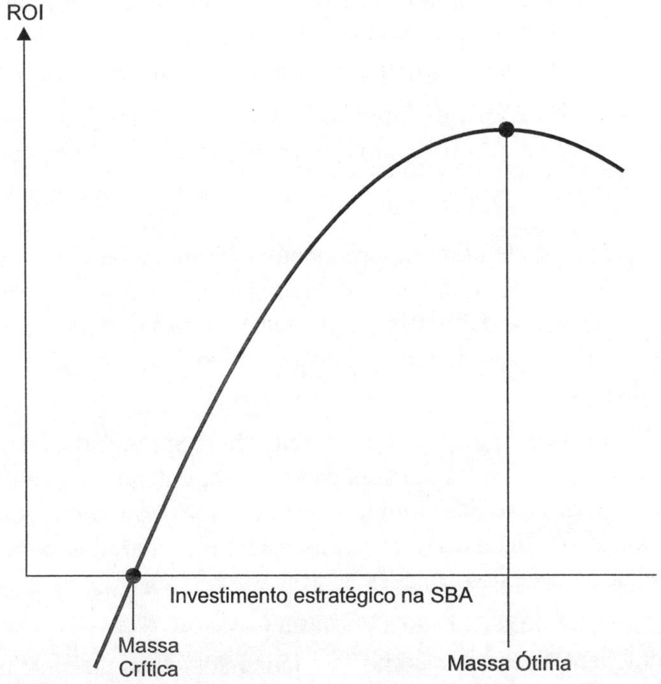

o comprometimento total de recursos para uma SBA, incluindo não somente instalações e equipamentos, como também o desenvolvimento de produtos e o posicionamento no mercado, além dos apoios gerencial, de produção etc. Como mostrado na figura, existe uma massa crítica, no volume de investimentos estratégicos, que é o *break even point* estratégico.

Além deste ponto, não importa quão brilhante seja a estratégia da empresa, ou quão excelente seja sua capacitação, um investimento estratégico abaixo deste ponto crítico nunca será lucrativo. Esta massa crítica de investimentos é muito difícil de ser estimada e, talvez por isso, esta análise não tem estado entre as prioridades gerenciais. Da mesma forma, existe uma massa ótima de investimentos, além da qual a lucratividade começa a declinar.

D. Strategic Issue Management System – SIMS

1. *Diagnóstico Estratégico*

O Diagnóstico Estratégico é um enfoque sistemático para determinação das mudanças que devem ser feitas nas estratégias da empresa e em sua capacitação gerencial, a fim de assegurar seu sucesso em ambientes futuros.

Segundo Igor Ansoff, as hipóteses de sucesso estratégico estabelecem que o desempenho potencial de uma empresa passa a ser ótimo quando três condições são atendidas:

a) a Agressividade do comportamento estratégico da empresa acompanha as turbulências do meio ambiente; entendendo-se "agressividade" como o grau de descontinuidade que a empresa esteja capaz de introduzir na sucessão de seus produtos, serviços, tecnologias e conceitos de mercado;

b) as Respostas, em termos de Capacitação Empresarial, acompanham a agressividade das estratégias da empresa; entendendo-se como "resposta" o grau de descontinuidades ocorridas no meio ambiente, para as quais os Sistemas Gerenciais estejam preparados para perceber, aceitar e que sejam capazes de processar;

c) os Componentes da Capacitação Empresarial devem apoiar-se mutuamente; entendendo-se como "componentes" capacitação e mentalidade gerencial, cultura, estrutura de poder e sistemas de informação gerenciais.

Assim, para que as condições acima sejam atendidas, dois Sistemas Gerenciais complementares são necessários: Postura Estratégica Gerencial e um sistema *Real-Time Issue Management*, também chamados *Strategic Issue Management Systems*.

À medida que o nível de turbulência do meio ambiente cresceu, a partir da década de 1970, as empresas começaram a utilizar os *Strategic Issue Management*, cuja implementação e gerência são, relativamente, simples e não interferem com estruturas e sistemas já existentes.

2. Conceito de um Strategic Issue Management System – SIMS

O gerenciamento da descontinuidade, em ambientes turbulentos, requer um diferente tipo de estrutura empresarial, de cultura, de visão e de controle.

Os padrões e enfoques para a solução de problemas, que funcionam razoavelmente bem em períodos de mudanças lineares, produzem efeitos previsíveis e já não funcionam, tão bem, em ambientes de rápidas e imprevisíveis mudanças.

A chave para a gerência de mudanças descontínuas é a resposta proativa, antecipando a mudança de forma ativa, em lugar de passivamente, reagir a ela. Quando a empresa experimenta a descontinuidade, suas necessidades também mudam, principalmente aquelas de natureza informacional.

Até recentemente, muitas empresas consideravam como recurso de informações sua disponibilidade de *hardware, software,* pessoal especializado e sistemas informáticos, todos exclusivos de seu departamento de informática que, teoricamente, deveria dar todo o apoio informacional à empresa.

Hoje, contudo, a gerência está começando a conscientizar-se de que as informações, não os dados, são os melhores e mais competitivos meios de preencherem o *gap* da descontinuidade.

Um *Strategic Issue Management System* é, assim, um exemplo de um procedimento sistemático, com o objetivo de prévia identificação, pela rápida informação e rápidas respostas às "surpresas" de mudanças que possam ocorrem, tanto no meio externo, como no interno das empresas.

Basicamente, os ingredientes de um *Strategic Issue Management System* são os seguintes:

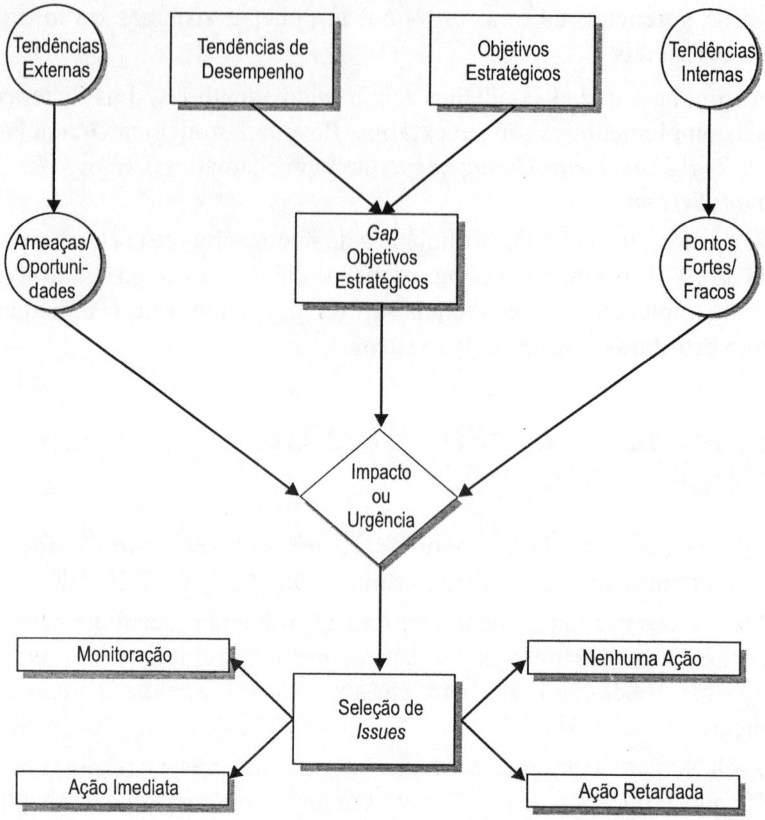

- uma contínua Vigilância é instituída sobre as tendências ambientais, de negócios, tecnológicas, econômicas, sociais e políticas;
- o impacto e a urgência das tendências são estimadas e apresentadas à alta gerência como *issues* estratégicos, relevantes, em reuniões freqüentes ou sempre que uma ameaça ou uma oportunidade seja percebida como relevante;
- em conjunto com o *staff* de planejamento, a alta gerência classifica os *issues* em uma dessas quatro categorias:
  - ✓ de alta urgência e longo alcance, que requerem ação imediata;
  - ✓ de moderada urgência e de longo alcance, que podem ser resolvidas durante o próximo ciclo de planejamento;
  - ✓ não urgentes e de longo alcance, que requerem contínua monitoração;
  - ✓ alarmes falsos e que podem ser eliminadas de futuras considerações;

- as *Issues* urgentes são designadas, para análise e resolução, seja para unidades já existentes na empresa, seja para grupos de trabalho especiais, sempre que uma resposta urgente seja necessária;
- a resolução de *Issues* é monitorada pela alta gerência, tanto por razões táticas como por razões estratégicas;
- a lista das *Issues* e de suas prioridades são revistas e atualizadas, periodicamente, pela alta gerência.

As principais etapas de um *Strategic Issue Management System* são mostradas, esquematicamente, na figura anterior.

A seguir, estão relacionados alguns *issues* que podem ser considerados como ponto de partida para a identificação de *issues* relevantes para uma empresa. O procedimento seria eliminar aqueles que não são relevantes, identificar os importantes, na lista, e acrescer, a essa lista, aqueles que a empresa considere relevantes.

a. Análise de *issues* estratégicos-- tendências externas

A seguir, alguns exemplos de *Issues* Estratégicos que podem ser, eventualmente, considerados como *issues* de tendências externas.

- Tendências no Mercado Global Mundial (Protecionismo *versus* Livre Concorrência).
- Crescimento do Governo como Cliente.
- Desenvolvimento de Mercados Regionais (MCE, NAFTA, Mercosul).
- Revoluções Sócio-político-econômicas.
- Conflitos Regionais.
- Terrorismo internacional.
- Países de Economia Emergente.
- Desafio Japonês e "Asiáticos".
- Concorrência de Países Industrializados.
- Perda de Competitividade Nacional.
- Tendências Políticas e Econômicas (Nacional e Internacional).
- Tendências Monetárias.
- Tendências Fiscais.
- Tendência Inflacionária.

- Influência de Empresas Multinacionais.
- Tecnologia como Instrumento Competitivo.
- Tamanho como Instrumento Competitivo.
- Saturação de Crescimento.
- Emergência de Novas Indústrias Competitivas.
- Descontinuidades Tecnológicas.
- Diminuição do Ciclo de Vida de Produtos e Tecnologias.
- Crescimento do Setor Público.
- Privatizações.
- Consumidores mais Exigentes.
- Venda a Consumidores Relutantes.
- Atitudes Sociais Adversas.
- Diminuição de Poder Aquisitivo do Consumidor.
- Controles Governamentais.
- Pressões de Consumidores e Associações.
- Pressões Sindicais e Trabalhistas.
- Crescimento da Preocupação com Ecologia e Impactos Ambientais.
- Crescimento de Sentimentos Nacionalistas e Regionalistas.
- Conflitos de Empresas Multinacionais com Interesses Nacionais.
- Desconfiança Pública com Negócios e Empresários.
- Diminuição do Horizonte Temporal de Previsão.
- Surpresas Estratégicas.
- Carências Estratégicas de Recursos.
- Mudanças nas Atitudes com Relação ao Trabalho.
- Pressões por Estabilidade Trabalhista.
- Pressões Políticas.
- Corrupção Governamental.
- Incompetência do Poder Legislativo.
- Morosidade e Obsolescência do Poder Judiciário.
- Carência de Representatividade Empresarial na Sociedade.
- Oligopólios e Monopólios.
- Mentalidade Empresarial.

b. Análise de *issues* estratégicos – tendências internas

A seguir, alguns exemplos de *Issues* Estratégicos que, eventualmente, podem ser considerados como *issues* de Tendências Internas na empresa.

- Crescente Complexidade Organizacional.
- Crescimento da Organização.
- Estrutura Oganizacional Inadequada.
- Sistemas Gerenciais Vinculados à Missão "Negócio".
- Explicitação Clara da Missão "Negócio".
- Comunicação Interna.
- Estrutura de Poder.
- Existência de Nível Corporativo Definido.
- Centralização *versus* Descentralização.
- Cultura Corporativa e Cultura Empresarial.
- Valores e Políticas.
- Mitos e Crenças.
- Estilo Gerencial.
- Competência e Capacitação Gerencial.
- Competência Funcional.
- Intensidade de Capital.
- Intensidade Tecnológica.
- Moral do Corpo Social.
- Diversificação de Produtos/Serviços.
- Diversificação de Mercados.
- Diversificação de Tecnologias.
- Verticalização.
- Terceirização.
- Sistemas de Informação.
- Informatização/Automação.
- Outros.

c. Análise de *issues* estratégicos – objetivos estratégicos

A seguir, alguns exemplos de Objetivos Estratégicos da empresa.

- Visão Estratégica.
- Missão Estratégica de Negócios.
- Crescimento.
- Lucratividade.
- Produtividade.
- Estabilidade.
- Flexibilidade.
- Invulnerabilidade às Surpresas Externas.
- Solvência.
- Débito/Eqüidade.
- Inovação.
- Liderança Competitiva.
- Participação no Mercado (*Market Share*).
- Clima Psicossocial da Empresa.
- Respostas às Mudanças Sociais Externas.
- Respostas às Aspirações e Expectativas do Corpo Social da Empresa.
- Cidadania.
- Satisfação no Trabalho.
- Outros.

D. Cultura Corporativa e Comportamento Organizacional

Quando analisamos a possibilidade de implementação de conceitos ao Processo de Planejamento Estratégico Corporativo de uma instituição, seja esta instituição uma empresa privada, seja uma estatal, seja instituição de fins não-lucrativos, torna-se cada vez mais necessário, *a priori*, fazer uma análise da cultura da instituição, de sua ideologia, de suas crenças, de seus mitos e do comportamento organizacional.

1. Era Industrial versus Era Informacional

Estamos vivendo em uma "Era" entre parêntesis, ou seja, um lapso de tempo entre Eras, como se tivéssemos colocado o presente entre parêntesis, isolando-o, tanto do passado, quanto do futuro.

Aparentemente, não conseguimos, ainda, deixar a Era da Revolução Industrial, com seus conceitos, seus valores e sua forma de comportamento político e social. Com os pés ainda no velho mundo, enquanto aguardamos soluções e ajuda das instituições, principalmente públicas, dirigimos o olhar, com crescente desconfiança, para o futuro.

Seguimos, na verdade, uma tendência tipicamente humana: continuamos balançando entre o passado conhecido e o medo de um futuro incerto.

Independentemente de nossas desconfianças ou de nossos receios, estamos passando de uma Sociedade Industrial para uma Sociedade Informacional. Nesta, a capacidade de multiplicar nossa força física através do uso da máquina, para efeito da criação, está sendo substituída rapidamente pela capacidade de multiplicar, através de um computador, nossa força cerebral.

Como conseqüência, os conceitos de governo e de gerência, entre outros, que, razoavelmente, se aplicavam a uma Sociedade Industrial, tornam-se rapidamente obsoletos. Por isso mesmo, devem ser urgentemente reformulados.

Quando nos referimos a governo e à gerência, partindo de um pressuposto de que uma Corporação e um Estado são, essencialmente, o mesmo organismo social, isto pode, à primeira vista, produzir um impacto em uma mente menos avisada.

2. Corporação como Instituição Política

As Corporações podem ser analisadas, isomorficamente, como os Estados, instituições políticas, autocráticas ou democráticas, pacíficas ou belicosas, liberais ou paternalistas. Somente à luz da História ou da Ciência Política é que tais aspectos podem, adequadamente, ser analisados.

A propósito, o autor inglês Antony Jay publicou um interessante livro, intitulado *Management and Machiavelli – An Inquiry into the Politics of Corporate Life* (1968), em que sustenta que cada empresa é uma organização política. E atribui a isso o fato de as regras e as recomendações de Maquiavel, explicitadas em *O Príncipe*, serem, perfeitamente, aplicáveis às atividades dos administradores de empresas.

A idéia de que uma empresa é um sistema político e, portanto, comparável a uma Nação, a um Estado ou a uma Sociedade, permite que seu Corpo Social possa, da mesma forma, ser comparado a um Povo de uma Nação ou de um Estado. O que talvez possa ser considerado novo seja a descoberta de que todas as instituições humanas são "organizações" isomorfas e têm, como resultado, uma dimensão governamental ou gerencial comum.

São sistemas multidimensionais, que se diferenciam apenas por seu grau de complexidade. Exigem raciocínio e compreensão em, pelo menos, três áreas básicas: a funcional, a moral e a política.

Existe o conceito de Nação, com sua dimensão histórica e suas características culturais filogenéticas, assim como existe o conceito de Povo, sem essa mesma dimensão histórica, mas com suas necessidades ontogenéticas de sobrevivência temporal.

3. Corporação e o Conceito de Nação/Estado

Sabe-se que existem Estados que são Nações, como também existem Estados que não conseguem ser Nações. Analogamente, poderíamos dizer que existem instituições/empresas que podem consideradas como Corporações – "Nação", como também existem corporações que são, simplesmente, Corporações – "Estado", e não conseguem perpetuar-se como Corporação – "Nação".

Aparentemente, só conseguiram ser "Nação" aquelas instituições que possuíam uma dimensão sociocultural filogenética, através de uma Ideologia Corporativa, explicitada, consolidada e legitimada por seu corpo social.

Tudo nos leva a crer que os fenômenos das instituições sociais são isomorfos, não importando que essas instituições sejam um Estado ou uma organização empresarial, um Governo ou um Grupo Executivo, um Povo ou um Corpo Social de uma empresa.

Além disso, os componentes de qualquer um desses sistemas – Nação, Estado, Família, Igreja ou Empresa – são seres humanos. Conseqüentemente, cada um está sujeito, em maior ou menor grau, e dentro de prioridades individuais às suas influências.

Assim, em nível de indivíduo, um governo ou um sistema empresarial corporativo que pretenda governar ou gerenciar um conjunto de homens, não pode, de maneira alguma, deixar de analisar este conjunto de forças, muitas vezes conflitantes, que atua sobre cada indivíduo.

4. A Corporação e o Indivíduo

É inegável que o comportamento dos cidadãos vai mudar. Até agora, os padrões de satisfação foram baseados no atendimento às necessidades meramente materiais do cidadão e que trouxe, como conseqüência, a redução a um mínimo da participação política do homem comum.

Isto porque, enquanto o atendimento de necessidades materiais, num enfoque puramente econômico, está atrelado ao processo de produção, distribuição e consumo de bens materiais, a melhoria quantitativa e qualitativa das necessidades individuais está vinculada, não somente à maior capacidade de produção desses mesmos bens, como, também, a uma melhor distribuição de renda entre o capital e o trabalho.

Este último requisito, ademais, dentro de uma perspectiva temporal de longo prazo, tende a gerar conflitos sociais. Isso porque a capacidade de produção tende a crescer a uma taxa muito maior do que aquela referente à distribuição dos salários pagos ao trabalho.

Na Sociedade Informacional, por outro lado, o agente motivador das ações será a busca da auto-realização. E o processo para satisfazer esta demanda só encontrará resposta na Informação (Conhecimento), na seleção de ações e na consecução de objetivos preestabelecidos.

Isso resultará numa mudança de direção dos desejos e anseios das pessoas, no sentido da consecução de objetivos, com missões claramente explicitadas, o que significará uma maior demanda pela participação efetiva no processo decisório nacional e nos sistemas econômico, político e social.

5. A Corporação como Sistema Social

Quando analisamos as organizações como entidades sociais, concluímos que elas não existem para si próprias. São apenas meios, representando um subsistema social que visa à realização de uma tarefa social bem mais ampla e mais abrangente.

O objetivo de uma organização-empresa é, portanto, oferecer uma contribuição específica para o indivíduo e para a sociedade como um todo e, conseqüentemente, a avaliação de seu desempenho e a medida de sua eficácia, ao contrário de um sistema biológico, individual, estará sempre fora dela mesma.

Basta analisar qualquer grande Corporação, que tenha sobrevivido por um razoável lapso de tempo, para chegarmos à conclusão de que não foram nem sua estrutura organizacional, nem as habilidades administrativas ou o perfil de seus executivos, nem a eficiência de seus produtos ou serviços, nem sua agressividade de *marketing* que permitiram sua permanência no tempo.

Talvez fique logo claro que aquelas corporações que possuíam uma sólida base de crenças e valores e permitiram às pessoas, que constituíam seu corpo social, incluindo seu grupo corporativo, basear seu comportamento, suas políticas e suas ações foram as que se perpetuaram.

Além disso, a adesão leal a essas crenças e a esses valores não sofreu solução de continuidade ao longo do tempo, por parte da sucessão executiva, independentemente das mudanças, eventuais, que ocorreram no negócio, na tecnologia, no meio ambiente ou mesmo no perfil gerencial, ocasional, de um grupo executivo.

Alguma coisa, então, mais global e complexa, parece ser necessária e não apenas uma simples receita que, uma vez copiada e aplicada, pode levar ao sucesso econômico-financeiro da instituição.

6. A Corporação e a Cidadania

Essencialmente, hoje o indivíduo, como empregado de uma empresa, é estimulado à obediência, à dedicação e à lealdade, mas, efetivamente, não possui direito algum vis-a-vis seu empregador. Este, em contrapartida é, completamente, livre para, sumariamente, demiti-lo "por uma boa razão, por nenhuma razão ou por uma razão moralmente errada".

Acontece que quanto mais e melhor informado estiver o homem, menos se sujeita à autoridade daquele que julga estar menos informado que ele. E quanto mais acreditar em sua própria competência para participar no processo decisório que possa afetar sua vida e seu destino, menos delegação deseja dar a outrem.

Assim, os empregados de hoje, cada vez mais bem informados, através da tecnologia disponível, passarão a, cada vez mais, reivindicar que as exigências que lhes são feitas o sejam pelo conhecimento e não por chefes, por objetivos e realizações e não por pessoas. Além disso, exigirão uma organização orientada para o desempenho, em lugar de uma organização orientada pela autoridade.

Talvez seja isso um dos grandes impactos da tecnologia sobre a estrutura de Poder, aumentando, cada vez mais, o número de pessoas que se julga, pela tremenda facilidade que tem de ser informado, capaz de decidir por si mesmo, sem a necessidade de ser representado. Por outro lado, a incompetência, ou a ameaça e a insegurança leva à submissão, porque este impulso tem suas raízes no medo.

7. Conflitos Sociais

Talvez seja esta a razão pela qual aquele cidadão, que se sente bem informado e competente para decidir no processo político, democrático e aberto, desconfia daqueles que poderiam representá-lo no processo decisório, e não abdica de seu direito de livre escolha.

Mas este mesmo homem, agora como empregado, sujeito a uma outra estrutura de poder, muitas vezes autoritária e hermética, com poderes para admiti-lo e, sumariamente, demiti-lo, premiá-lo ou puni-lo, sente-se desprotegido e ameaçado. Por isso mesmo, sem muita discussão, submete-se ao que lhe é imposto, abdicando de todos aqueles direitos que, lá fora, em nome da democracia e da liberdade, reivindicaria.

Além do mais, ele tenderá a ter cada vez mais consciência dessa situação paradoxal, porque as facilidades da tecnologia moderna assim o permitem.

Também como na política, não raro o corpo social de uma empresa adquirida através de processo de fusão se considera "traído" pelo grupo vendedor e "invadido" pelo grupo adquirente. É daí que decorre a formação de resistências, muito semelhantes àquelas encontradas por um exército invasor ou uma força militar de ocupação.

Deste modo, começam os conflitos sociais, internos do sistema empresarial, que podem ser facilmente polarizados por instituições exógenas, quando, eventualmente, tenham interesse em capitalizar as crescentes desconfianças e insatisfações ou levar ao fracasso uma aquisição ou fusão de empresas.

Como na Ciência Política, ignorar estes conflitos sociais pode criar grupos de resistência que poderão levar o processo de fusão ao fracasso. Estes conflitos são decorrentes da não aceitação de um ato volitivo de pertencer ou não a grupos, empresas ou Estados, de um determinado corpo social, no caso uma empresa adquirida ou fundida.

Nesse contexto, já mencionamos os conflitos sociais bem radicais como aquele revolucionário do ETA, que se considera uma *nação* basca e não deseja pertencer, por motivos geopolíticos ou econômicos, à *nação* espanhola, ou aquele membro do exército revolucionário irlandês – IRA, que não deseja pertencer, agora por razões étnicas e religiosas, à "nação" Comunidade Britânica.

8. Cultura Corporativa

Cultura Corporativa ou de um Grupo pode ser definida como:

> *"O Padrão de premissas básicas, ou convicções, que este grupo inventou, descobriu ou desenvolveu, no aprendizado de resolver seus problemas de adaptação externa e integração interna e que funcionaram, suficientemente bem, ao longo do tempo, a ponto de serem considerados válidos e, portanto, ensinados aos outros membros do grupo como a maneira mais adequada de ser, de perceber, de pensar, de sentir e de comportar-se, com relação a esses problemas".*

a. Pesquisa

Terrence E. Deal e Allen A. Kennedy, autores do livro *Corporate Cultures – The Rites and Rituals of Corporate Life"* (1986), realizaram, durante seis meses, uma enquete envolvendo 80 empresas, líderes norte-americanas. Enquete esta baseada em alguns quesitos relativos às crenças e aos credos dessas instituições, e de como as mesmas eram explicitadas, disseminadas e conhecidas pelo corpo social.

O resultado, segundo os autores, foi o seguinte: somente 25 empresas tinham enunciado claramente seus credos. Destas 25, somente 18 possuíam credos ou valores qualitativos, enquanto as restantes possuíam objetivos mais quantitativos, de natureza financeira, ainda que claramente compreendidos.

Estas 18 finais, sem exceção, tinham apresentado contínuo e alto desempenho, não manifesto pelas restantes empresas. Foram elas: *Carterpillar Tractor, GE, DuPont, Chubb Insurance, Price Waterhouse, 3M, Jefferson-Smurfit, The Training Services Administration Agency of The British Government, Digital Equipment Co., IBM, Dana Corporation, Procter & Gamble, Hewlett-Packard, Leo Burnett Advertising Agency, Johnson & Johnson, Tandem Computer, Continental Bank* e *Rouse Company.*

De uma maneira geral, estas empresas tinham três características comuns:

- uma "razão de ser" – isto é, tinham claramente explicitada sua missão e de como, objetivamente, dirigir e conduzir seus negócios;
- o Corpo Gerencial dava uma atenção muito especial à modelagem e ao ajuste desses valores, de forma a adequá-los às mutações do ambiente econômico e aos negócios da empresa e, ao mesmo tempo, à forma de comunicá-los a toda a organização;
- estes valores eram conhecidos, compreendidos e aderidos por todo o corpo social, desde os mais baixos aos mais altos níveis hierárquicos.

O aspecto comum, encontrado nessas empresas, foi seu sentido humano, e as palavras mais usadas em suas mensagens culturais eram: alma, espírito, magia, coração, *ethos*, missão e saga.

Em algumas dessas empresas, os credos eram resumidos em *slogans,* os quais, ainda que pueris, e mesmo ridículos para um estranho a organização, refletiam de certa forma a "maneira de ser" da corporação.

Exemplos:

"24-Hours Parts Service Anywhere in the World" (Carterpillar).
"Universal Service" (AT&T).
"Better Things for Better Living Through Chemistry" (DuPont).
"Create the Best Environment for People" (Rouse Co.).
"We'll Find a Way" (to Meet Customer Needs) (Continental Bank).
"Productivity Through People" (Dana Corporation).
"Strive for Technical Perfection" (Price Waterhouse).
"IBM Means Service" (IBM Corporation).

b. Organizações do futuro

Terrence Deal e Allen Kennedy, em seu livro, também antecipam como serão as organizações do futuro – A Organização Atomizada – já que o crescimento e a complexidade irão tornar as empresas cada vez mais difíceis de serem eficazmente gerenciadas.

Uma das formas de atomizar o gerenciamento seria através da opção de comercialização *franchise*, adotada, por exemplo, pelas empresas de prestação de serviço *fast food*, como *Howard Johnson's, McDonald's* e *Burger King.*

Existem, hoje, nos Estados Unidos, cerca de 476.000 operações *franchise*, com cerca de 900 novas empresas entrando nessa modalidade de negócio.

Neste tipo de organização, apesar de existir uma independência econômica e gerencial, a organização permanece unida por um elo "cultural" – um *ethos* comum (no sistema *McDonald's*, por exemplo, este vínculo é expresso pelo *slogan* QSCV – *Quality, Service, Convenience and Value*). Um outro exemplo, milenar e clássico, é a organização da Igreja Católica Romana.

Conforme já citado anteriormente, um outro modelo de estrutura organizacional foi proposto por Christopher A. Bartlett e Sumantra Ghoshal, em artigo publicado no *Strategic Management Journal.* Modelo esse denominado *Beyond the M-Form: Toward a Managerial Theory of the Firm.*

Nesta estrutura, a estratégia organizacional é gerenciar tanto produtos, quanto diversidades geográficas, com suas particularidades sociais, políticas, econômicas e ambientais. Para isso, é proposta uma estrutura organizacional em torno de uma matriz com canais duais de *reporting*, ligando as unidades operacionais da linha de frente às áreas de negócio globalizadas, por um lado, e às gerências regionais ou nacionais, por outro.

Este novo modelo organizacional proposto representa uma filosofia estrutural, radicalmente diferente daquela tradicional usada no pós-guerra. Conceitualmente, esta filosofia é baseada no pressuposto de que a organização necessita ser desenvolvida e gerenciada sobre um princípio de **proliferação** e subseqüente **agregação** de pequenas e independentes unidades *entrepreneurals,* no sentido *bottom up,* em lugar de um princípio de **divisão e transferência** de recursos e responsabilidades, no sentido *top down.*

Esta filosofia estrutural implica uma distribuição significativamente diferente dos ativos e dos recursos do nível corporativo.

Ao contrário das estruturas multidivisionais, piramidais e tradicionais, que mantinham o controle da maioria dos recursos no nível corporativo, no modelo proposto, os recursos são descentralizados para as unidades da linha de frente que operam, com limitada dependência do nível corporativo para o uso dos recursos humanos, financeiros ou tecnológicos. No entanto, isso é feito com considerável independência entre as unidades, para a inovação e a criatividade.

O resultado deste enfoque é a possibilidade de redução dos níveis intermediários de supervisão e controle, como é o caso da *Asea Brown Boveri – ABB* (três níveis gerenciais) ou da *General Electric – GE* (passando de dez para quatro níveis gerenciais).

Além disso, o modelo pressupõe que as companhias assegurem e mantenham as características individuais de seu corpo social, tanto selecionando e promovendo aqueles cujas características pessoais os predispõem às desejadas normas de comportamento, quanto criando um contexto interno que estimule as pessoas a agirem da mesma forma que o fariam numa grande família ou numa equipe esportiva.

O modelo de estrutura organizacional proposto por Bartlett e Ghoshal e, de certa forma, já aplicado pela *Asea Brown Boveri* – ABB, entre outras características, descentraliza recursos e responsabilidades, estimulando a motivação, a iniciativa e a criatividade individuais.

Talvez seja esta uma estrutura organizacional que permita a implementação do conceito de "Teletrabalho".

Este conceito foi proposto pelo sociólogo italiano Domenico De Masi, em seu livro *O Ócio Criativo* (2000). É por ele definido como um tipo de trabalho realizado longe dos escritórios empresariais e dos colegas de trabalho tradicionais, com comunicação independente com a sede central e com outras sedes, através do uso intensivo das tecnologias de comunicação e da informação, mas que não são necessariamente sempre de natureza informática.

O "Teletrabalho", segundo De Masi, levará as pessoas a operarem cada vez mais na própria casa. As migrações são resíduos industriais: o deslocamento de todos e a mesma hora em direção ao trabalho e as migrações das zonas rurais para as zonas industriais são formas obsoletas de mobilidade.

Agora, a maioria dos empregados não lida com matérias sólidas, mas com informação imaterial. Por isso, ainda segundo De Masi, é possível, e preferível, deslocar as informações para onde as pessoas estejam a deslocar os empregados para onde estão as informações.

No futuro, seremos cada vez mais sedentários, no que diz respeito ao trabalho, e cada vez mais nômades, no que concerne ao lazer. O trabalho pode ser um prazer se for predominantemente intelectual, inteligente e livre e, junto com o cansaço, pode provocar até euforia.

A criatividade, segundo De Masi, está muito mais vinculada à capacidade de introspecção do que dos recursos disponíveis, ou mesmo à ressonância, que o encontro de duas ou três pessoas criativas pode produzir, quando se estimulam intelectual e reciprocamente com suas idéias.

As condições ideais, em sua opinião, são comodidade, grupo de amigos criativos, paixão pela beleza e pela verdade, liderança carismática, tempo à disposição, sem a angústia de prazos ou vencimentos improrrogáveis.

O autor do presente livro tem exercido e aplicado o conceito de "Teletrabalho" há 20 anos em suas atividades de Consultoria Executiva, utilizando, para isso, sua residência, computadores e dispositivos de telecomunicações. Todo esse aparato lhe permitiu realizar trabalhos, inclusive em regiões remotas sem sua presença física; trabalhos esses que seriam impraticáveis se fossem desenvolvidos em ambiente de trabalho convencional.

Infelizmente, também decorre de sua experiência a percepção de que, de maneira geral, a cultura, as estruturas organizacionais e o corpo social das empresas no país ainda não estão adequadamente preparados para, de forma extensiva e intensiva, aplicar este conceito.

9. Ideologia e Valores

Segundo Talcott Parsons – *Suggestions for a Sociological Approach to the Theory of Organizations* (1965):

> *"Pode-se considerar uma instituição como um subsistema do ambiente sociocultural, mais amplo, no qual está inserida. Parece apropriado definir, também de uma forma bastante simplista, uma instituição como sistema social organizado para alcançar determinado objetivo: atingir esse objetivo corresponde, ao mesmo tempo, ao desempenho de certo tipo de função, ou missão, em favor de um sistema maior, mais abrangente – a sociedade.*
>
> *O principal ponto de referência, portanto, para a análise da estrutura de qualquer sistema social, seriam seus valores e sua ideologia. Esta ideologia fixa a orientação básica para qualquer subsistema seu, nas condições em que opera; por conseguinte, conduz as atividades individuais dos participantes – através de seus padrões de valores individuais".*

Nesse sentido, os valores da instituição (sua Ideologia) legitimam sua existência e suas atividades, no sistema social mais amplo.

Não resta dúvida, portanto, de que os Valores e a Ideologia constituem uma importante base referencial para o processo decisório. Há, assim, uma estreita relação entre os mesmos.

a. Crenças

Segundo José Ortega y Gasset (*História como Sistema y Mirabeau o el Político*), a crença não é a idéia que se pensa, mas aquela em que se acredita. E o acreditar não é mais uma operação do "intelectual", mas uma função do ser vivente como tal, a função de orientar sua conduta, sua tarefa.

Em toda vida humana, existem crenças básicas, fundamentadas, radicais, e outras "derivadas" daquelas, apoiadas sobre as mesmas, e secundárias. As mais importantes crenças parecem ser aquelas relativas à autoridade – o que os sociólogos chamariam de "pessoas de referência" ou "grupos de referência". Essas crenças dizem respeito não somente ao que as autoridades podem saber, mas também ao que elas devem saber.

Em que autoridades vão os funcionários subalternos confiar ou desconfiar, atender ou não atender, ao empreenderem suas funções e ao exercerem seu comportamento dentro da empresa?

Acreditar na credibilidade de uma autoridade específica implica a aceitação de outras crenças, vistas como provenientes de tal autoridade e, por isso, são chamadas de "crenças derivadas".

Tais "crenças derivadas" são menos dinamicamente importantes do que aquelas relativas à autoridade em si. Conseqüentemente, uma mudança de crença que diga respeito a esta autoridade, uma mudança em seu comportamento, ou até uma comunicação direta da mesma, pode levar a muitas outras mudanças nas "crenças derivadas" desta mesma autoridade.

Esta é uma das razões da necessidade de uma ideologia institucionalizada, para que as pessoas se identifiquem com a mesma e a tomem como referência para seu comportamento individual, em lugar de buscarem aquelas derivadas de uma autoridade qualquer.

b. Atitudes

Atitude é uma organização de crenças, relativamente duradoura, em torno de um objeto ou situação que predispõe a uma resposta comportamental preferencial.

c. Valores

Segundo Philip E. Jacob e James J. Flink – *Values and their Function in Decision Making*, (1962) – "concebemos os valores como proposições normativas, mantidas por seres humanos, individualmente, a respeito do que os homens devem desejar, isto é, a respeito do que é desejável". Elas são amparadas por sanções e funções interiorizadas como:

- imperativos a julgarem como o mundo social da pessoa deve ser estruturado e operado;
- padrões para avaliar e racionalizar a propriedade das escolhas individuais e sociais."

Valores têm a ver com os modos de conduta e estados finais da existência. Dizer que uma pessoa "tem um valor" é dizer que ela tem uma crença duradoura, um modo específico de conduta ou um estado final de existência que é, além disso, pessoal e socialmente preferível a outros modos alternativos de conduta ou estados finais de existência.

Uma vez que um valor é internalizado, ele se torna, consciente ou inconscientemente, um padrão ou um critério para guiar a ação, para desenvolver e manter as atitudes em relação a objetos ou a situações relevantes, para julgar moralmente a si e aos outros.

Fica patente, dessa forma, que os valores são os padrões normativos pelos quais os seres humanos são influenciados na escolha dos atos que empreendem. Em termos de comportamento direcional, servem como determinantes e como linhas de orientação para a tomada de decisão e para a ação. Em outras palavras: constituem o referencial básico para um processo decisório efetivo.

d. Ideologia

Segundo H. P. Fairchild – *Dictionary of Sociology,* (1944) – "Ideologia é a soma das idéias, crenças e maneiras de pensar, características de um grupo, como: uma nação, classe, casta, profissão ou ocupação, corrente religiosa, partido político etc. Estas ideologias são condicionadas e determinadas pela situação geográfica e climática, pelas atividades habituais e pelo ambiente cultural dos respectivos grupos."

R. Joseph Monson, Jr. – *Modern American Capitalism: Ideologies and Issues*, (1963) – "Se atentarmos, tanto para a definição de valores, como de ideologia, podemos notar que valores são mais mantidos por pessoas, enquanto as ideologias dão ênfase às idéias, crenças e modos de pensar dos grupos; ainda que se possam usar os dois termos, tanto para retratar crenças pessoais como grupais."

Uma outra conceituação interessante de Ideologia é dada por George Cabott Lodge – *The New American Ideology*, (1977). Para ele, uma ideologia é uma coleção de idéias que torna explícita a natureza de uma comunidade; é a estrutura, pela qual a comunidade define e aplica valores, tais como: sobrevivência, justiça, respeito próprio, realizações e economia, entendida, esta última, como o uso eficiente dos recursos. Ainda que, ao longo do tempo, as comunidades definam esses valores diferentemente, em sua essência têm sido mantidos.

No antigo Egito, por exemplo, justiça e auto-respeito envolviam o arraste de pedras para glorificar o Deus-Rei. Por um tempo essa ideologia dos faraós conseguiu um consenso aceitável, ainda que coercitivo, mas que finalmente deteriorou-se e entrou em colapso.

Da mesma forma, a visão de Justiça do Cristianismo Medieval é completamente diferente de nosso atual conceito, e ambos diferem daquele enunciado por Platão; entretanto, o valor *Justiça* permanece uma constante.

A igualdade prometida na Declaração da Independência Americana não era um valor, mas antes um elemento ideológico específico, uma interpretação de vários valores para uma época e um local específico e que, no entanto, estava em harmonia com as definições de Justiça e auto-respeito, no momento em que a referida Declaração foi redigida.

A Ideologia é, portanto, uma estrutura viva, uma ponte através da qual os valores ganham significado em várias culturas, em diferentes pontos no tempo e no espaço, interiorizando-se na vida da comunidade. É um sistema dinâmico de objetivos, prioridades e critérios para a vida da comunidade, em todos seus aspectos – social, econômico e estético.

A Ideologia legitimiza a ordem existente e seus padrões de ação. É formada e nutrida pelas circunstâncias e pelas experiências da própria comunidade, por fatores tais como geografia e demografia, ciência tradicional, filosofia e religião, prática institucional e pelo comportamento; e, em contrapartida, afeta cada um desses fatores.

Por exemplo, a estrutura para tornar explícitos os valores no Japão, um país relativamente pequeno em território, mas com um grande volume populacional, diferirá, substancialmente, da ideologia de um Brasil, de um Canadá ou mesmo dos Estados Unidos; todos com uma larga extensão territorial e uma relativamente pequena população.

O conceito de ideologia pressupõe que a comunidade seja um "todo" orgânico, grandemente influenciado (embora não necessariamente de forma exclusiva) por um conjunto de idéias coerentes.

Uma ideologia é, portanto, uma estrutura de idéias inter-relacionadas e delineadas, tanto de dentro como de fora da sociedade – uma estrutura que é usada para articular, desenvolver e manter o consenso, baseado no qual uma comunidade vive, atua e deseja continuar unida estrategicamente e segundo uma direção.

Em outras palavras, a Ideologia é a consciência adquirida pela sociedade ou pelo grupo, de suas reais condições de existência e das possibilidades de mudanças ou da necessidade de manutenção dessas mesmas condições, para garantir sua perpetuação e sua evolução.

Por definição, não existe nenhuma comunidade sem ideologia. Algumas vezes, tal ideologia é clara e precisa; outras vezes, obscura. Alguns de seus elementos podem ser conscientes e explícitos; outros, involuntários e implícitos; hoje, podem ser vitais e relevantes; amanhã, nulos e mortos.

Seja uma comunidade, grande ou pequena, nacional, vicinal ou empresarial, sua existência depende de um enfoque comum, no que se refere aos valores. Além disso, exige algum acordo, com respeito a como aqueles valores devam ser tornados explícitos na vida real.

Podemos, também, dizer que uma ideologia contém três tipos básicos de idéias, que seriam:

- ***Representações*** – são idéias a respeito de *como é* a realidade; *como está* organizada a sociedade, seus problemas, suas características.
- ***Valores*** – seriam as idéias, ao nível do indivíduo, de *como deveria ser* a realidade.
- ***Normas*** – seriam aquelas idéias a respeito do que *deveria ser feito* para transformar a realidade ou mantê-la nas condições em que se encontra.

Uma vez identificada e definida, a ideologia serve como base para a compreensão da realidade, e guia da conduta de todo o grupo social e de cada indivíduo, em particular. Uma ideologia, por refletir a realidade, reflete também grande parte de sua complexidade e, para muitos, dificilmente é compreensível em seu todo.

De qualquer forma, as ideologias e os valores determinam o papel social que as pessoas desempenham na sociedade.

e. Teoria dos papéis

De acordo com o conceito de "Teoria dos Papéis", a pessoa procura operar dentro das expectativas do grupo social mais amplo, e também interioriza os valores e as normas que, explicita ou implicitamente, o grupo lhe prescreve.

Dessa forma, o papel prescrito para o dirigente, de qualquer instituição, é reforçado, por sua própria motivação interna, a desempenhá-lo eficientemente. E esses papéis, na sociedade contemporânea, têm evoluído de forma substancial, em relação àqueles prescritos anteriormente. Isto porque a ética social evoluiu com o passar do tempo, face às circunstâncias em permanente mutação.

Além de reconhecer a ocorrência dessas transformações, é igualmente importante saber que, na sociedade moderna, numerosos e diferentes subsistemas de valores acabaram entrelaçando-se.

f. Ética

Segundo Samuel H. Miller – *The Tangle of Ethics (Harvard Business Review) – 1960* – "Chegamos a um estágio, na nossa civilização, em que numerosas e variadas linhas de tradição se entrelaçaram. Mergulhados na cultura que nos condiciona, e aos nossos relacionamentos, e mergulhados, também, em nós como pessoas civilizadas e estudadas, há vários padrões éticos distintos.

Esses conjuntos de posições morais são bastante contraditórias para concorrer entre si, tanto em suas formas institucionais, como em seus aspectos pessoais. Em lugar de termos um ideal impossível a confrontar-se como uma necessidade prática, temos uma herança de caminhos éticos tão diversificada que, escolhendo-se qualquer uma delas, as outras estão sendo traídas, pelo menos até certo ponto."

Considere-se o problema dos fabricantes de automóveis na fixação de normas de segurança para seus produtos. Um sistema de ética dirá que é responsabilidade social, direta do fabricante, garantir que seus automóveis apresentem a melhor e maior segurança possível. Outro sustentará que lhe cabe, por responsabilidade, propiciar aos clientes apenas aquilo que eles pedem em termos de fatores de mercado. Aceitar um conjunto de valores pode significar, pois, a negação de outro.

g. Mitos

Um outro exemplo, talvez o mais dramático para a civilização atual, seja o "mito" de crescimento e progresso material. Isto teve origem diretamente da ideologia tradicional ocidental, pois implícita no individualismo está a noção de que o homem tem o arbítrio de adquirir poder, isto é, de controlar os eventos externos, a propriedade, a natureza, a economia e a política.

A presença deste arbítrio, na psique humana, significa a garantia de progresso, através de competição irrestrita, notavelmente quando combina com a noção *darwiniana* de que o inexorável processo de evolução está constantemente trabalhando para melhorar a própria natureza.

A especialização científica tem sido parte deste "progresso", fragmentando o conhecimento e a sociedade, cartesianamente, enquanto forçando sua adaptabilidade. Tal fragmentação trouxe, pelo menos, um terrível resultado: uma visão amoral de progresso "pelo qual, mísseis balísticos nucleares representam, definitivamente, progresso, comparados com a pólvora e balas de canhão, que por sua vez representam progresso, em relação ao arco e à flecha".

Este enganoso mito não coloca, assim, nenhum limite aparente até onde pode ir o homem em seu domínio sobre o ambiente, sobre a natureza e, tampouco, estabelece qualquer critério ideológico para a definição de progresso.

h. Uma análise crítica da ideologia norte-americana

Estamos incluindo, exclusivamente para estudo, uma análise crítica da Ideologia da sociedade americana, segundo G. C. Lodge, professor da Universidade de Harvard.

A ideologia americana é, segundo Lodge, fundamentalmente, baseada nas chamadas "leis naturais", tendo como ideólogo original John Locke. Elencamos, abaixo, os cinco elementos que basicamente compõem a ideologia tradicional de Locke.

- ***Individualismo*** – esta é a noção, atomística, de que a sociedade nada mais é do que a soma dos indivíduos que a compõe. É a idéia de que as realizações resultam da luta solitária, em que conta a lei da selva, onde o que se adapta sobrevive, e aquele que não sobreviveu foi porque não conseguiu se adaptar.

  Intimamente ligado ao individualismo, está o conceito de "igualdade", no sentido implícito na frase "igual oportunidade"; e na idéia de "contrato", o dispositivo inviolável através do qual os indivíduos são postos juntos, como vendedores e compradores.

  Na ordem política, o individualismo evoluiu para o pluralismo de grupos de interesse, que se tornou o meio preferido de dirigir a sociedade norte-americana.

- ***Direito de propriedade*** – tradicionalmente, a melhor garantia dos direitos individuais foi conseguido pela santificação dos direitos de propriedade. Em virtude deste conceito, ao indivíduo foi assegurada a liberdade do poder predatório dos soberanos – os monarcas Stuart, para Locke.

- ***Competição*** – Adam Smith foi quem mais eloqüentemente articulou a idéia de que o uso da propriedade é mais bem controlado por cada proprietário individual, competindo em um mercado aberto, a fim de satisfazer os desejos do consumidor.

  Este princípio de competição parece, ainda, ser a chave intelectual do sistema econômico americano.

- ***Um Estado limitado*** – como reação à poderosa hierarquia do medievalismo, desenvolveu-se a convicção de que o último é sempre o melhor governo. Não importa quão importante governo possa-se estabelecer, o que a sociedade americana reluta é permitir concentração de poder e autoridade. E, por isso, resiste à idéia de planejamento, por parte do governo; preferindo, em lugar disso, que o mesmo responda às crises e aos grupos de interesse.

- ***Especialização e fragmentação científica*** – esta é a corrupção da mecânica de Newton que diz que, se alguém se ocupar das partes, como *expert* ou especialista, o todo tomará conta de si próprio.

  Esta ideologia, ainda religiosamente mantida, tem gerado vários mitos, alguns dos quais de uma ingênua qualidade romântica que tem deixado a sociedade americana fascinada, enquanto relutante em considerar se o poder original e a eficácia do sistema ainda se aplicam.

Há o mito dos antigos colonizadores, os primeiros e poderosos campeões da América organizada e sua ideologia, os quais são vistos como homens de uma sabedoria e coragem sobre-humana, cujos escritos e proezas são tomados como reflexões de uma verdade revelada.

Há o mito do destino manifesto, de que a ordem Lockeana deve ser estabelecida em todo o mundo, e de que existe uma missão de salvar o mundo do comunismo e de implantar a bandeira americana na Lua. O ex-ator John Wayne personifica o herói Lockeano.

E, finalmente, há o mito mais importante de todos: o do crescimento e do progresso material. Mito este que já examinamos e do qual os Estados Unidos são, talvez, o maior expoente.

10. Comportamento Organizacional

Podem existir uma grande variedade de estilos comportamentais nas instituições. Para efeitos de discussão, entretanto, são apresentados apenas dois estilos contrastantes: o *incremental* e o *entrepreneural.*

a. Comportamento *incremental*

Como o nome indica, o estilo *incremental* é dirigido à minimização dos desvios do comportamento histórico, tanto no relacionamento interno da empresa, como no relacionamento desta com seu meio ambiente. Mudanças não são bem-vindas; são para serem controladas, absorvidas ou minimizadas pela instituição. No estilo *incremental*, a resposta às mudanças são *reativas*; ações são tomadas, apenas, depois que a necessidade por mudança torna-se clara e imperativa.

Tanto instituições lucrativas, como não-lucrativas, ou estatais apresentam estilo comportamental *incremental*. Há, contudo, uma diferença significativa entre as empresas privadas e as não-lucrativas e estatais. As empresas privadas, de estilo *incremental*, buscam, permanentemente, a eficiência, porque caso não a alcancem correm o risco de não sobreviver.

Já as instituições não-lucrativas e estatais, de estilo comportamental *incremental*, tendem, de maneira geral, a ser burocráticas e a desenvolver um corporativismo interno, com a criação de privilégios salariais e outros, para dirigentes e empregados, defendendo seu *status quo*. E o fazem com a mesma dedicação com que na empresa privada se volta para a busca da eficiência, condição de sua sobrevivência. Isto porque estas instituições não estão sujeitas, diretamente, ao teste de mercado: os fundos que apóiam suas operações não estão vinculados, de maneira direta e mensurável, à continuada utilidade de seus produtos ou serviços.

b. Comportamento *entrepreneural*

O comportamento *entrepreneural* apresenta uma diferença drástica de atitude com relação às mudanças: em lugar de suprimi-las e minimizá-las, uma instituição de comportamento *entrepreneural* irá buscá-las. Em lugar de reagir a problemas, ameaças e oportunidades futuras, os mesmos são antecipados; em lugar de soluções locais e departamentalizadas, uma busca global é dirigida para cursos de ação alternativos; em lugar de uma única alternativa, outras múltiplas são geradas. Antes de buscar a preservação do passado, a instituição de comportamento *entrepreneural* estimula a contínua mudança do *status quo*.

O comportamento *entrepreneural* é muito menos freqüentemente observado do que o *incremental*.

11. Impacto sobre a Cultura

A Cultura consolidada é fator indispensável para manter uma continuidade filogenética da empresa e um corpo social digno, leal e ético, mas pode ser um importante óbice num processo de mudanças que a conjuntura mundial está, hoje, exigindo dessas mesmas empresas. Esta situação paradoxal deve ser um dos pontos mais críticos no gerenciamento da transformação empresarial e é, indiscutivelmente, de competência do nível corporativo das empresas.

Existem algumas importantes questões relativas à cultura organizacional que devem ser analisadas pelo nível corporativo da empresa ou do grupo, principalmente nos casos de fusões e aquisições de outras empresas ou grupos. Analise as questões abaixo.

- Será a cultura organizacional uma resultante dos valores coletivos de seus empregados, seus sócios-proprietários, seus clientes ou, ao contrário: são os valores de todas essas pessoas influenciadas mais pela cultura organizacional como um todo e pelas aspirações nacionais, metas e características da região ou do país no qual a organização opera?
- Da mesma forma, se a organização é uma transnacional, multinacional ou uma subsidiária de uma matriz ultramarina, terá a cultua estrangeira um impacto maior na organização do que a cultura nacional local?

Pesquisas e experiências indicam que uma grande parte dos colapsos na interação intercultural é causada por diferenças na percepção e na inabilidade pessoal de ver a cultura do outro, sob a mesma perspectiva. Esse fenômeno está cada vez mais presente nos processos de fusões e aquisições entre empresas e grupos.

As necessidades, as crenças e os valores são tão diferentes que as pessoas, mesmo inconscientemente, interpretam mal os dados relativos a outras pessoas. Assume-se que a perspectiva própria é aceita universalmente e, portanto, passa a ser "correta", e que os outros, obviamente, devem ter o mesmo ponto de vista.

Este aspecto da "superioridade cultural" origina-se do que alguns autores chamam de *Etnocentrismo*. Significa, basicamente, que um grupo étnico (ou cultural, ou religioso) acredita que ele, sua ideologia, seus valores, seus credos, suas tradições ou suas tecnologias são superiores àquelas do outro grupo étnico, cultural ou religioso.

De certa forma, isso pode ser comparado ao egotismo de um grupo de pessoas e pode ser um fenômeno natural que emana da necessidade de proteção, de sobrevivência e de orgulho de uma determinada cultura.

Isso, de certa forma, pode, também, ajudar a assegurar que certas tradições e práticas se mantenham intactas e protegidas ao longo do tempo.

O etnocentrismo, por sua natureza, induz as pessoas a se arvorarem em juízes de terceiros, atribuindo a esses últimos um valor inferior.

As culturas freqüentemente percebidas ou acreditadas como superiores ou dominantes são aquelas onde o individualismo, a competitividade, a auto-estima, a auto-realização e mesmo a arrogância manifestam-se de forma acentuadas.

Essas características são típicas dos países de economia mais desenvolvida, ou chamada de primeiro mundo, que possuem as tecnologias mais avançadas, inclusive aquelas de natureza gerencial.

Por serem as organizações ou gerentes daquelas culturas, os agentes de transferência de tecnologia usualmente se julgam superiores aos agentes receptores. Acontece que sua tecnologia, mesmo sendo mais adiantada e sofisticada, nem sempre é necessariamente apropriada às necessidades da cultura receptora.

Analisados esses problemas de natureza cultural, uma cultura consolidada é, portanto, fator indispensável para manter uma continuidade filogenética da empresa e um corpo social digno, leal e ético, principalmente nos processos de fusão e aquisição. No entanto, pode também ser um importante óbice, num processo de mudanças que a conjuntura mundial está, hoje, exigindo dessas mesmas empresas ou novos grupos.

Esta situação paradoxal deve ser um dos pontos mais críticos no gerenciamento da transformação empresarial e é, indiscutivelmente, de competência do nível corporativo das empresas ou dos grupos.

As inovações e mudanças encontram, tradicionalmente, forte resistência no corpo gerencial afetado que trata de evitá-las ou mesmo sabotá-las. Como dizia N. Machiavelli, em seu famoso livro *O Príncipe*:

> *"Nada é mais difícil conseguir, mais perigoso conduzir, ou mais incerto no sucesso, do que dirigir a introdução de uma nova ordem de coisas, porque a inovação tem por inimigos todos aqueles que têm feito bem, sob as antigas condições e por tépidos defensores aqueles que podem fazer bem sob as novas".*

Um exemplo dramático de retorno e regressão gerencial, conceitual, referente ao processo de planejamento foi oferecido pela experiência do Secretário de Defesa norte-americano Robert McNamara, na década de 1960. Ele implantou o *Planning-Programming-Budgeting System* – PPBS naquele Departamento, uma versão avançada de Planejamento Estratégico.

McNamara só conseguiu implantar o novo sistema devido à sua personalidade, ao seu entusiasmo e ao apoio dado pelos presidentes Kennedy e Johnson, e após vencer uma enorme resistência interna da instituição. Tão logo, entretanto, McNamara deixou o Departamento, a inércia e a resistência gerencial voltaram a reinar, conseguindo a instituição reverter a prática de planejamento para o prévio e obsoleto processo de *budgeting* político.

E. Imagem Institucional

Outro conceito que deve ser criteriosamente analisado no Processo de Planejamento Estratégico Corporativo se refere à imagem institucional da Corporação, dos acionistas e de seus dirigentes.

1. Conceito de "Imagem"

A atitude primordial e imediata do homem, em face da realidade, não é o de uma mente pensante que examina a realidade especulativamente, mas a de um indivíduo que exerce sua atividade prática no trato com a natureza e com os outros homens, tendo em vista a consecução dos próprios fins e interesses, dentro de determinado conjunto de relações sociais.

Em outros termos: o homem só percebe a sua "realidade" individual, ou ainda, só percebe aquilo que sua vivência ou seu nível educacional permite perceber, aquilo que quer perceber ou o que lhe interessa perceber.

Sendo a imagem a formação de um conceito, resultado da percepção de uma "realidade" individual, torna-se impossível, portanto, comunicar um conceito ou uma outra realidade a um outro indivíduo, a menos que este, como receptor, possa perceber. Isto é, apenas se o conceito ou a realidade estiver ao alcance de seu nível de percepção e dentro de seu *spectrum* de interesse.

Se fosse dado estabelecer a Imagem como um Sistema, este seria definido como um processo que permitisse levar uma Imagem referencial, inicial, a outra desejada, dentro de cada universo predeterminado.

2. A Imagem a Nível Institucional

Para o estabelecimento da Imagem desejada para a Corporação ou para o Grupo formado, seria indispensável selecionar as alternativas de predominância na Imagem institucional do grupo por exemplo:

- predominância da imagem do Grupo A de acionistas, permanecendo o Grupo B, o Grupo C e as Empresas em *low profile*;
- predominância da imagem do Grupo B de acionistas, permanecendo o Grupo A, o Grupo C e as Empresas em *low profile*;
- predominância da imagem das Empresas, individualmente, permanecendo os Grupos de acionistas A, B e C e as Divisões em *low profile.*

Selecionadas as alternativas, estas devem ser examinadas à luz das vantagens e desvantagens apresentadas sob os aspectos econômico, financeiro, político e social, para cada universo-alvo, tendo em vista que a "realidade" de cada um desses universos visa à consecução de seus próprios fins e interesses dentro de um conjunto de relações econômicas, financeiras, políticas e sociais. Relações essas que são, obviamente, distintas daquelas da "realidade" do grupo. Por exemplo:

- entidades de classe;
- investidores;
- autoridades governamentais;
- imprensa;
- clientes;
- fornecedores;

- bancos;
- sindicatos;
- funcionários etc.

Definida a alternativa para cada universo-alvo, considerado relevante, deve ser explicitada a "imagem" desejada.

Definidas as imagens desejadas, para cada um dos universos-alvo, caberia o estabelecimento das Políticas de Comunicação do Grupo Executivo, visando à definição das premissas básicas para o desenvolvimento de estratégias no que se refere às mensagens, aos canais e aos respectivos interfaces com aqueles universos-alvo; por exemplo:

- políticas de comunicação com a comunidade (governo, legisladores, constituintes, empresários, sindicatos etc.);
- políticas de comunicação de *marketing* (fornecedores, clientes etc.);
- política de comunicação interna (empregados, empresas/divisões/ coligadas etc.);
- políticas de uso de mensagens e canais para interface com o universo alvo (relações com a imprensa etc.).

Estas Políticas devem ser definidas desde o nível corporativo (acionistas e principais executivos) até os níveis operacionais (gerentes de Escritórios/Loja, compradores, vendedores, telefonistas, atendentes de Assistência Técnica etc.).

3. A Imagem a Nível Individual

Em continuação, e a nível individual, devem ser definidos os conceitos de *status* e "papéis" dos principais executivos e grupos operacionais "interfaces" com os universos-alvo. Isso porque sendo eles os principais responsáveis pela imagem do Grupo Executivo devem compreender algo sobre sua maneira de agir, sobre a maneira de as outras pessoas reagirem a seu respeito e sobre como as outras pessoas percebem seu comportamento. Entendido o conceito de:

- *status* de uma pessoa, dentro da organização, como aquela condição definida por uma declaração dos seus direitos, dos privilégios, das suas imunidades, dos seus deveres e das suas obrigações. E, inversamente, por uma declaração das restrições, das limitações e das proibições que governam seus comportamento – ambas as declarações determinando as expectativas dos outros em relação a este mesmo indivíduo;

- "papel" de um indivíduo, como os padrões de comportamento que se espera que este indivíduo apresente quando ocupando um determinado *status*, dentro da organização.

4

Sistemas de Informação

Introdução

1. Comunicação

Quando os documentos diplomáticos dos arquivos russos e alemães foram tornados públicos, em 1914, logo após o término da Primeira Guerra Mundial, tornou-se dramaticamente claro que a catástrofe fora causada em grande parte pela falência das comunicações entre as partes em litígio, apesar da existência de dados copiosos e fidedignos. Em outros termos, houve colapso no processo de comunicação, ou seja, na transmissão da ***Informação***.

Como conseqüência, a informação tornou-se um interesse absorvente e prioritário, ainda que a sua conceituação tenha se mostrado tão incompreendida, a ponto de ameaçar tornar-se um intransponível abismo de mal-entendidos.

Enquanto isto, verifica-se, nesta nossa Era Tecnológica, uma verdadeira avalanche de dados, elevando de tal modo o nível de ruídos, que jamais ninguém consegue fazer com que essa cornucópia de dados resulte verdadeiramente em informação. E, ainda que o homem já tenha conseguido, razoavelmente, conceituar, tratar e processar a energia e a matéria, está muito longe de dominar a "informação". Nosso conhecimento sobre informação é incompleto, fragmentado, muitas vezes baseado em pressupostos inválidos. Além disso, não tem apresentado, na realidade, resultados positivos.

2. Dados

Dado pode ser definido como "o registro, puro e simples de um fato". Um Sistema que colete e processe estes dados recebe o nome de Sistema de Processamento de Dados.

3. Informação

Para não incorrermos num erro de definição apenas por um problema de "comunicação", vamos usar um antigo enigma já proposto por místicos de inúmeras religiões – Zen Budistas, Sufis do Islamismo ou os rabinos do Talmut – e que pergunta:

> *"Em uma floresta onde não existe ninguém para escutar, o cair de uma árvore produz som?"*

Sabemos que a resposta é ***não***!

Existirão ondas sonoras, mas não haverá som, a não ser que algum ouvido ou receptor transforme essas ondas em uma "percepção" auditiva. Da mesma forma, a luz é o resultado da transformação de ondas eletromagnéticas dentro de um limitado *spectrum*, em uma "percepção" visual e individual. O som e a luz são, portanto, percepções individuais, e dependem, única e exclusivamente, da acuidade auditiva e visual de um determinado receptor.

Por analogia, pode ser dito que a ***informação*** é um dado que é ***percebido*** por um receptor, seja ele biológico ou tecnológico.

Isto pode parecer um truísmo, mas as implicações dessa conceituação, aparentemente óbvia, são enormes.

a) Em primeiro lugar, significa que é o receptor que identifica a "informação". O emissor apenas emite algo que, se percebido pelo receptor, será uma informação; se não percebido, será apenas ruído ou um conjunto de dados.

b) A percepção, como sabemos, não é lógica – é experiência. Percebemos apenas nossa "realidade", resultado de nossa experiência, e se, como na alegoria da caverna de Platão, nossa realidade são as sombras, serão baseados nelas que seremos informados e não nos objetos, que lhes deram origem e forma.

c) A percepção depende do interesse do receptor. Ainda que muitos de nós tenhamos relógio há alguns anos, dificilmente teríamos condições de descrever detalhes do mesmo. Isto porque percebemos apenas as horas, pois somente isso nos interessa ao olharmos para aquele mecanismo.

d) Finalmente, somente percebemos aquilo que somos capazes de perceber. E só seremos capazes de perceber se conseguirmos aumentar nosso e *spectrum* de percepção, através de um processo educativo.

É um grave erro considerar que um conjunto de dados bem elaborados e processados, ou estruturados em Bancos de Dados, passem a constituir um Sistema de Informação. Não existe Sistema de Informação, **à revelia do receptor**, independentemente do grau de sofisticação em seu processamento de dados.

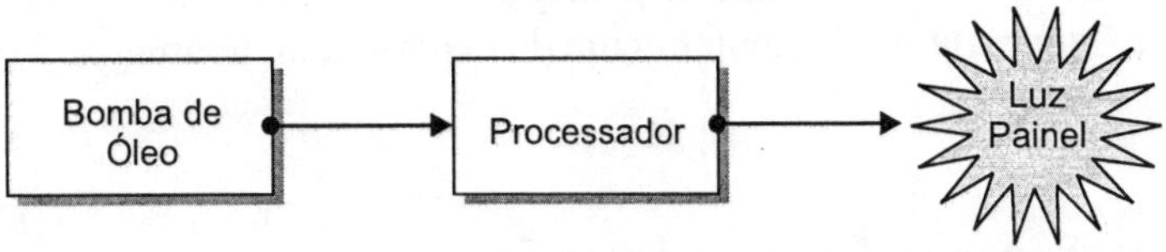

Se considerarmos, por exemplo, um sistema que colete os dados de pressão recebidos da bomba de óleo de um automóvel e processe-os, através de um sistema que transforme os dados de "pressão" em dados "óticos" e os torne disponíveis em um painel, em frente ao motorista; estaremos identificando apenas um Sistema de Processamento de Dados.

Caso este sistema faça um usuário receptor (motorista) "perceber", por seu conhecimento, experiência ou interesse que algo de anormal está ocorrendo na bomba de óleo, este Sistema passará a ser, conceitualmente, um Sistema de Informação; caso contrário continuará a ser um simples Sistema de Processamento de Dados. Quem identifica, portanto, o "Sistema" será sempre o receptor usuário, dentro de seu nível de percepção dos dados que lhe são oferecidos.

Em termos mais filosóficos, a atitude primordial e imediata do homem, em face da realidade, não é, pois, o de uma mente pensante que examina esta realidade especulativamente, mas de um indivíduo que exerce sua atividade prática no trato com a natureza e com os outros homens, tendo em vista a consecução dos próprios fins e interesses dentro de determinado conjunto de percepção.

Em outras palavras: *percebemos somente aquilo que queremos perceber, ou que nos interessa perceber, ou, ainda, que esteja ao alcance de nossa percepção.*

Dessa forma, sendo a informação algo individual, só será informado aquele que desejar ser informado, aquele que estiver interessado em ser informado, ou aquele que tenha a capacidade de ser informado.

Para o homem de decisão, atuando nesse ambiente de crescente complexidade, de constante mutabilidade e de ambigüidades, as questões devem, obrigatoriamente, permanecer abertas e sem a pretensão de dar um veredicto final. Deve preferir, isso sim, conhecer a situação diretamente, instante a instante, através da percepção de sua "realidade" individual. Esta percepção, em termos simplistas, é sua informação – matéria-prima indispensável ao seu processo decisório.

Neste último quesito, reside um dos mais sérios entraves à informação, pois o incremento na capacidade de percepção – ou, em outras palavras, de ser informado – depende fundamentalmente da experiência, do interesse e da educação individual.

4. Processo de Comunicação

Comunicação pode ser definida como a transmissão de Dados ou da Informação de um Emissor para um Receptor. Fazem parte deste sistema:

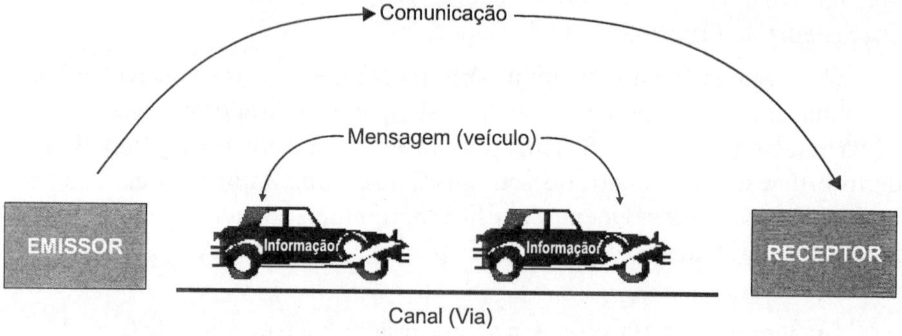

Em termos muito gerais e simplistas, podemos definir os componentes de um Sistema de Comunicação, como:

Emissor – é o depositário dos Dados que serão disponibilizados ou transmitidos ao Receptor. Pode ser um sistema biológico ou tecnológico que esteja enviando dinamicamente os Dados, ou mantendo-os, estaticamente, em um Sistema de Banco de Dados, por exemplo.

Mensagem – é o veículo utilizado pelo Sistema de Comunicação para enviar os Dados ou a Informação.

A mensagem é uma forma codificada de enviar a informação para um potencial usuário. Pode ser oral (código da linguagem), pictórica, gráfica etc. e deverá ser decodificada pelo receptor e "percebida" dentro de seu *espectrum* de percepção. É preciso não confundir mensagem com a informação propriamente dita; a mensagem pode ser extremamente redutora e a mesma mensagem pode ser "percebida" de maneira distinta por receptores diferentes.

Canal – é a "via" utilizada pela mensagem para acessar o receptor. Este canal pode ser o homem, o rádio, a televisão, o jornal, o computador, os correios etc.

Receptor – é o usuário final do Sistema. Pode ser um sistema biológico ou tecnológico, dependendo de quem decodifica a mensagem recebida por um determinado canal, decodifica-a e "percebe" a informação para uma decisão (humana), ou escolha de uma alternativa (acionamento automático de um sistema tecnológico).

Informação

1. Valor da Informação

A informação, para um determinado receptor, terá um ***valor***, dependendo de fatores, intrínsecos ao mesmo, como sua experiência e vivência, seu nível de interesse e seu nível educacional.

a. Atributos determinantes

Além disso, fatores inerentes ao emissor, à mensagem e ao canal, que constituem o Sistema de Comunicação disponível, podem aumentar ou diminuir, para aquele determinado receptor, o valor de sua percepção dos dados que lhe são oferecidos e, conseqüentemente, de sua informação. A seguir relacionamos alguns desses atributos:

- ***Acessibilidade*** – a maior ou menor dificuldade no acesso aos dados pode, por razões psicológicas do receptor, em termos de interesse e motivação, afetar o valor da informação para o mesmo.
- ***Abrangência*** – os mesmos dados podem dar origem a percepções diferentes, dependendo de seu grau de abrangência, por exemplo, a falta de um determinado medicamento na farmácia de um hospital terá valores diferentes para o encarregado da farmácia, para o médico de um paciente necessitado e para o próprio paciente.
- ***Precisão*** – a imprecisão de uma mensagem transmitida a um potencial receptor da informação pode ocasionar dificuldades em sua compreensão e decodificação, alterando o valor da informação percebida. Da mesma forma, a inadequada seleção de canal de transmissão, pode modificar o valor da informação para o usuário.
- ***Propriedade*** – a mensagem deve ser codificada de forma a facilitar a percepção do receptor, por exemplo, informações sobre economia, transmitida em *economês*.
- ***Oportunidade*** – cada mensagem tem seu timing para ser decodificada; desta forma, o uso de um canal que permita esta condição é imprescindível. A mensagem sobre disponibilidade de assentos em uma aeronave fornecidas no momento da decolagem, por exemplo, tem quase nenhum valor para um potencial passageiro.
- ***Clareza*** – o emissor deve escolher uma mensagem que, além de precisa, deva ser clara, para permitir uma fácil decodificação por parte do usuário. Canais que possam interferir nesta clareza devem ser evitados.
- ***Flexibilidade*** – a flexibilidade de dados pode ser um fator de incremento ou decréscimo no valor da informação para potenciais usuários.
- ***Verificabilidade*** – ou ainda confiabilidade, está muito dirigida ao emissor e ao canal. A não credibilidade de um emissor pode, por exemplo, anular o valor de uma potencial informação. Da mesma forma, o uso de canal "homem", por falta de confiabilidade, pode também alterar o valor da informação.
- ***Preconcepção*** – a preconcepção embutida numa mensagem pode diminuir ou alterar o valor da informação, da mesma forma que o uso inadequado de um canal (humano, por exemplo) pode ocasionar o mesmo efeito.

- ***Quantificabilidade*** – alguns dados permitem uma quantificação do valor da informação. Na maioria dos casos, entretanto, esta quantificação torna-se impossível, tornando intangível o valor da informação.

Para uma melhor clareza dos conceitos enunciados, será apresentado um conjunto de gráficos, especulativos, que permita analisar as variações do Valor da Informação para um determinado usuário, em função da Qualidade do Sistema de Informação que lhe seja disponível, suas relações com os Custos, com as novas Tecnologias da Informação e com um Processo Educacional.

Quando é mencionada a condição de Qualidade do Sistema de Informação (nos gráficos sempre representada pelo eixo horizontal), esta encontra-se vinculada à qualidade da disponibilidade dos dados, por parte do emissor, no processo e na comunicação de dados; na qualidade da mensagem utilizada, com seus atributos (alguns dos quais descritos anteriormente) e na qualidade do canal, usado como via de acesso ao receptor usuário, também com seus atributos.

b. Valor da informação e a qualidade do sistema

Como foi visto, o Valor da Informação pode ser alterado em função da qualidade de atributos do emissor, da mensagem e do canal de um Sistema de Informação (caso consideremos que exista um potencial usuário do Sistema).

Construindo um gráfico, ainda que conceitual, onde o eixo vertical represente o Valor da Informação para um determinado usuário e o eixo horizontal, a Qualidade do Sistema colocado à sua disposição, teríamos uma curva semelhante a uma sigmóide, representativa da evolução do valor da informação para este mesmo receptor, em função dos incrementos na Qualidade do Sistema.

Para cada incremento da Qualidade do Sistema (Qx), pelas razões já expostas, referente ao atributo dos componentes do Sistema, haverá um correspondente aumento na percepção do receptor, representado por um incremento do Valor da Informação (Vx).

Existe, entretanto, um ponto na curva (Pmáx), de percepção máxima, além do qual o Valor da Informação, para este usuário, não terá mais nenhum incremento, ainda que a Qualidade do Sistema seja melhorado. Este ponto, além do qual o receptor não mais incrementa seu nível de percepção, está vinculado às suas características pessoais, psicológicas e educacionais do usuário e, conseqüentemente, elas não permitem uma otimização dos eventuais recursos utilizados para aumentar a Qualidade do Sistema.

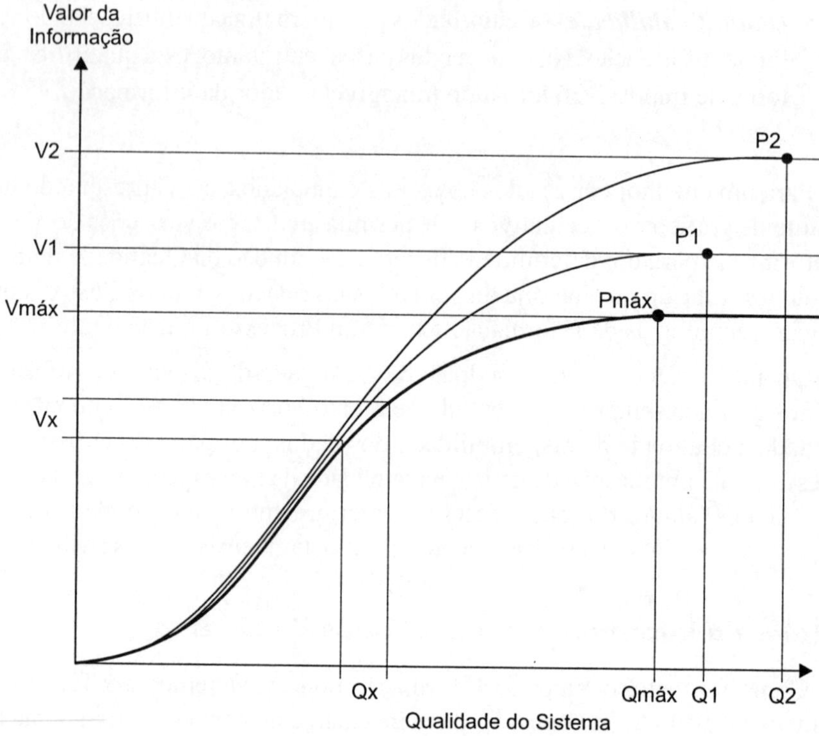

Fica evidente, no gráfico, que uma das formas para obter uma otimização dos investimentos feitos na Tecnologia da Informação seria canalizar investimentos paralelos na área educacional, para que os potenciais usuários, gerenciais ou profissionais, possam ampliar seu espectro de percepção e, com isto, deslocar seu ponto crítico de "competência", sucessivamente, para os pontos P1 e P2, que corresponderiam ao melhor uso do Sistema de Informação (Q1 e Q2 sucessivamente).

c. Custo e qualidade do sistema

Consideramos, no quadro anterior, que seja utilizada uma Tecnologia da Informação, disponível naquele momento para a disponibilização de um Sistema de Informação, para um potencial usuário.

Obviamente, quanto maior a Qualidade do Sistema, colocado à disposição deste potencial usuário, em termos de Emissor (Banco de Dados, por exemplo), Mensagem e Canal, maiores serão os Custos envolvidos.

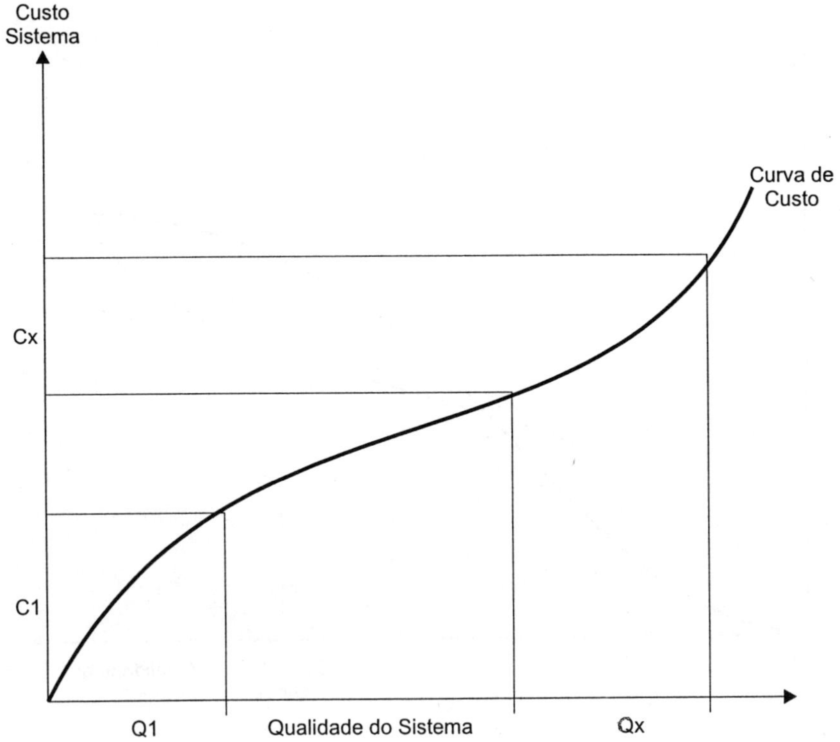

Construindo, agora, um novo gráfico, no qual o eixo vertical representasse o Custo, e o eixo horizontal mantivesse a mesma escala da Qualidade do Sistema usada no gráfico anterior, teríamos uma curva representativa dos Custos em função da Qualidade do Sistema de Informação, colocado à disposição daquele determinado usuário, ou seja, para cada incremento na Qualidade do Sistema (Qx), teremos um correspondente incremento de Custos (Cx).

d. Custo/benefício do sistema

Consideremos, no próximo gráfico, que a Tecnologia da Informação é a mesma utilizada no caso anteriormente descrito, e, portanto, oferecendo o mesmo referencial de Qualidade do Sistema de Informação, colocado à disposição para o mesmo potencial usuário do Sistema.

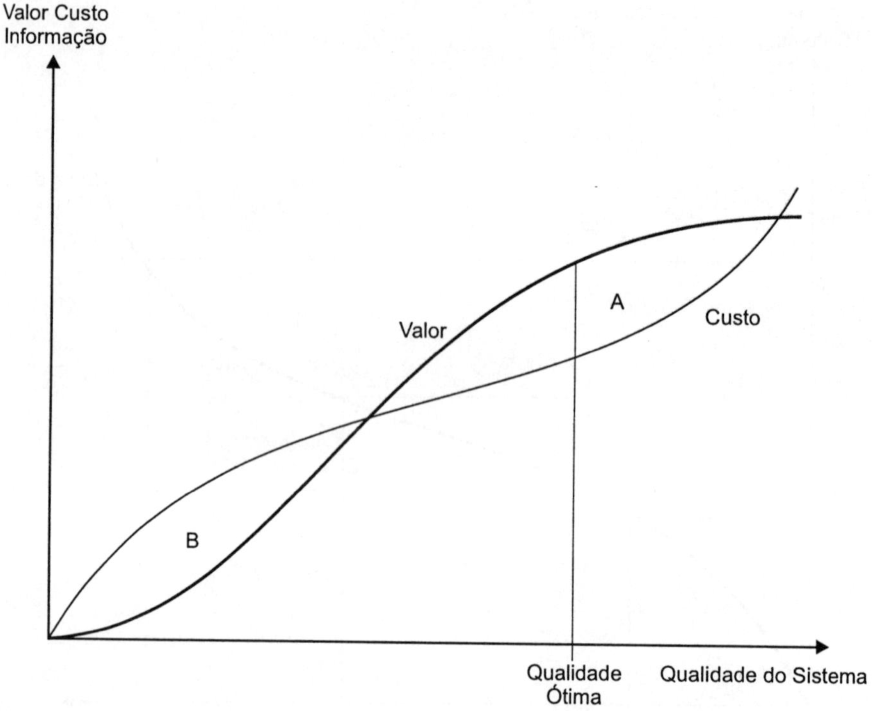

Representando no eixo vertical e, hipoteticamente, numa mesma escala numérica, tanto os Custos envolvidos nos incrementos de Qualidade para o Sistema de Informação a ser utilizado por um potencial usuário, como os Valores da Informação para o mesmo receptor; e no eixo horizontal a escala de incrementos de Qualidade do Sistema, obteríamos duas curvas superpostas representativas do Valor da Informação e do Custo do Sistema.

As intersecções destas duas curvas determinariam duas áreas: a área **A** representaria a zona de Custo/Benefício positivo, onde existiria um ponto de Custo/Benefício ótimo (determinado pelas tangentes às curvas Valor e Custo), correspondentes a uma Qualidade do Sistema de Informação, também ótima; enquanto a área **B** representaria o Custo/Benefício negativo.

e. Custo de nova tecnologia

Considerando, no gráfico, as mesmas escalas de Custo no eixo vertical, e Qualidade do Sistema de Informação, para um mesmo usuário, no eixo das

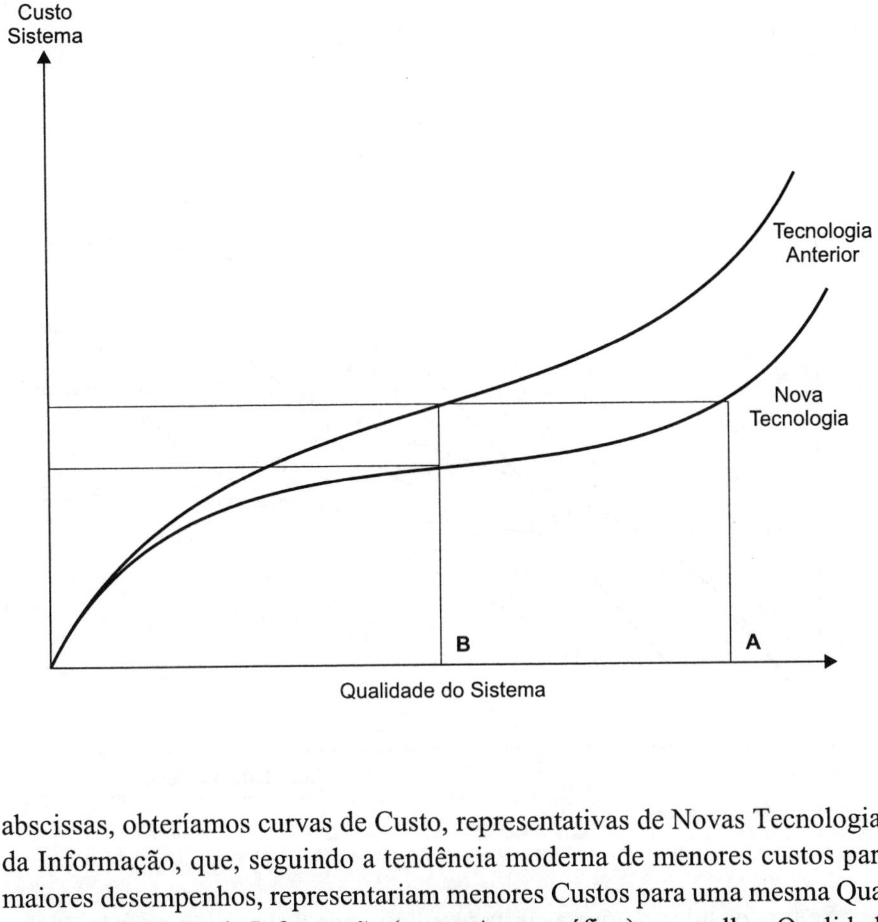

abscissas, obteríamos curvas de Custo, representativas de Novas Tecnologias da Informação, que, seguindo a tendência moderna de menores custos para maiores desempenhos, representariam menores Custos para uma mesma Qualidade do Sistema de Informação (ponto **A**, no gráfico), ou melhor Qualidade para o mesmo Custo (ponto **B**).

f. Valor da informação e novas tecnologias

Consideremos, no gráfico a seguir, as mesmas escalas já utilizadas para Custos e Valor da Informação para um determinado usuário potencial (no eixo vertical) e de Qualidade do Sistema de Informação (no eixo horizontal).

A área **A**, compreendida pela curva de Valor da Informação (Valor 1), com a curva de Custos (Custos 1), conforme já analisado em gráfico anterior, representaria o Custo/Benefício, resultado do uso de uma determinada Tecnologia da Informação.

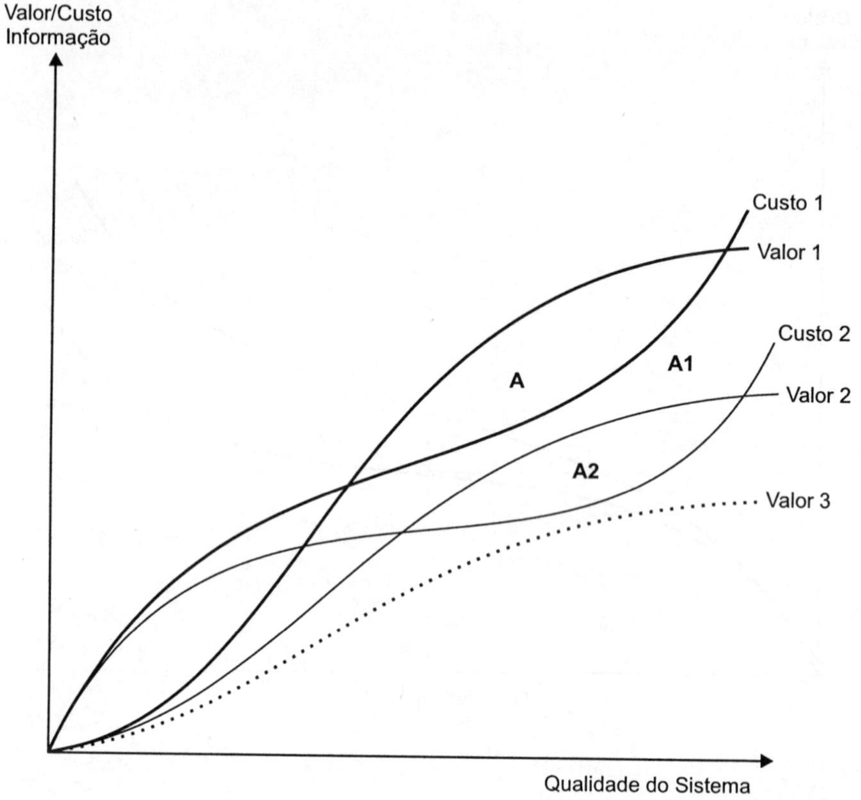

Se for considerado que a curva representativa da variação de valor da informação (Valor 1) não seja alterada por nenhuma modificação no grau de "percepção" do usuário, quando fosse utilizada uma Nova Tecnologia de Informação, cujo custo seja representado pela curva Custo 2, seria, então, obtida uma outra área **A1** de Custo/Benefício, delimitada pelas curvas Valor 1 e Custo 2. Esta corresponderia a um incremento na Qualidade do Sistema de Informação para aquele usuário.

Acontece que, na realidade, a curva representativa da variação do Valor da Informação (Valor 1), para um determinado usuário, não se mantém constante ao longo do tempo. Isso porque, com a crescente complexidade do meio social, político e econômico, com o qual o dirigente tem que interagir, torna-se cada vez menor seu grau de percepção desta nova "realidade", fazendo com que sua curva representativa de Valor da Informação decresça (Valor 2) e a área Custo/Benefício passe a ser A2, delimitada pelas curvas Valor 2 e Custo 2. Com isso, neutraliza-se a parte das vantagens oferecidas pela Nova Tecnologia da Informação.

Mais dramática pode ser aquela situação em que o dirigente reduza, de tal forma, seu grau de percepção da nova realidade que a sua curva de Valor da Informação passe a ser Valor 3 (pontilhada, no gráfico), não conseguindo mais intersecção com as curvas de Custos, para novas Tecnologias da Informação.

Infelizmente, este último caso já é uma realidade, principalmente, nos níveis hierárquicos mais altos das instituições, onde é exigido de seus dirigentes uma maior interação com o meio externo, ambíguo, mutável e altamente probabilístico.

g. Valor da informação e educação

A conclusão óbvia desta análise gráfica é que, paralelamente aos investimentos que sejam feitos para a melhoria da Qualidade de Sistemas de Informação, para quaisquer potenciais usuários, devem ser feitos investimentos na área educacional. O intuito é que estes mesmos receptores usuários aumentem seu grau de percepção e possam tirar vantagem das inovações tecnológicas em termos de desempenho e de custos.

Voltando à comparação com um exemplo aeronáutico: os investimentos feitos em um painel de comando de uma aeronave complexa, moderna, onde se encontra a grande maioria de dados necessários para as decisões, ações, previsões e controles a serem exercidos no comando da mesma, estariam perdidos se, paralelamente, não fossem desenvolvidos eventos educacionais que permitissem criar uma capacitação gerencial (nível comandante) capaz de perceber como informações todos estes dados.

Nos níveis gerenciais superiores, onde a situação é bem mais dramática, por motivos já expostos, esta ênfase na reformulação do perfil gerencial é essencial, não sob o aspecto do conhecimento da tecnologia em si, irrelevante a este nível, mas com relação a uma nova postura face à complexidade dos problemas de ambiente externo e interno. Da mesma forma como é fundamental que haja uma conscientização, por parte do executivo, de seu verdadeiro papel, em seu nível de processo decisório dentro da instituição que dirige.

2. Classe de Dados

A qualidade do sistema de informação, posto à disposição deste mesmo dirigente, por outro lado, depende, essencialmente, da disponibilidade, do *timing*, da acessibilidade e de outros atributos dos dados básicos, que, de acordo com suas origens e com o grau de importância, e nível gerencial usuário, irão constituir as Classes de Dados do Sistema de Informação.

O uso da Tecnologia da Informação no Sistema de Informação, conseqüentemente, pressupõe sua prévia identificação e configuração da Classe de Dados, passando esta Tecnologia a ser apenas uma ferramenta tecnológica que incrementa a qualidade do Sistema, por uma melhor acessibilidade, rapidez, confiabilidade e possibilidade de intercomunicação, através de mensagens e de canais eletrônicos.

Deve ficar bem claro que a informatização de Procedimentos pode ser uma excelente fonte de dados para o Sistema de Informação, mas considerar procedimentos informatizados como sinônimo de Sistema de Informação constitui erro conceitual, com graves conseqüências, principalmente para o nível corporativo.

5

Exemplos

A. Empresa de Energia Elétrica

A1. Introdução

1. *Marketing* da Empresa de Energia Elétrica

As empresas de Energia Elétrica, da mesma forma que outras empresas de serviços públicos brasileiras, originaram-se, historicamente, quando o Estado começou a assumir tarefas na indústria, no comércio ou nos transportes. Além de atender a um interesse social, passou a necessitar de mecanismos de eficiência, racionalidade e flexibilidade, características típicas das empresas privadas.

As empresas assim formadas resultaram de uma combinação de características, interesses e métodos públicos e privados, de objetivos sociais e comerciais combinados. Conseqüentemente, deviam, através da alocação de recursos às suas atividades, satisfazer ao menos dois públicos distintos: clientes e governo.

Dentro dessas circunstâncias, se de um lado a essência de *marketing* é conquistar e manter clientes ou consumidores, numa relação de troca otimizada, na área pública, na maior parte das vezes, os clientes ou consumidores são cativos por uma imposição monopolística. E, com isso, as funções de *marketing* passam a ser omissas ou, na melhor das hipóteses, negligenciadas.

Entretanto, esta situação de menosprezo às ferramentas de *marketing* vai, paulatinamente, desaparecendo à medida que cresce o clamor da sociedade contra o monopólio de algumas áreas dos serviços públicos. Isso torna indispensável que as empresas adotem conceitos de *marketing*, mesmo como salvaguarda do próprio interesse da estatal.

O monopólio, sem eficácia operacional e administrativa, já não é mais a falácia dos nacionalistas inflamados. A nação ainda tolera a estatização reinante em nossa economia, mas não mais à custa de recursos públicos mal administrados. Em outras palavras, as empresas de serviços públicos, e entre elas as empresas de Energia Elétrica, precisam, agora, passar a "vender a idéia de sua razão de ser" e demonstrar sua competência através de uma eficiente prestação de serviço.

Além disso, diferentemente do setor privado, cujas empresas podem concentrar-se nos segmentos de mercado que ofereçam maior atratividade como negócio, os serviços públicos têm como objetivo básico proporcionar um atendimento geral e abrangente; os segmentos de mercado não-lucrativos devem ser atendidos, da mesma forma que os lucrativos, e os critérios norteadores das diversas estratégias estão mais relacionadas a objetivos sociais, macroeconômicos ou políticos do que, necessariamente, às metas de lucratividade.

Como conseqüência, os objetivos das empresas de serviços públicos, acabam se concentrando nas necessidades sociais, em prejuízo das atividades que poderiam proporcionar um crescimento de mercado com base na diversificação de serviços.

2. Classificação das Empresas de Energia Elétrica

Com a finalidade de dar maior objetividade à definição da Missão de uma empresa ou *holding*, estamos propondo, tentativamente, uma classificação das empresas de energia elétrica, segundo alguns critérios:

a. Quanto à identificação do core *business*

Quanto ao conceito de orientação da Missão, a empresa de Energia Elétrica pode ser classificada como:

- ***orientada à prestação de serviços*** – aqui, a Missão, prioritariamente, é dirigida ao atendimento aos segmentos de seu mercado consumidor de energia, segundo seu perfil de necessidades, expectativas e prioridades;
- ***orientada à produção e à operação*** – nesse sentido, a missão é, prioritariamente, o aproveitamento dos recursos energéticos em sua área de

concessão e otimização da operação do sistema elétrico em geração, transmissão e distribuição.

b. Quanto à natureza dos serviços

Quanto à natureza dos serviços que prestam ao seu mercado consumidor, as empresas podem ser classificadas em:

- ***energia elétrica*** – empresa missão consiste, prioritariamente, na entrega de energia elétrica ao seu mercado consumidor, que pode ter predominância na Geração;
- ***hidroelétrica*** – empresa de energia elétrica que, para a consecução de sua Missão, aproveita a energia potencial de recursos hídricos, disponíveis no ecossistema;
- ***termoelétrica*** – empresa de energia elétrica que, para a consecução de sua Missão, aproveita a energia potencial, originada pela transformação de energia calorífica de combustíveis fósseis, extraídos do ecossistema ou adquirido de terceiros;
- ***nuclear*** – empresa de energia elétrica que, para a consecução de sua Missão, aproveita energia potencial, originada pela transformação da energia nuclear;
- ***energética*** – empresa cuja Missão, prioritariamente, é a entrega de qualquer outra forma alternativa de energia ao seu mercado consumidor, a fim de atender a seu perfil de necessidades, expectativas e prioridades.

c. Quanto aos macroprocessos de energia elétrica

Quanto aos macroprocessos que podem constituir o Sistema Empresa de Energia Elétrica, pode-se classificar a empresa como:

- ***geradora*** – empresa que, para a consecução de sua Missão, dedica-se, prioritariamente, à geração de Energia Elétrica (por exemplo: usinas de empresas independentes);
- ***geradora e transmissora*** – empresa que, para a consecução de sua Missão, dedica-se, prioritariamente, à geração e à transmissão de Energia Elétrica (por exemplo: Furnas);

- ***transmissora*** – empresa dedicada, prioritariamente, à transmissão de energia elétrica (por exemplo: Sintrel, como embrião);
- ***distribuidora*** – empresa dedicada, prioritariamente, à distribuição de energia elétrica (por exemplo: Light, Eletropaulo, CPFL etc.).
- ***geradora, transmissora e distribuidora*** – empresa dedicada à geração, transmissão e distribuição de energia elétrica (por exemplo: Cemig, Cesp, Copel etc.);
- ***comercialzadora*** – empresa dedicada à compra e venda de Energia Elétrica.

Além disso, na reestruturação operacional do setor elétrico, foi criado o Mercado Atacadista de Energia – MAE e a Operadora Nacional do Sistema Elétrico – ONS.

d. Empresas *holding*

As empresas, tipo *holding,* podem ser classificadas, segundo sua orientação empresarial, como:

- ***financeira*** – empresa que, prioritariamente, tem por Missão gerar, e/ou avalizar, e/ou repassar, e/ou controlar recursos financeiros para suas empresas subsidiárias, associadas ou controladas, sem exercer ingerência gerencial sobre as mesmas;
- ***operacional*** – empresa que, prioritariamente, tem por Missão otimizar o aproveitamento de recursos energéticos regionais ou nacionais, coordenar e monitorar a operação de sistemas elétricos regionais ou nacionais, sem exercer ingerência gerencial sobre as empresas participantes do sistema *holding* (por exemplo: CNOS/Eletrobrás);
- ***gerencial*** – empresa que, prioritariamente, tem por Missão exercer ingerência gerencial sobre as empresas participantes do sistema *holding.*

A2. Sistema de Energia Elétrica

1. Definição do Sistema de Energia Elétrica

Um Sistema de Energia Elétrica pode ser definido como aquele Sistema cujo objetivo é transformar qualquer tipo de energia potencial, disponível no ecossistema (em determinada quantidade, qualidade, tempo, custo, local geográfico e com implicações sociais, ambientais ou ecológicas), em energia elétrica (em quantidade, qualidade, tempo, tarifa, local geográfico e determinada satisfação de um consumidor final), a fim de atender um mercado consumidor desta energia.

2. Processos de um Sistema de Energia Elétrica

O Sistema de Energia Elétrica pode ser dividido em quatro Macroprocessos no que se refere à sua atividade fim ou a seu *core business* conforme mostrado a seguir.

- ***Processo de Geração*** – transforma a energia potencial, disponível no ecossistema (em quantidade, qualidade, tempo, custo, local geográfico e com implicações sociais, ambientais e ecológicas), em energia elétrica, colocando-a à disposição do Processo Transportador.
- ***Processo Transportador (Transmissão)*** – transporta a energia elétrica de um local geográfico A para um local B (em quantidade, qualidade, tempo e com implicações sociais, ambientais e ecológicas), entregando-a ao Processo de Distribuição.
- ***Processo de Distribuição*** – distribui a energia ao consumidor final (em quantidade, qualidade, tempo e local, mantendo um determinado grau de satisfação do consumidor).
- ***Processo de Comercialização*** –comercializa a energia em quantidade, qualidade, tempo e local, mantendo um adequado grau de satisfação do consumidor.

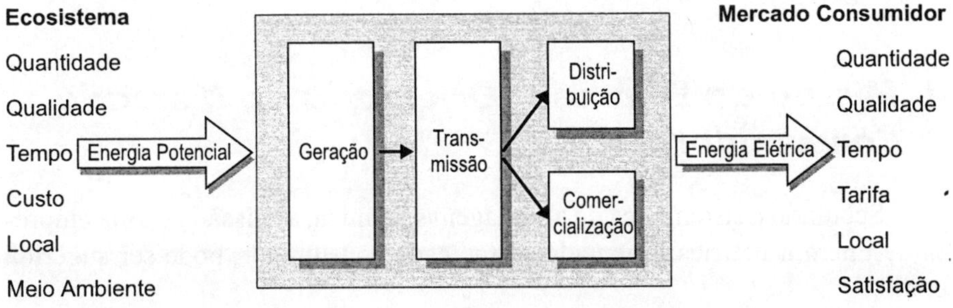

Estes quatro macroprocessos, que se encontram representados no gráfico anterior, demonstram as fases de transformação da energia potencial, a partir do ecossistema, ao transporte da energia e sua distribuição nos locais de consumo, atendendo sempre às prioridades dos atributos quantitativos, qualitativos, temporais, financeiros, geográficos, sociais, ecológicos ou ambientais, que foram determinados pelos segmentos de mercado consumidor.

3. Sistemas Gerenciais de uma Empresa de Energia Elétrica

Os Sistemas Gerenciais, relativos à atividade-fim do Sistema de Energia Elétrica correspondem aos quatro macroprocessos, interdependentes, que constituem o Sistema de Energia Elétrica., Devem ser gerenciados em termos de Decisões, Ações, Previsões e Controles, exercidos segundo Políticas e Procedimentos, predeterminados. Abaixo, relacionamos esses sistemas.

- Sistema Gerencial da Geração.
- Sistema Gerencial da Transmissão.
- Sistema Gerencial da Distribuição.
- Sistema Gerencial de Comercialização.

O desempenho destes Sistemas Gerenciais está vinculado ao nível de desempenho – Eficácia – da empresa e, obviamente, existirão os Sistemas Gerenciais relativos ao uso dos recursos necessários para a consecução da Missão da instituição, vinculados, portanto, ao nível de medida da Eficiência. São eles: Sistemas Gerencial de Recursos Financeiros, Humanos, Materiais, Tecnológicos, Organizacionais e outros.

4. Missão da Empresa (Orientada ao Mercado Consumidor)

Seguindo a sistemática de abordagem sistêmica, a Missão de uma empresa de Energia Elétrica, orientada ao mercado consumidor, pode ser sugerida como:

"Atender, em suas necessidades, expectativas e prioridades, seus segmentos de mercado consumidor (limitado ou não pelo poder concedente), através de serviço de fornecimento de energia elétrica, em termos de quantidade, qualidade, continuidade, local, tarifa justa, gerando, transmitindo e distribuindo energia elétrica, a partir de energia potencial (hídrica, eólica, calorífica de combustíveis fósseis etc.), de fornecedores ou existente no ecossistema nacional, sem prejuízos ambientais, ecológicos ou sociais e utilizando, com eficiência, os recursos financeiros, materiais, humanos, tecnológicos e outros, que lhes forem colocados à disposição".

Uma vez sendo explicitada a Missão da Empresa, como orientada ao Mercado Consumidor, torna-se óbvia a existência de um Sistema, com seus Processos e Sistemas Gerenciais que façam o *interface* do Sistema Elétrico e de seus Sistemas de Recursos com o mercado consumidor (como o exemplo abaixo).

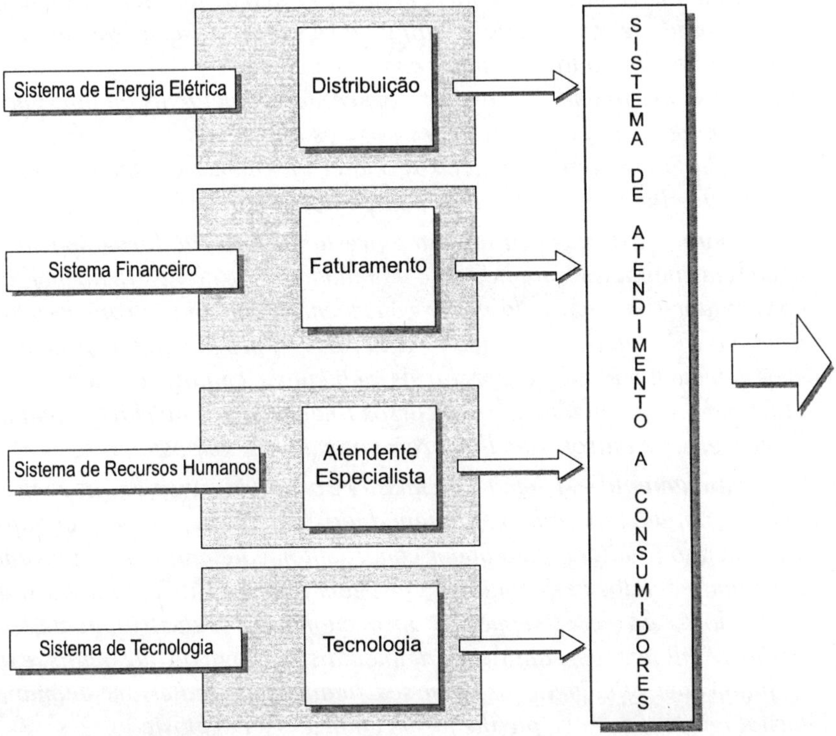

Nesse contexto, quando nos referimos a uma empresa orientada ao mercado, dirigimos a prioridade dos Processos, dos Sistemas Gerenciais e dos correspondentes Sistemas de Informação ao atendimento das necessidades e das expectativas dos consumidores, em suas particularidades e prioridades, determinadas por cada segmento de mercado.

Estas necessidades e expectativas, com suas prioridades, não se referem apenas ao Sistema de suprimento de energia elétrica, mas também a outros Sistemas, como: Financeiro (pagamentos, emissão de contas, ligações e cortes), Recursos Humanos (tratamento de atendentes ao público), Recursos Tecnológicos (uso de Tecnologia da Voz) etc.

5. Exemplo de Missão de outras Empresas de Utilidade Pública

Como referência, explicitamos, a seguir, algumas sugestões quanto às missões de outras empresas que prestam serviços de utilidade pública.

> ***Gás** – sistema cuja missão é prestar serviço de fornecimento de gás (em quantidade, qualidade, continuidade, à tarifa justa), ao mercado consumidor (limitado pelo poder concedente), coletando. transportando, tratando e distribuindo, a partir de fornecedores nacionais ou internacionais, sem prejuízos ambientais, ecológicos ou sociais, e utilizando, com eficiência, os recursos financeiros, materiais, humanos, tecnológicos e outros, que lhe forem colocados à disposição.*
>
> ***Água** – sistema cuja missão é prestar serviço de fornecimento de água (em quantidade, qualidade, continuidade, à tarifa justa), ao mercado consumidor (limitado pelo poder concedente), captando, transportando, tratando e distribuindo a água, a partir de recursos hídricos existentes no ecossistema nacional, sem prejuízos ambientais, ecológicos ou sociais, e utilizando, com eficiência, os recursos financeiros, materiais, humanos, tecnológicos e outros, que lhe forem colocados à disposição.*
>
> ***Saneamento** – sistema cuja missão é prestar serviço de saneamento (em quantidade, qualidade, continuidade, a tarifa justa), ao mercado a ser saneado (limitado pelo poder concedente), coletando, transportando e tratando dejetos residenciais/industriais e águas fluviais/pluviais, devolvendo-os ao ecossistema ou aproveitando-os industrialmente, sem prejuízos higiênicos, sanitários, ambientais, ecológicos ou sociais, e utilizando, com eficiência, os recursos financeiros, materiais, humanos, tecnológicos e outros, que lhe forem colocados à disposição.*

6. Exemplo de Sistema Gerencial de um Recurso

Para exemplificar a determinação de um Sistema Gerencial de Recursos (nível Eficiência), consideramos a necessidade de análise de um **Sistema Gerencial de Manutenção** e seu correspondente Sistema de Informações.

a. Análise do sistema de energia elétrica

Este é o Sistema responsável pela definição das **prioridades** dos atributos quantitativos, qualitativos, temporais, financeiros e geográficos para a prestação de serviços de fornecimento de energia elétrica.

Será em função destas prioridades que todas as prioridades dos Sistemas de Recursos, usados para a consecução da Missão *core business* da empresa, deverão ser analisadas.

b. Análise do sistema de recursos materiais (*Material System*)

Fazendo o Sistema de Manutenção parte de Sistema de Recursos Materiais, torna-se necessário analisar seus subsistemas:

- ***compras*** – subsistema que adquire os materiais ou serviços do mercado Fornecedor por tipo (em quantidade, na qualidade, no tempo, ao preço, no local e mantendo um determinado índice de satisfação do mercado fornecedor);
- ***alocação*** – subsistema recipiente e usuário do material ou do serviço adquirido;
- ***desativação*** – subsistema que desativa o material como material usado, sucata ou resíduo.

Todos estes Subsistemas possuem Processos que envolvem os atributos já enunciados (quantitativo, qualitativo, temporal, financeiro, geográfico e de satisfação).

O gerenciamento destes Processos, agrupados ou não, através de Decisões, Ações, Previsões e Controles, de acordo com Políticas e Procedimentos, constituem os Sistemas Gerenciais do Sistema de Recursos Materiais, que são, obviamente, exercidos desde os primeiros Processos:

a) no ***Subsistema de Compras*** – aquisição, pesquisa de fornecedores, especificação de materiais e serviços, preparação de editais, licitação, julgamento, compra etc.;

b) no ***Subsistema de Alocação*** – entrega e uso do material ou do serviço solicitado;

c) no ***Subsistema de Desativação*** – venda e entrega de material usado ou sucata a compradores específicos; e entrega de resíduos ao meio ambiente.

c. Análise do subsistema de manutenção

O Subsistema de Manutenção, como parte do Sistema de Recursos Materiais, deve possuir os Processos necessários para manter os materiais adquiridos ou serviços prestados, por tipo de material ou serviço, desde sua aquisição até sua desativação ou consumo final. Isso deve ser feito nas quantidades requeridas e dentro dos padrões de qualidade, de tempo e de custo, atendendo, rigorosamente, às prioridades dos atributos, definidos no Sistema Elétrico, para sua consecução como dos atributos definidos no compromisso com os segmentos do mercado consumidor.

As decisões, as ações, as previsões e os controles que devem ser exercidos para o gerenciamento desses Processos, em suas prioridades, e segundo as políticas e os procedimentos estabelecidos pela empresa ou pelos fornecedores, irão constituir os Sistemas Gerenciais de Manutenção de Material ou Serviços.

Se na Missão da empresa, por exemplo, estiver explicitado, como prioritário, o compromisso, com o mercado consumidor, de continuidade de serviços de fornecimento de energia elétrica, no tempo, em quantidade e qualidade, os Processos, o Sistema Gerencial de Manutenção de Eixos de Turbinas e seu correspondente Sistema de Informação Gerencial devem atender, rigorosamente, a estes quesitos em detrimento, eventualmente, da prioridade dada ao atributo financeiro.

d. Interdependência com outros sistemas

O Subsistema de Manutenção, dado como exemplo, como quaisquer outros, mantém uma estreita interdependência, não só com outros subsistemas do Sistema de Recursos Materiais, como com os Sistemas de Recursos Financeiros, Humanos, Tecnológicos etc.

B. Sistemas Gerenciais de uma *Holding*

B1. Sistemas Gerenciais

Enumeramos, abaixo, apenas como exemplificação, alguns dos Sistemas Gerenciais que poderiam ser considerados no nível de uma *holding*.

- Corporativo.
- Novos Negócios.
- Jurídico.
- Financeiro.
- Seguros.
- Sistema de Controle Econômico-financeiro.
- Compras Não Produtivas.
- Recursos Humanos.
- Planejamento Corporativo.
- Informático.
- Organização e Métodos.
- Auditoria.
- Segurança.
- Serviços Operacionais.

Dentre os Sistemas Gerenciais enumerados acima, foram selecionados apenas três (Sistema Gerencial Financeiro, Recursos Humanos e Planejamento), para fins de exemplo no processo de identificação dos Subsistemas Gerenciais correspondentes.

1. Sistema Gerencial Financeiro

Podem ser considerados, também para efeito de exemplificação, como parte do Sistema Gerencial Financeiro, os Subsistemas abaixo relacionados.

- Outros Recebimentos.
- Aplicação/Receitas Financeiras.
- Dividendos.
- Pagamentos a Fornecedores – Aplicações Financeiras.
- Salários.
- ICM/ISS e outros Impostos.
- Investimentos.
- Venda de Mercadorias ou Prestação de Serviços.
- Recolhimento.
- Empréstimos.
- Aumento de Capital.
- Propaganda.
- Aluguel.
- Empréstimos/Despesas Financeiras.
- Outros Pagamentos.
- Operação de Caixa.

2. *Sistema Gerencial de Recursos Humanos*

Podem ser considerados, também para fins de exemplificação, como parte do Sistema Gerencial de Recursos Humanos, os Subsistemas Gerenciais a seguir elencados.

- Planejamento de Recursos Humanos (Parte do Planejamento Global da Corporação).
- Recrutamento e Seleção.
- Promoções e Transferências.
- Administração de Pessoal.
- Treinamento Operacional.
- Plano de Carreira e Desenvolvimento.
- Avaliação de Desempenho.
- Relações Trabalhistas.

- Relações Sindicais.
- Segurança e Higiene do Trabalho.
- Administração de Salários e Benefícios.
- Administração & Desenvolvimento de Executivos.
- Contencioso Trabalhista.
- Salários.

3. *Sistema Gerencial de Planejamento*

Podem ser considerados, também para fins de exemplificação e como parte do Sistema Gerencial de Planejamento, os Subsistemas abaixo relacionados.

- Planejamento Corporativo.
- *Guidelines* para o Planejamento Operacional.
- Apoio ao Planejamento.
- Acompanhamento ao Processo de Planejamento Operacional.

B2. Definição de um Sistema de Recursos Humanos

Para exemplificação será considerado o nível *holding* de um Grupo ou o nível hierárquico Corporativo de um Sistema de Recursos Humanos e dentro deste um Subsistema de Recrutamento e Seleção.

O problema passaria a ser, portanto, a definição da Classe de Dados, necessária para a estruturação de um Sistema de Informação Gerencial, para o gerenciamento do Subsistema de Recrutamento e Seleção, componente do Sistema Gerencial de Recursos Humanos.

Para isso, seriam necessárias as seguintes etapas:

1. *Definições*

a. Sistema gerencial de recursos humanos

É aquele que abrange as Decisões, as Ações, as Previsões, os Controles, os Procedimentos e as Políticas, necessárias para gerenciar, com eficiência, os

Recursos Humanos, em termos de quantidade, qualidade, salário, tempo e local, para atender à demanda do Grupo e assegurar um nível motivacional adequado às expectativas individuais.

b. Subsistema gerencial de recrutamento e seleção

É um Subsistema Gerencial pertencente ao Sistema Gerencial de Recursos Humanos, compreendendo Decisões, Ações, Previsões, Controles, Procedimentos, Políticas e Informações, com o objetivo de atrair e selecionar Recursos Humanos, do mercado de trabalho e colocá- los nas empresas do Grupo.

2. *Análise da Desconcentração Gerencial da "Holding"*

Para o caso do Subsistema Gerencial de Recrutamento e Seleção e partindo do pressuposto de que a "Desconcentração Gerencial", em direção às empresas do Grupo, é parte da Missão da *holding*, o processo de delegação, para este Subsistema, deveria ser analisado, em termos de:

- ***decisões*** *– que nível (holding ou empresa) decide o recrutamento e seleção?*
- ***ações*** *– que nível executa o processo de recrutamento e seleção?*
- ***previsões*** *– que nível ("holding" ou empresa) prevê e planeja o recrutamento e a seleção?*
- ***controles*** *– que níveis de controle competem à "holding" e quais às empresas, com respeito ao recrutamento e a Seleção?*
- ***políticas e procedimentos*** *– quais as Políticas e Procedimentos, determinados pela "holding", deveriam ser seguidos?*

Além disso, para cada um dos itens acima devem ser considerados os atributos:

- quantitativos (quantidades a serem recrutadas);
- qualitativos (capacitação ao cargo);
- temporais (época de recrutamento);

- financeiros (salários a serem oferecidos);
- geográficos (locais onde serão alocados); e
- psicossociais (motivação e imagem de empregador).

Assim, as ***Decisões*** precisam ser analisadas, segundo os atributos acima, para que sejam definidos os níveis de decisão (*holding* ou unidade operacional), em relação à:

- quantidade de Recursos Humanos a ser recrutado;
- qualificação necessária;
- época de recrutamento e seleção;
- salário a ser oferecido;
- local de alocação do novo recurso;
- nível de motivação e satisfação a ser exigido.

Processo análogo deve ser seguido com relação às ***Ações, Previsões e Controles***, sempre segundo as ***Políticas*** e ***Procedimentos*** correspondentes.

3. Considerações sobre um Sistema de Informação

Somente após a análise, anteriormente realizada, é que poderão ser definidas as Classes de Dados que, por sua vez, constituirão a base para a estruturação do Sistema de Informação, para atender às necessidades informacionais do Subsistema Gerencial de Recrutamento e Seleção, no que se refere às decisões, ações, previsões, controles, procedimentos e políticas deste mesmo Subsistema.

Ainda que o Sistema de Informação Gerencial considerado, esteja em nível *holding"*, é, na maioria dos casos, indispensável uma análise similar a nível de empresas do Grupo.

- ***Controle*** Gerencial, por exemplo, é exercido pela avaliação do desvio ocorrido entre uma situação prevista (***Previsão***), versus uma situação realizada (***Ação***).

- A ***Ação***, normalmente, é exercida na operação das empresas, quando não a própria ***Previsão***. O ciclo informacional estará incompleto, portanto, se não for identificada, na unidade operacional, a fonte de Dados, referente à ***Ação***.

Além disso, devem ser estabelecidas as relações de interdependência entre os vários subsistemas, pois os Dados sobre salários oferecidos, por exemplo, terão impacto no Subsistema de Salários e Benefícios do Sistema de Recursos Humanos, no Subsistema de Pagamento de Salários de Sistema Financeiro e no Subsistema de Orçamento do Sistema de Controladoria (ou Controle Econômico-Financeiro).

C. Definição de um Sistema Gerencial de Compras

Como exemplificação da aplicação da sistemática, para análise de um Subsistema de Materiais, foi considerado um Sistema de Compras abrangente, isto é, que inclua a compra de matéria-prima, que irá atender ao nível Eficácia da missão, bem como a aquisição de materiais ou serviços diversos, para atender às solicitações dos vários subsistemas da empresa, em seu nível de Eficiência.

1. Sistema de Compras

Pode ser dividido em subsistemas

a. Subsistema de compras de matéria-prima

O Subsistema de Compras de Matéria-prima pode ser definido como um conjunto de Processos cujo objetivo é garantir o suprimento de matéria-prima ao Sistema Transformador (Fabricação), nas prioridades estabelecidas pela Missão (*core business*). Isso é feito em termos de quantidade, qualidade, tempo, custo, local, mantendo um nível de satisfação do sistema receptor (Fabricação), a partir da aquisição desta matéria-prima do Sistema Fornecedor de Matéria-prima no meio ambiente, garantindo os atributos quantitativos, qualitativos, temporais, financeiros, geográficos, determinados pelas prioridades estabelecidas pela Missão, mantendo um nível da satisfação do Sistema Fornecedor de matéria-prima.

Este Sistema de Compras é parte do Sistema *core business* e, portanto, tem relação direta com o nível Eficácia da empresa.

b. Subsistema de compras de materiais

Um Subsistema de Compras de Recursos Materiais (por exemplo, edificações, equipamentos, materiais de consumo, combustíveis, veículos, instalações industriais etc.) pode ser definido como um conjunto de processos cujo objetivo é garantir o suprimento de materiais e serviços ao Sistema de Materiais, em suas prioridades. Isso é feito em termos de quantidade, qualidade, tempo, custo, local e nível de satisfação dos Sistemas Locadores ou Consumidores de Material, para que os mesmos cumpram seus objetivos. Estes objetivos estão relacionados com a consecução da Missão da empresa a partir da aquisição deste material ou serviços, do Sistema Fornecedor, garantindo os atributos quantitativos, qualitativos, temporais, financeiros, geográficos, determinados pelas prioridades estabelecidas pelo Sistema de Material, mantendo um nível da satisfação do Sistema Fornecedor.

Este Subsistema de Compras é parte do Sistema de Material e, portanto, tem relação com o nível Eficiência da empresa.

O conjunto de processos cujo objetivo seja satisfazer os requerimentos dos Sistemas Recursos (Humanos, Financeiros, Tecnológicos etc.), alocados no Sistema de Compras para que o mesmo cumpra sua missão funcional, também faz parte do Sistema de Compras.

D. Os Bancos e a Tecnologia da Informação

D.1 O Sistema Financeiro

Analisamos, a seguir, uma instituição financeira sob o enfoque sistêmico e como a Informação financeira e o uso da tecnologia da informação podem afetar o *core business* da empresa.

1. Sistema Financeiro sob Enfoque Sistêmico

Baseado nos conceitos sistêmicos já abordados, é possível imaginar um Sistema Financeiro (de Investimento) cujo *core business* é prover o capital (como matéria-prima) para atender a uma demanda de financiamento a uma determinada área de aplicação econômica, a partir da captação deste capital em um mercado captador.

Este atendimento à aplicação e à captação, em termos de quantidade, tempo, custo e local, e grau de satisfação tanto do mercado de captação como do mercado de aplicação do investimento, é que irá definir o nível de Eficácia do sistema empresa financeira.

O Subsistema de Recursos Financeiros, por outro lado, irá prover os recursos necessários para a operação da instituição financeira, a partir do recebimento desses recursos (receitas de juros do capital investido ou emprestado, aumentos de capital, empréstimos etc.), para destiná-los aos pagamentos de ganhos (dividendos, reinvestimentos), aplicações financeiras e despesas operacionais (salários, aluguéis, juros de empréstimos, impostos etc.).

O grau de cumprimento da Missão do Subsistema de Recursos Financeiros, em termos qualitativos, temporais, financeiros e geográficos e níveis de satisfação, para cada um dos atributos, tanto de recebimentos como de pagamentos, definirá o nível de Eficiência do Sistema Financeiro.

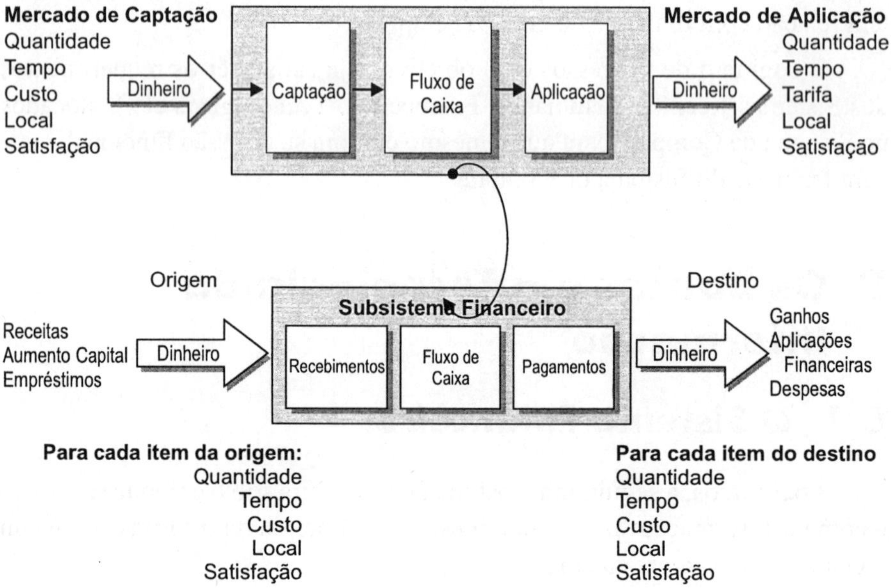

2. Os Bancos sob um Enfoque Informacional

Uma forma de se imaginar a operação bancária atual, em termos muito gerais, é considerá-la como um sistema através do qual não mais o dinheiro, mas uma "informação" financeira flui, ao longo do tempo, entre a entrada (*input*) e a saída (*output*) do sistema, constituindo o chamado *Information Float*. Operando criativamente e baseados neste conceito de *Information Float*, os bancos conseguiram, durante este século e o século passado aumentar consistente e progressivamente sua produtividade e rentabilidade.

No entanto, o *Information Float* está entrando em colapso nessa era da Revolução Informacional, em que há uma disponibilidade cada vez maior de informações e um número cada vez mais acessível de computadores no tocante às pessoas (PC's); aliam-se a tudo isso sofisticados sistemas integrados de telecomunicações e redes. Hoje, clientes de bancos podem, sem nenhum impedimento tecnológico, passar a usar o *Float* contra o próprio banco, permitindo, cada vez com maior freqüência, que as pessoas e as empresas precisem menos dos bancos para intermediar negócios.

Nesse contexto, esta Revolução Informacional pela qual passamos, com toda sua espetacular Tecnologia da Informação e das Telecomunicações, tende a tornar os Bancos tradicionais obsoletos. Nesse processo, o dinheiro e os sistemas que dele fazem uso, em função do "tempo", passaram a depender, de uma forma sem precedentes, da confiança pública (o atributo mais importante da informação), razão pela qual os economistas de hoje falam cada vez mais em "confiança" do consumidor, "psicologia" da inflação, "confiança" no mundo dos negócios, "clima" favorável aos investimentos etc.

Ou seja, a imagem de estabilidade e de credibilidade pública das instituições financeiras tornou-se fator essencial e condição indispensável em seus negócios e em seus objetivos econômicos. Tudo isso faz com que o dinheiro, em si, fique cada vez menos materialista e cada vez mais um símbolo da saúde institucional e da confiança no futuro, estreitamente vinculado à produtividade potencial destas mesmas instituições.

D2. A Imagem do Banco

Analisamos, a seguir, o impacto da mudança de enfoque negocial, em relação à atual atividade de venda de produtos financeiros *versus* a necessidade da prestação de serviço de informação financeira.

1. O Banco e sua Estrutura Organizacional

O Banco brasileiro, aliás como qualquer instituição financeira do mundo atual, depende, essencialmente, de prestador de serviço de ***informação*** financeira, da confiabilidade e credibilidade pública. Além disso, passa a ter como principal objetivo manter a sociedade, na qual atua e na qual deve estar inserido, convencida da importância de sua existência e de seus serviços.

Este é um objetivo árduo. Ao longo de um período inflacionário, que na realidade é origem de muitas deformações que afligem a sociedade, os bancos nacionais tiveram uma postura oposta, por uma deficiência de visão e direcionamento estratégico nos negócios.

Aproveitando as oportunidades que as circunstâncias ofereciam, desde o "milagre brasileiro", os bancos formaram grandes conglomerados, com proliferação de agências que operam com ouro, ações, seguros, títulos, opções e com uma vasta gama de "produtos". Estes muito mais dedicados à especulação inflacionária, já pejorativamente chamada de "ciranda financeira", do que ao apoio financeiro ao setor produtivo, gerador de riqueza do país.

Acontece que, no momento em que for, parcial ou totalmente, corrigida a inflação, os Bancos, já sem o apoio inercial dessa distorção econômica, terão sérias dificuldades em sustentar seus elevados custos operacionais. E, infelizmente, um dos componentes ponderável na composição e no incremento desses custos é, justamente, o uso da Tecnologia da Informação, aplicada, indiscriminadamente, nos ganhos, resultantes de um processo inflacionário que, na realidade, é uma disfunção econômica, cruel e anti-social, cujos impactos sociais são extremamente negativos.

Paralelamente a isso, com raras exceções, as instituições financeiras do país têm dado pouca atenção ao corpo social da empresa. Os funcionários, via de regra, são mal pagos e o pouco treinamento que recebem tem como objetivo apenas torná-los mais rentáveis, quando, na verdade, deveria visar à valorização pessoal e profissional de cada um deles.

Neste contexto, os Bancos, quando sentirem e se aperceberem do declínio de sua imagem institucional, aliado à gravidade dos problemas socioeconômicos que afligem este país, tenderão a dar uma orientação mais orientada à "adaptação", em prejuízo de um enfoque estrutural de "desenvolvimento". Estas adaptações, geralmente resultado de planos isolados, departamentalizados, originários de pressões ou solicitações circunstanciais, sem uma visão e direcionamento estratégico, tendem a se perder no tempo e no espaço ou criar uma imagem negativa no meio em que operam. As tarifas de serviços, cobrados pelos Bancos é um exemplo típico.

Modificar a estrutura organizacional, fechar agências, realocar pessoas ou, simplesmente, demiti-las são atitudes que podem ser tomadas com alguma facilidade e em prazos mais ou menos curtos, pois os encargos sociais decorrentes podem ser transferidos à sociedade. O que é muitíssimo mais difícil e complexo é tomar as "atitudes gerenciais adequadas" dentro da organização e desenvolver a mentalidade de "desenvolvimento", através de uma nova postura executiva.

2. Uma Nova Postura do Executivo do Banco

Devido a esse impacto da tecnologia sobre o "tempo" do *information float*, uma mudança na filosofia de atuação dos negócios, bem como uma nova postura do Banco e de seus dirigentes, estrategicamente, se impõe.

A orientação à venda de produtos financeiros deverá dar lugar à ênfase para a satisfação de um público-alvo, individualizado e personalizado em seu perfil de necessidades, pela prestação de um *serviço de informação financeira*. Serviço esse prestado através de uma atuação sistêmica de todas as áreas da instituição, bem como dos produtos ofertados, num conceito moderno de negócios, mais orientado a *marketing* de serviços.

O investimento em formação e consolidação de imagem de Credibilidade Pública, condição essencial para qualquer negócio baseado em informação, fará com que os Bancos vejam-se obrigados a desempenhar um papel cada vez mais relevante no desenvolvimento do país. Conseqüentemente, essa interação intercultural e transcultural tenderá a tornar-se mais freqüente e, dessa forma, serão também maiores as possibilidades de conflitos e seus impactos negativos sobre sua imagem.

Este, em particular, traz nitidamente à baila uma responsabilidade adicional do grupo executivo, a de buscar estruturas de organização e estilos de gerência apropriados, conhecimentos – conceituais e contextuais –, habilidades e atitudes gerenciais. O objetivo é obter não só um rápido crescimento, mas também um desenvolvimento de suas organizações, para melhor adaptar-se a essas novas condições de meio.

Este desafio envolve, em outras palavras, selecionar, das tecnologias gerenciais e dos modelos de desenvolvimento organizacional bem-sucedidos, aqueles que forem mais adequados para o estágio técnico-econômico da organização, dentro do contexto brasileiro e, ao mesmo tempo, aqueles mais relevantes para o *ethos* cultural do Banco, mas sempre visto, também, como parte integrante da sociedade local.

3. Resumo

Em relação ao que foi dito sobre o Sistema Financeiro, resumimos abaixo os pontos mais relevantes.

- O elemento principal do negócio do Banco – o dinheiro –, que hoje é quase apenas um símbolo, foi substituído pela informação financeira, fazendo-os, com isso, dependentes, de uma maneira surpreendente, da imagem de confiança e de credibilidade pública.
- Os Bancos têm tentado gerar seus lucros, quase que exclusivamente, através da "venda" de "produtos", baseados numa disfunção econômica – a inflação – de caráter nitidamente anti-social. A conseqüência deste enfoque, tem sido justamente o oposto daquilo que era esperado, pois gera uma imagem pública desfavorável junto à sociedade.
- Estas instituições tendem, prioritariamente, a se organizar em estruturas, imediatistas, de "crescimento", aproveitando as circunstâncias favoráveis que o ambiente inflacionário oferecia e permitia, para otimizar seus lucros, colocando em segundo plano qualquer estrutura estratégica de "desenvolvimento".
- Os executivos dos Bancos, como conseqüência, tendem a dar um enfoque gerencial analítico, cartesiano, ocupando-se mais da eficiência divisional ou de recursos financeiros, em prejuízo da eficácia do sistema como um todo e dos serviços que a sociedade brasileira esperava de suas instituições.
- Além disso, dedicaram-se, enfaticamente, à obtenção do lucro como objetivo principal do negócio e se esqueceram dos intercâmbios "informacionais" com a sociedade.
- De uma maneira geral, consideraram seu corpo social como um componente adicional para consecução de seus objetivos operacionais de lucro, mas pouco atenderam às aspirações pessoais e profissionais deste mesmo corpo social, legitimando uma ideologia institucional própria.
- Sem falar que deram pouca ênfase à fixação de uma visão e de um direcionamento estratégico para o Sistema Financeiro futuro, concentrando o esforço de Planejamento mais ao nível operacional e divisional.

- A informação foi tratada como componente complementar para obtenção do lucro e, com este propósito, os investimentos foram concentrados na área da Tecnologia da Informação.
- Devido ao impacto da Tecnologia da Informação e das Telecomunicações, os Bancos deverão, estrategicamente, mudar o conceito de negócio de *orientado para vendas de produtos financeiros* para *orientado para marketing de Serviço de Informação Financeira.* Conseqüentemente, devem investir em imagem de Credibilidade Pública, através de maior interação informacional com a sociedade e através de esforço concentrado em qualificação e satisfação de seu próprio corpo social.

E. Aplicação no Sistema Varejo

No subtítulo ***Enfoque Sistêmico – a Empresa como Sistema***, foi dado exemplo de uma empresa Varejo hipotética, vista sob o enfoque sistêmico. Aqui, faremos uma análise mais detalhada deste tipo de empresa, partindo de um processo de desconcentração gerencial.

E1. Uma Metodologia

O autor desenvolveu metodologia para a definição do grau de "desconcentração gerencial", com a clara identificação das responsabilidades gerenciais, desde o Conselho Corporativo (nível acionista) ou *holding*, até os níveis operacionais da empresa ou empresas constituintes do Grupo.

A metodologia obedece a uma seqüência de atividades que são resumidas a seguir.

- Entendimento e definição clara da Missão das Empresas do Grupo e do Conselho Corporativo (incluindo grupos de acionistas ou sócios), no que se refere ao *core business* das empresas constituintes do Grupo, e os recursos financeiros, humanos, materiais, tecnológicos etc., necessários para a consecução da Missão-fim.
- Identificação dos macroprocessos das Empresas e do Conselho Corporativo (considerando os objetivos dos mesmos já explicitados).

- Priorização dos macroprocessos, de acordo com os objetivos determinado pelo Grupo Executivo ou pelos Sócios.
- Definição dos Sistemas Gerenciais das Empresas e do Conselho Corporativo, em termos de Decisões, Ações, Previsões e Controles, a serem compartilhados e exercidos, referentes às variáveis quantitativas, qualitativas, temporais, financeiras, geográficas, ambientais e/ou psicossociais que intervêm nos processos.
- Análise dos processos de delegação descentralizada ou desconcentrada (do Conselho Corporativo para as Empresas) em termos de Decisões, Ações, Previsões e Controles, de acordo com as variáveis quantitativas, qualitativas, temporais, financeiras, geográficas e psicossociais.
- Recomendação de elaboração de Políticas e Procedimentos, conseqüência do compartimento de responsabilidades entre os sócios, ou do processo de delegação gerencial às Empresas do Grupo, quando se fizerem necessárias.
- Definição e explicitação das funções e responsabilidades, no nível Corporativo, decorrentes do processo de repartição de responsabilidades e de delegação, que podem ser estendidos até os níveis operacionais das empresas, quando desejado.
- Planejamento organizacional, gerencial, profissional ou funcional, resultado do cruzamento com as responsabilidades, profissionais e funcionais, quando já existentes.
- Planejamento educacional, para adequação gerencial, profissional ou funcional para ajuste de responsabilidades, desde o nível acionista até os níveis operacionais que se fizerem necessários.
- Proposição para inclusão de parâmetros no Processo de Planejamento Corporativo.
- Definição de grupos de Dados para a formação de Sistemas de Informação Gerenciais.

Para exemplificação da metodologia proposta, foi escolhida a indústria de Varejo, abrangendo, em uma empresa hipotética, tanto o nível gerencial corporativo como o gerencial operacional.

E2. Introdução

1. *Matrizes de Desconcentração Gerencial*

Deve ficar bem claro que os Subsistemas, relacionados no trabalho, representam apenas uma sugestão; podem e devem, portanto, ser ampliados ou eliminados, à medida que a Empresa-tipo assim achar conveniente.

Para isso, junto com cada Subsistema Gerencial proposto, é colocada uma matriz (idêntica aos modelos a seguir) com níveis de Decisões, Execução, Previsão, Controle, Políticas e Procedimentos. Para esse exercício, poderão ser estudadas as possibilidades de "desconcentração" desde o nível Acionista/Conselho, Empresa (nível Corporativo) e Empresa (nível operacional) até o nível Loja.

Além disso, o processo de "desconcentração" pode abranger as variáveis quantitativas (Qt), qualitativas (Ql), temporais (Tp), financeiras ($), geográficas (Lc) ou de satisfação (Sç).

a. Matriz grupo ou *holding*

Esta matriz, arbitrariamente representada abaixo, deve conter os níveis hierárquicos relevantes, eventualmente desde o nível acionista até o nível Empresa ou Unidade Operacional do Grupo.

	Acionista						Conselho						Empresa Corporativo						Empresa Operacional					
	Qt	Ql	Tp	$	Lc	Sç	Qt	Ql	Tp	$	Lc	Sç	Qt	Ql	Tp	$	Lc	Sç	Qt	Ql	Tp	$	Lc	Sç
Decisão																								
Execução																								
Previsão																								
Controle																								
Procedimentos																								
Políticas																								

Qt – Quantidade Ql – Qualidade Tp – Tempo $ – Despesas/Custos Lc – Local Sç – Satisfação

b. Matriz empresa ou unidade operacional

Da mesma forma que no caso anterior, estão representadas, arbitrariamente, níveis gerenciais hipotéticos, dentro de uma unidade operacional do Grupo.

	Matriz						Região						Filial						Loja					
	Qt	Ql	Tp	$	Lc	Sç	Qt	Ql	Tp	$	Lc	Sç	Qt	Ql	Tp	$	Lc	Sç	Qt	Ql	Tp	$	Lc	Sç
Decisão																								
Execução																								
Previsão																								
Controle																								
Procedimentos																								
Políticas																								

Qt – Quantidade Ql – Qualidade Tp – Tempo $ – Despesas/Custos Lc – Local
Sç – Satisfação

Para melhor compreensão do presente trabalho e sua complementação, são necessárias as observações que se seguem.

- O trabalho foi dividido em duas partes principais: Sistemas Gerenciais, relativos às funções de *Marketing*, e Sistemas Gerenciais de Apoio, relativos às funções "desconcentradas" pelo Grupo ou pela *holding*.
- Cada Sistema Gerencial foi subdividido em Subsistema Gerencial ou Processo, contendo Decisões, Ações (Executadas segundo Procedimentos), Controles e Políticas.
- As Decisões, as Previsões, as Execuções, os Controles, as Políticas e os Procedimentos foram colocados em uma estrutura matricial, semelhante à acima.
- Nessa Matriz, deverá ser indicada, com um "X", a responsabilidade funcional, hierarquicamente, mais elevada.
- Em alguns casos, pode ser necessária a indicação em mais de um nível hierárquico (por exemplo, previsão mensal – nível Loja; previsão semestral – nível Coligada; previsão anual – nível Divisão). Neste caso, fazer uma anotação ou código, indicativo da diferenciação.
- Na linha "políticas" das Matrizes, deverá ser indicada a necessidade do estabelecimento de Políticas específicas (por exemplo, preços, distribuição, compras etc.).

Com base nessa distribuição, será possível analisar alternativas de estruturas organizacionais, a nível Varejo (acima das Coligadas), otimizando as operações comuns.

Nessa análise, deve ser avaliado o dilema entre o benefício da desconcentração, pela rapidez do atendimento final, e o benefício da otimização de recurso comum. Por exemplo: os Subsistemas do Sistema Gerencial de Planejamento de *Marketing*; os Subsistemas de Pesquisa de Mercadorias, de Fornecedores e de Compra de Mercadorias, do Sistema Gerencial de Suprimento; os Subsistemas de Armazenagem e de Transporte do Sistema Gerencial Logístico; o Subsistema de Administração de Preços do Sistema Gerencial de Preços; o Subsistema de Propaganda e Publicidade de *Marketing* do Sistema de Comunicações de *Marketing* e outros.

Algumas das alternativas organizacionais, inclusive, podem ser de caráter transitório (Concentração a nível Varejo, até que as Coligadas estejam em condições operacionais, ou possam oferecer massa crítica correspondente).

Vale lembrar que, naqueles Subsistemas em que o nível de Decisão for delegado pelo Grupo ou pela *holding*, a necessidade de formulação de Políticas específicas, antes do ato de "desconcentração" deve sempre ser questionada (por exemplo: formulação de Políticas de Preços, Políticas de Compras de Mercadorias, Políticas de Propaganda e Publicidade etc.).

A "integração" total poderá ser feita, pela análise com critério idêntico, através do uso das matrizes, já preparadas para os Subsistemas da *holding* (Financeiro-controladoria, Recursos Humanos, Planejamento, Informática etc.).

E3. Conceitos Aplicados ao Varejo

Antes das descrições dos Sistemas Gerenciais e para uma melhor compreensão do assunto em pauta, estão enunciados alguns conceitos básicos.

1. Missão da Empresa

A Missão de uma empresa é sua *raison d'être* como negócio escolhido pelos acionistas, para incremento de seu patrimônio econômico.

A Missão Negócio de uma empresa Varejo, por exemplo, pode ser:

> *"Atender, através de uma Cadeia Nacional Full Line com área ideal, mínima, líquida de vendas, de 6000 m^2, à demanda do segmento de mercado 'família', faixa etária de 18/45 anos, das classes socioeconômicas A e B cujo estilo de vida seja moderno e atual, exteriorizado através da Moda e Lazer, apresentando sortimento de mercadorias e serviços correlatos, a nível de Loja e Produto, de qualidade e diferenciados".*

2. *Sistemas Gerenciais*

Para que a missão da empresa seja cumprida e os recursos necessários sejam, adequadamente, utilizados, são necessários Sistemas Gerenciais com objetivo de:

- através de um Subsistema de Decisão formular e avaliar alternativas (Estratégias), para cumprir a missão ou atingir um objetivo; estabelecer as regras básicas (Políticas), para a formulação e avaliação dessas estratégias, e selecionar a alternativa mais adequada (Decisão);
- através de um Subsistema de Ação promover o cumprimento desta alternativa, segundo Procedimentos e/ou Metodologias, previamente estabelecidas;
- através de um Subsistema de Informação obter e avaliar dados que sirvam de subsídios informacionais sobre as operações do Sistema Empresa e sua adequação às necessidades do meio ambiente.

E4. Sistemas Gerenciais "Varejo"

Os resultados obtidos, por qualquer Empresa ou Grupo, são decorrentes e conseqüentes do funcionamento de seus Sistemas Gerenciais, tanto relativos aos negócios atuais ou futuros como aos recursos necessários.

1. *Sistemas Gerenciais Dirigidos ao "Negócio"*

Como a característica do negócio "Varejo" é serviço *marketing-oriented*, os Sistemas Gerenciais dirigidos ao negócio (*core business*) são aqueles que preenchem as funções básicas de *Marketing*. Dessa forma, podem-se considerar os Sistemas Gerenciais abaixo relacionados.

- Delineamento dos Segmentos de Mercado.
- Pesquisa de *Marketing*.
- Planejamento de *Marketing*.
- Expansão.
- Suprimento de Mercadorias.
- Logística.

- Preços.
- Geolocalização e Provisionamento.
- Pontos de Vendas – Lojas.
- Comunicação de *Marketing*.
- *Customer Service*.
  - Cartão de Crédito.
  - Assistência Técnica.
  - Tecnologia.

2. Sistemas Gerenciais Relativos aos Recursos ou de Apoio

O gerenciamento dos Recursos, empregados para a consecução da Missão "Negócios", é, em quase sua totalidade, aquele delegado pelo Sistema holding, através de um Processo de Desconcentração Gerencial, recursos esses descritos abaixo.

- Novos Negócios
- Jurídico.
- Financeiro.
- Seguros.
- Sistema de Controle Econômico-financeiro.
- Sistema de Informação Econômico-financeiro.
- Compras Não Produtivas.
- Recursos Humanos.
- Planejamento e *Marketing*.
- Informática.
- Organização e Métodos.
- Auditoria.
- Segurança.
- Serviços Operacionais.

E5. Sistemas Gerenciais *Marketing*

Podem ser considerados como Sistemas Gerenciais de *Marketing* os abordados a seguir.

1. Sistema de Delineamento dos Segmentos de Mercado

Sistema Gerencial que compreende as decisões, as ações e as informações, que permitam a identificação e a seleção do contorno do negócio, isolando áreas homogêneas ou "segmentos" de mercado, nos quais a Coligada atua ou deseja atuar, que justifiquem um atendimento especializado e onde os fatores críticos de sucesso sejam homogêneos.

As bases de segmentação de mercado podem ser: localização geográfica, características demográficas (idade, sexo, raça, estado civil, ocupação profissional, tamanho da família etc.), características socioeconômico-culturais (classes social, econômica e cultural, educação, estilo de vida etc.), características psicológicas (personalidade, crenças, atitudes) e etc.

Nesse contexto, os Subsistemas a seguir mencionados podem ser considerados relevantes.

a. Seleção de segmentos potenciais de mercado

Subsistema Gerencial ou Processo que compreende as decisões, as ações e as informações, necessárias para a definição de Segmentos de Mercado em que a Coligada atue ou deseje atuar. Esses segmentos devem abranger grupos de clientes com classes homogêneas de comportamento, que possam ser atendidos em suas necessidades e desejos, através de uma variedade de mercadorias e com uso de tecnologias alternativas.

b. Processamento de dados e informações

Subsistema que abrange as decisões, as ações e as informações, visando a coletar e processar aqueles dados significativos para identificação do perfil de necessidades e desejos do público-alvo, bem como as mercadorias e as tecnologias que devam ser empregadas, para uma maior satisfação deste mesmo público.

c. Fatores Críticos do Sucesso

Subsistema que compreende as decisões, as ações e as informações para determinação daqueles fatores homogêneos e relevantes, dentro do composto de *marketing* (produtos, geolocalização e provisionamento, preços e comunicação), que possam levar as atividades de *marketing*, naquele determinado segmento de mercado, ao sucesso.

d. Análise

Subsistema de decisões, ações e informações que visam a uma permanente e constante análise, através de alguns parâmetros preestabelecidos de segmentação de mercado, considerando sempre que as mudanças sociais, as mudanças nos padrões de compra, nos estilos de vida e no comportamento geral dos consumidores podem modificar aqueles parâmetros.

2. *Sistema de Pesquisa de Marketing*

Sistema Gerencial que abrange as decisões, as ações e as metodologias para coletar, processar e interpretar dados, de modo sistemático, objetivo e acurado, a fim de fornecer informações gerenciais e recomendações sobre um determinado problema de *marketing*.

Sistema de Pesquisa de *Marketing* bem concebido e executado, deve prover, portanto, recomendações específicas para as estratégias, em vez de simplesmente enumerar e descrever os fatos observados.

Por esta razão, este sistema tem uma dupla finalidade. Primeiro, deve observar fatos relevantes e fazer previsões que ajudarão as outras funções de *marketing*. Segundo, deve interpretar os dados, para permitir o estabelecimento das estratégias de *marketing*.

Podem ser considerados como problemas típicos de Pesquisa de *Marketing*:

- pesquisa para reconhecimento e identificação das exigências de cada segmento de mercado em suas necessidades e desejos, bem como medida de seu potencial,
- análise da concorrência e sua participação nos mesmos segmentos de mercado (*Market Share*);
- análise de Vendas;
- estudo de aceitação de novas mercadorias, seu *mix* e potencial.

Nesse contexto, os Subsistemas a seguir mencionados podem ser considerados relevantes.

a. Definição do problema

Subsistema de decisões, ações e informações que visa a determinar, claramente, os objetivos da Pesquisa, definindo o que se pretende investigar e os porquês, estabelecendo as fases para seu planejamento, execução e controle.

b. Processamento de dados e informações

Subsistema que abrange as decisões, as ações, as metodologias e as tecnologias, a fim de coletar e processar dados significativos para a consecução do objetivo da Pesquisa.

c. Análise e interpretação

Subsistema de decisões, ações e metodologias para analisar e interpretar dados, objetivando prover informações gerenciais e recomendações para a formulação das estratégias de *marketing*.

3. *Sistema de Planejamento de Marketing*

Sistema Gerencial que compreende a descrição de decisões, ações, informações, previsões e controles, necessários para levar a posição de *marketing* de uma situação referencial inicial, a uma outra desejada e futura, baseado em:

- premissas operacionais;
- objetivos de realização de negócios e utilização de recursos;
- uma análise situacional, contemplando as oportunidades, as restrições e as ameaças;
- em estratégias de *marketing*.

Nesse contexto, os Subsistemas a seguir mencionados podem ser considerados relevantes.

a. Análise situacional

Subsistema Gerencial ou Processo que abrange decisões, ações e informações, necessárias para descrever situações de *marketing*, referenciais, iniciais, e outras futuras desejadas, dentro de cenários políticos, sociais, econômicos e de concorrência, que permitam identificar e analisar oportunidades de mercado bem como restrições e ameaças.

b. Fixação de objetivos

Subsistema Gerencial ou Processo que compreende decisões, ações, metodologias e hipóteses que visam a gerar informações gerenciais sobre o futuro. Informações essas que permitem fixar metas que, realisticamente, possam ser alcançadas e que atendam aos objetivos determinados pelo Planejamento Corporativo e Operacional, em termos de crescimento econômico-financeiro e taxa de rentabilidade.

Essas metas são baseadas em previsões, que podem estar baseadas em três conceitos:

- ***projeção*** – quando se admite que, dada uma relativa estabilidade na estrutura do mercado, o futuro será uma continuação do presente;
- ***predição*** – quando se admite que o futuro não será uma continuação do presente, por uma causa que está fora do controle da empresa;
- ***planejamento*** – quando também se admite que o futuro não será a continuação do presente, mas pela ocorrência de causas que estão sob o controle da empresa.

c. Desenvolvimento de estratégias

Subsistema Gerencial ou Processo que compreende decisões, ações, metodologias e informações, visando à formulação das Estratégias relativas aos elementos relevantes do composto de *marketing*: Mercadorias, Geolocalização e Provisionamento, Preços e Comunicação, para a consecução dos objetivos de *Marketing*.

A necessidade da manutenção da relação de interdependência entre os elementos do composto de *marketing* faz com que este Subsistema requeira considerável atenção e cuidado.

Essas estratégias de *marketing* visam a atender à dinâmica das necessidades e dos desejos do mercado consumidor, à ação da concorrência e às inovações tecnológicas.

Podem ser baseadas em:

- ***penetração de mercado*** – com uma melhor e mais intensa exploração e aproveitamento das mercadorias e serviços atuais, para os segmentos de mercado atuais;
- ***diferenciação de mercadorias e serviços*** – com uma diversificação de mercadorias e desenvolvimento de novos serviços, visando, melhor e mais diferenciadamente, atender aos segmentos de mercado atuais;
- ***desenvolvimento de novos segmentos de mercado*** – com as mesmas mercadorias e serviços atuais, visando a obter um crescimento dos negócios, através da conquista de novos segmentos de mercado;
- ***diversificação*** – com novas mercadorias e serviços e em novos segmentos de mercado.

Deve-se considerar, ainda, que o grau de êxito do Planejamento é determinado pela rapidez e pela flexibilidade com que a empresa pode reagir às mudanças que estejam fora de sua área de influência direta, e pela forma com que todos as estratégias do composto de *marketing* se combinem da maneira mais eficiente e produtiva.

d. Definição de recursos e avaliação de riscos

Subsistema Gerencial ou Processo que abrange decisões, ações e informações para definição dos recursos necessários para as atividades planejadas de *marketing* e avaliação de riscos.

e. Controle do plano de *marketing*

Subsistema Gerencial ou Processo que compreende decisões, ações e informações, a fim de manter o controle e o acompanhamento do Plano, visto que o Planejamento é um Processo contínuo. Justamente por isso, o esforço de *marketing* precisa ser, constantemente, acompanhado e avaliado, em função dos objetivos estabelecidos, permitindo os ajustes das estratégias, quando necessário.

4. *Sistema de Expansão*

Sistema Gerencial, parte do Sistema Gerencial de Planejamento de *Marketing*, que inclui as decisões, as ações e as informações, necessárias para permitir proposições, à *holding*, de crescimento dos negócios, previstos no Processo de Planejamento Operacional e Planejamento de *Marketing*.

Nesse contexto, os Subsistemas a seguir mencionados podem ser considerados relevantes.

a. Pesquisa de oportunidades

Subsistema Gerencial ou Processo que compreende decisões, ações e informações, que visam a pesquisar oportunidades de expansões, previstas e planejadas no Processo de Planejamento de *Marketing*.

b. Busca/contactos

Subsistema Gerencial ou Processo que abrange decisões, ações e informações, visando a manter os contactos necessários para o estabelecimento do início das negociações, bem como obter dados para a elaboração de um *business case* à *holding*.

c. *Business case*

Subsistema que contém as informações para as ações e para as decisões a serem tomadas para uma expansão, seja por nova aquisição, seja por desenvolvimento de nova atividade.

d. Negociação/desenvolvimento da expansão

Subsistema Gerencial ou Processo que abrange decisões, ações e informações que permitam estabelecer as negociações ou dar início ao desenvolvimento de nova atividade de expansão.

5. *Sistema de Suprimento de Mercadorias*

Sistema Gerencial composto de decisões, ações e informações, que permita a pesquisa, a seleção e a aquisição de mercadorias, em variedade, *mix*, quantidade e qualidade, que possam atender às exigências e às expectativas atuais e latentes dos públicos-alvo, bem como de Fornecedores que possam atender a esses parâmetros no tempo e no custo, determinado pela estratégia de preços.

Nesse contexto, os Subsistemas a seguir mencionados podem ser considerados relevantes.

a. Pesquisa de mercadorias

Subsistema Gerencial, ou Processo, que abrange decisões, ações e informações, necessárias para pesquisar e selecionar tipo, *mix*, quantidade e qualidade de mercadorias que possam atender às necessidades e aos desejos latentes de um público-alvo, levando em consideração o custo e o tempo de disponibilidade, de forma a permitir a execução das estratégias de *marketing*, relativas à Mercadoria.

b. Pesquisa de fornecedores

Subsistema Gerencial ou Processo que compreende decisões, ações e informações que visam a pesquisar, selecionar e credenciar Fornecedores de mercadorias, que estejam em condições de atender aos requerimentos de produtos, em quantidade, qualidade, tempo e custo, compatíveis com as condições estabelecidas nas estratégias de *marketing*.

c. Compra de mercadorias

Subsistema Gerencial ou Processo que abrange decisões, ações e informações com o fim de executar o ato de compra de mercadoria de Fornecedor credenciado, envolvendo todos os procedimentos de negociação e aquisição.

d. Entrega de mercadorias

Subsistema Gerencial ou Processo que inclui decisões, ações e informações, visando ao recebimento físico e contábil de mercadorias originárias de Fornecedores.

6. *Sistema Logístico*

Sistema Gerencial que compreende decisões, ações e informações, objetivando o armazenamento e o controle de estoques, bem como o transporte, a fim de manter o suprimento de mercadorias, na quantidade e no tempo, a um custo preestabelecido, desde o Fornecedor até, eventualmente, o domicílio do cliente.

O Sistema Logístico proporciona o apoio necessário à execução dos Sistemas de Suprimento de Mercadorias e de Geolocalização e Provisionamento.

Embora as decisões sobre Suprimento de Mercadorias, Geolocalização de Pontos de Venda e Provisionamento de Mercadorias digam respeito à utilidade de "tempo" e "lugar", é o Sistema Logístico que detém a responsabilidade pela verdadeira movimentação física das mercadorias, de modo que seja cumprida a meta "os produtos certos, no lugar certo e no tempo certo".

Nesse contexto, os Subsistemas a seguir mencionados podem ser considerados relevantes.

a. Transportes

Subsistema Gerencial ou Processo que inclui decisões, ações e informações, visando ao transporte físico de mercadorias, desde o Fornecedor, até, eventualmente, o domicílio do consumidor final e em todas suas etapas intermediárias, usando qualquer modalidade e meio de transporte.

b. Armazenagem

Subsistema Gerencial ou Processo que abrange decisões, ações e informações com o fim de garantir a utilidade de "tempo" e "lugar", através do provimento de mercadorias ao local certo no tempo certo.

7. Sistema de Preços

Sistema Gerencial que abrange decisões, ações e informações para o estabelecimento de condições de financiamento e preços justos e adequados que atendam às expectativas do público-alvo de cada segmento de mercado.

O Preço, em uma economia de mercado, é um "valor" arbitrário para pagamento de algo também de valor, como um produto ou serviço, em uma relação de troca entre uma entidade vendedora e outra compradora.

Um dos pontos críticos para a determinação do preço de uma mercadoria é a própria compreensão do "valor" que os consumidores percebem na mesma. E este "valor" resulta de suas percepções de satisfação total proporcionada pela mercadoria, ou seja, do pacote total de utilidade.

A satisfação total inclui não apenas as características tangíveis, mas também as intangíveis, tais como imagem da instituição vendedora, garantia, assistência técnica, marca nominal etc.

Ainda assim, o preço da mercadoria é, muitas vezes, o ingrediente principal que conduz à decisão de compra.

Por outro lado, o preço é a ferramenta estratégica por parte da entidade vendedora para obtenção do lucro, que é a justa retribuição ao capital/trabalho e ao dinheiro, empregado no negócio.

Para a composição de preços, é importante considerar os seguintes fatores:

- ***objetivos*** – preço como objetivo de Vendas, nas opções de Crescimento de Vendas, Manutenção de Vendas, Sobrevivência ou Participação no Mercado (*Market Share*); preço como objetivo de Lucro, nas opções de Maximização de Lucro, Retorno-alvo de Investimento ou Fluxo de Caixa (retorno rápido); preço como objetivo de Concorrência, nas opções de Confronto ou Prevenção com relação à concorrência;
- ***custos*** – irão determinar o "piso" dos preços, devendo ser considerados os Custos Fixos, os Variáveis e os Marginais;
- ***demanda*** – irá determinar o "teto" dos preços;
- ***concorrência*** – as pressões competitivas têm uma grande influência na formulação de preços, pois são resultados dos pacotes de satisfação alternativa oferecidos pelos concorrentes. A antecipação à concorrência, nesse caso, é fundamental.

Nesse contexto, os Subsistemas a seguir mencionados podem ser considerados relevantes.

a. Apreçamento

Subsistema Gerencial ou Processo que compreende decisões, ações e informações, objetivando definir os objetivos da formulação de preços/custos, demanda, pressões competitivas e abordagem metodológica para o apreçamento, procurando estimular as relações de troca, proporcionando à mercadoria a utilidade qualidade/preço.

b. Estratégia de preços

Subsistema Gerencial ou Processo que abrange decisões, ações e informações para a execução das Estratégias de Preços, formuladas no Processo de Planejamento de *Marketing* e dentro das Políticas de Preço.

c. Administração de preços

Subsistema Gerencial ou Processo que compreende decisões, ações e informações, visando a definir e atualizar as Políticas de Preços, bem como a acompanhar sua observância.

8. *Sistema de Geolocalização e Provisionamento*

Sistema Gerencial composto de decisões, ações e informações, que permita a disponibilidade física, mais adequada, em termos de variedade, qualidade e *mix* de mercadorias e serviços, através de pontos de vendas (Lojas), no tempo e na localização urbana e geográfica mais conveniente, permitindo o estabelecimento do melhor cenário para a utilidade de posse do público-alvo.

O mais inovador dos produtos, a um preço conveniente e atrativo, pouco ou nada significa se não estiver em um local apropriado e ao alcance do consumidor no momento em que este o desejar. Por essa razão, a disponibilidade de uma mercadoria é um requisito básico para estimular a relação de troca com o consumidor, proporcionando, também, a utilidade de "tempo" e "lugar".

Nesse contexto, os Subsistemas a seguir mencionados podem ser considerados relevantes.

a. Localização urbana e geográfica

Subsistema Gerencial que compreende decisões, ações e informações, visando a uma adequada localização geográfica e urbana de Lojas, presente e futura, e, dentro destas, um conveniente provisionamento de mercadorias em variedade, quantidade, qualidade e preço. O objetivo é atender às expectativas identificadas do público-alvo, em termos de "tempo" e "lugar".

b. Análise de oportunidades

Subsistema Gerencial ou Processo que compreende decisões, ações e informações, visando a uma permanente vigilância de oportunidades que possam aparecer em consonância com o Sistema Gerencial de Expansão.

9. *Sistema de Pontos de Vendas – Lojas*

Sistema Gerencial ou Processo que abrange as decisões, as ações e as informações para a definição das características das instalações físicas, condições ambientais, disposição de mercadorias, considerando a Loja como ponto de *interface* físico entre o Sistema Coligada e o Cliente, visando a levar este à compra da mercadoria.

Nesse contexto, os Subsistemas a seguir mencionados podem ser considerados relevantes.

a. Venda pessoal

Subsistema Gerencial ou Processo que abrange decisões, ações e informações que visam a dar o impulso final à compra, criando ou estimulando o interesse do potencial comprador, através da ação pessoal de um Vendedor, dentro de uma estratégia de Vendas planejada.

b. *Merchandising* visual

Subsistema Gerencial ou Processo composto de decisões, ações e informações, com o fim de utilizar disposição de equipamentos e mercadorias ou usar outro material de comunicação visual, a fim de aumentar, no Ponto de Venda (Loja), o rendimento da Propaganda dirigida ao produto.

c. Operação de loja

Subsistema Gerencial ou Processo que abrange decisões, ações e informações, que visam a dar apoio administrativo, a prestar serviço de embalagens, de controle de Caixa e de limpeza.

d. Serviços básicos

Subsistema Gerencial ou Processo que compreende decisões, ações e informações, que tem como objetivo oferecer um mínimo de conforto e que vá ao encontro das mínimas expectativas do cliente.

10. Sistema de Comunicação de Marketing

Sistema Gerencial que compreende decisões, ações e informações para a seleção e definição das formas e dos meios (mensagens e canais, através de propaganda, venda pessoal, publicidade ou promoção de vendas) de comunicar ao público-alvo todas as condições que favoreçam a sua seleção e sua a aquisição de mercadorias.

Esses conceitos abaixo relacionamos são indispensáveis para qualquer Sistema de Comunicação e valem, portanto, para o Sistema Gerencial de Comunicação de *Marketing*.

A Informação é uma "percepção" individual e depende, basicamente, da vivência anterior, do grau de interesse e do nível educacional do receptor.

A Comunicação é a transmissão da informação de um emissor para um receptor que "percebe", através de um veículo – a mensagem – que circula através de uma via – o canal.

A forma de aferir se o receptor "percebeu" e, portanto, foi informado requer um Subsistema de retroalimentação que possa avaliar o grau de percepção do receptor.

Imagem é o conceito formado pelo receptor e conseqüência das informações que recebeu.

Nesse contexto, os Subsistemas a seguir mencionados podem ser considerados relevantes.

a. Propaganda de *marketing*

Subsistema Gerencial ou Processo composto de decisões, ações e informações que visam a formar uma imagem, orientada ao produto ou a uma instituição, em um público-alvo, em caráter impessoal, usando mensagens orais, escritas, gráficas ou pictóricas, através de canal: humano, jornal, correio, rádio, TV etc.

b. Venda pessoal

Subsistema Gerencial ou Processo que abrange decisões, ações e informações que visam a dar o impulso final à compra, criando ou estimulando o interesse do potencial comprador, através de mensagem oral e canal humano (face a face) ou telefônico.

c. Publicidade (relações públicas)

Subsistema Gerencial ou Processo que compreende decisões, ações e informações que visam a criar uma imagem de produto ou instituição, usando mensagens orais, escritas, gráficas ou pictóricas, através de canal humano, jornal, rádio ou televisão, mas em caráter gratuito. O objetivo é transmitir ao público receptor a impressão de isenção e garantir, assim, maior credibilidade na mensagem e confiabilidade no canal.

d. Promoção de vendas

Subsistema Gerencial ou Processo que abrange decisões, ações e informações que visam a transmitir informações ao público-alvo, a fim de estimulá-lo à compra, usando mensagens escritas, gráficas ou pictóricas, através de canais, não cobertos pela Propaganda, Venda Pessoal ou Publicidade, tais como: *displays*, dentro de Loja, brochuras, cartões com descontos especiais etc.

11. Sistema Customer Service

Sistema Gerencial que abrange as decisões, ações e informações, objetivando a execução de todos os meios possíveis para satisfazer o cliente, por algo que ele eventualmente irá adquirir, está adquirindo ou já adquiriu, sem limitação antecipada desta função – quer seja o fim, em vista, desinteressado, quer seja interessado, quer os meios sejam executados a título gracioso, quer oneroso, quer estejam ou não previstos em um contrato de venda.

O *Customer Service* diferenciado é o "algo mais" que a empresa deseja oferecer, além daquilo que a concorrência está oferecendo.

Destacamos como parte do *Customer Service* os itens a seguir relacionados.

a. Cartão de crédito

Sistema Gerencial composto de decisões, ações e informações, visando à Prestação de Serviço de Cartão de Crédito e/ou de Cartão Facilitador de Financiamento, através de um atendimento rápido e eficiente na concessão de crédito ao público-alvo da Coligada, como parte de seu *Customer Service*.

b. Assistência técnica

Sistema Gerencial que abrange decisões, ações e informações, objetivando a Prestação de Serviço de Assistência Técnica, Manutenção e Instalação de mercadorias adquiridas nas Lojas da Coligada, com a presteza, a qualidade e a confiabilidade que satisfaçam às expectativas de seu público-alvo.

c. Tecnologia

Sistema Gerencial que compreende decisões, ações e informações, visando à utilização de melhor tecnologia nos locais onde se produz a Venda (Lojas), a fim de garantir o melhor conforto ao público-alvo (por exemplo, informatização).

E6. Sistemas Gerenciais de Apoio ou de Recursos

Aqui, estão relacionados os Sistemas e os Subsistemas Gerenciais ou Processos, identificados como relevantes pela *holding* e que, parcialmente, foram transferidos à operação num processo de "desconcentração" gerencial.

Os sistemas abaixo relacionados podem ser considerados como Sistemas Gerenciais de Apoio.

- Novos Negócios.
- Jurídico.
- Financeiro.
- Seguros.
- Controle Econômico-financeiro.
- Informação Econômico-financeiro.
- Compras Não Produtivas.
- Recursos Humanos.
- Planejamento e *Marketing*.
- Informática.
- Organização & Métodos.
- Auditoria.
- Segurança.

1. Sistema Gerencial Novos Negócios

O Sistema Gerencial Novos Negócios compreende as decisões, as ações e as informações necessárias para identificar oportunidades de diversificação de negócios, autogerenciáveis, nas áreas de Varejo e Serviços, visando à otimização da relação lucratividade/risco e à avaliação de propostas de expansão de negócios presentes.

No Sistema Gerencial de Novos Negócios, podem ser considerados os processos a seguir elencados.

a. Pesquisa de oportunidades de novos negócios

Processo que compreende decisões, ações e informações para pesquisar oportunidades de novos negócios, que o mercado local possa oferecer, segundo a Missão Empresa.

b. Contacto

Processo que abrange decisões, ações e informações para o estabelecimento dos contactos necessários à concordância de início das negociações, bem como para obtenção de dados para a elaboração de um *Business Case.*

c. *Business case*

Descrição do processo de ações e informações que permitam decisões, visando à aquisição ou ao início de desenvolvimento de Novos Negócios.

d. Negociação/desenvolvimento de novos negócios

Processo compreendendo decisões, ações e informações que permita:

- **negociação** com o detentor do negócio a ser adquirido;
- **desenvolvimento** de um novo negócio de interesse do Acionista e com potencial no mercado.

e. Acordo final

Processo que inclui decisões, ações e informações, com o objetivo de permitir um acordo final da negociação, com um compromisso final resultante.

2. *Sistema Gerencial Jurídico*

Sistema Gerencial Jurídico é o conjunto de decisões, ações e informações necessárias para gerenciar situações, que envolvam, ou venham a envolver, assuntos de natureza legal, bem como para examinar e elaborar documentos, de mesma natureza, que digam respeito ao relacionamento do Grupo com terceiros.

No Sistema Gerencial Jurídico, os Processos relacionados a seguir podem ser considerados.

a. Documentos legais, fiscais e societários

Processo de decisões, ações e informações, que visa à elaboração de documentos e acompanhamento de processos de natureza legal, fiscal ou societário, para a Corporação, para as Divisões e para as Coligadas.

b. Guarda de documentação

Processo de decisão, ação e informação, relativo à guarda da documentação de natureza legal, fiscal, societária e imobiliária, da Corporação e das Coligadas.

c. Contencioso

Processo que abrange decisões, ações e informações sobre o Contencioso do Grupo (exceção daquele de natureza trabalhista).

d. Apoio jurídico externo

Processo que abrange decisões, ações e informações, com respeito ao relacionamento com advogados externos, contratados para atividades específicas e especializadas.

3. *Sistema Gerencial Financeiro*

O Sistema Gerencial Financeiro abrange as decisões, as ações e as informações necessárias para gerenciar a origem e as aplicações dos Recursos, de modo a permitir a saúde Econômica e/ou Financeira da Corporação.

No Sistema Gerencial Financeiro, podem-se considerar os Processos a seguir elencados.

a. Venda de mercadorias e serviços

Processo de decisão, ação e informação para obtenção de recurso financeiro, por Cobrança de Vendas, efetivamente realizada pelas Divisões/Coligadas.

b. Recolhimentos

Processo de decisão, ação e informação para transferência física do dinheiro, dos locais de recebimentos para as contas bancárias da *holding*.

c. Empréstimos

Processo de decisão, ação, procedimentos e informação, para obtenção de recurso financeiro, através de empréstimo.

d. Aumento de capital

Processo de decisões, ações e informações para obtenção de recurso financeiro, por aumento de capital, através de decisão dos acionistas.

e. Outros recebimentos

Processo de decisões, ações e informações para obtenção de recurso financeiro, através de outras origens não especificadas.

f. Aplicação/receitas financeiras

Processo de decisões, ações e informações para obtenção de recurso financeiro, através de recebimentos de aplicações no mercado financeiro.

g. Dividendos

Processo de decisão, ação e informação de saída de recurso financeiro, como lucro, por decisão de Assembléia de Acionistas.

h. Pagamentos e recebimentos de fornecedores (Cooperação)

Processo de decisão, ação e informação de saída de recurso financeiro, correspondente ao líquido da Compra de Mercadoria, diminuída do valor de Propaganda Cooperada como fornecedor.

i. Aplicações financeiras

Processo de decisão, ação e informação de saída de excesso de Caixa para aplicação no mercado financeiro.

j. Salários

Processo de decisão, ação e informação de saída de recurso financeiro para efeito de remuneração do trabalho de seus funcionários.

k. ICM/ISS e outros impostos

Processo de decisão, ação e informação de saída de recurso financeiro para cumprimento de obrigações fiscais federais, estaduais e municipais.

l. Investimentos

Processo de decisões, ações e informações para saída de recurso financeiro para compra de Ativos Fixos.

m. Propaganda

Processo de decisões, ações e informações para saída de recurso financeiro para pagamento de Propaganda.

n. Aluguéis

Processo de decisão, ação e informação para saída de recurso financeiro para cumprimento de Contratos de Aluguel.

o. Empréstimos/despesas financeiras

Processo de decisão, ação e informação de saída de recurso financeiro para pagamento de compromissos contraídos com empréstimos, acrescidos de despesas financeiras.

p. Outros pagamentos

Processo de decisões, ações e informações para desembolso de recurso financeiro, a fim de atender pagamentos de destino não especificados.

q. Operação de caixa

Processo de decisões, ações e informações para manter o sincronismo Volume/Tempo do recurso financeiro, entre a Entrada e a Saída do Sistema Financeiro.

4. Sistema Gerencial de Controle Econômico-financeiro

Pode existir um Sistema Gerencial Maior como os especificados a seguir.

- ***Sistema Gerencial Econômico-financeiro*** – é um Sistema Gerencial que compreende decisões, ações e informações para gerenciar o incremento patrimonial dos acionistas, aplicado num negócio, bem como os Recursos necessários para sua realização. Como este Sistema possui uma dimensão temporal definida e necessita ser avaliado durante este período de tempo, passa a requerer um Subsistema de Planejamento e um Subsistema de Controle.
- ***Sistema de Controle Econômico-financeiro*** – é um subsistema do Sistema Econômico-financeiro e compreende decisões, ações e informações para controlar o desenvolvimento dos Negócios e da aplicação dos Recursos, sob o aspecto econômico-financeiro. Tem como base as premissas e os objetivos são determinados no Sistema de Planejamento.
- ***Orçamento*** –é a explicitação de um retrato situacional, estruturado, sob o aspecto econômico-financeiro, das premissas, da análise conjuntural do período, dos objetivos e metas, dos indicadores de avaliação e das previsões futuras de negócios e de necessidade de recursos.

No Sistema Gerencial Econômico-financeiro, podem-se considerar os Processos a seguir elencados.

a. Contratos

Processo que abrange decisões, ações e informações, visando a uma avaliação econômico-financeira dos compromissos assumidos, formalmente, por contrato.

b. Níveis de aprovação

Processo que compreende decisões, ações e informações para estabelecer e controlar os níveis de aprovação para compromissos e/ou desembolsos financeiros.

c. Ativos

Processo que abrange decisões, ações e informações, visando a exercer controle sobre a existência física dos bens, pertencentes ao Grupo, bem como à utilização produtiva desses bens.

5. Sistema Gerencial de Informação Econômico-financeiro

O Sistema de Informação Gerencial Econômico-financeiro é um Subsistema que mantém atualizados e disponíveis os dados referentes às operações do negócio e à utilização dos recursos, necessários para o funcionamento do Subsistema de Decisão e Ação do Sistema Gerencial Econômico-financeiro em seus vários níveis gerenciais (Ponto de Venda, Grupo de Pontos de Venda, Região, Divisão, Operação e Corporação).

Os Processos relacionados a seguir podem ser parte do Sistema de Informação Gerencial Econômico-financeiro.

a. Registros contábeis

Processo que abrange decisões e ações para coleta, preparação, transmissão e interpretação de Dados sobre a situação econômico-financeira do negócio, planejada e real (Enfoque Legal).

b. Registros gerenciais

Processo que abrange decisões e ações para coleta, preparação, transmissão e interpretação de Dados sobre a situação econômico-financeira do negócio, planejada e real (Enfoque Gerencial).

c. Pagamentos e recebimentos de fornecedores

Processo que compreende decisões e ações para coleta, preparação e transmissão de informações, correspondentes ao valor líquido da compra da mercadoria, diminuída do valor de propaganda cooperada com o fornecedor.

d. Salários

Processo que abrange decisões e ações para coleta, preparação e transmissão de dados, correspondente à Folha de Pagamento.

e. Imposto de renda

Processo que compreende decisões e ações para coleta, preparação e transmissão de Dados, correspondentes ao Imposto de Renda.

f. Outros impostos

Processo que abrange decisões e ações para coleta, preparação e transmissão de Dados, correspondentes a outros Impostos.

g. Investimentos

Processo que abrange decisões e ações para coleta, preparação e transmissão de Dados, correspondente à compra de Ativo Fixo.

6. *Sistema Gerencial de Seguros*

Sistema Gerencial de Seguros compreende as decisões, as ações e as informações necessárias para gerencial o *exposure* dos riscos patrimoniais, pessoais e de responsabilidade civil do Grupo, assegurando o menor custo possível.

Os Processos a seguir relacionados podem ser considerados com parte do Sistema Gerencial de Seguros.

a. Contratação e renovação de seguros

Processo que abrange decisões e ações de contratação e renovação de compromissos de cobertura de riscos com Companhias Seguradoras.

b. Liquidação de sinistro

Processo que inclui decisões, ações e informações sobre Liquidação de Sinistros.

c. Segurança

Processo que abrange as decisões, as ações e as informações relativas às medidas de Segurança que devem ser tomadas, pelo Grupo, com o fim de minimizar os riscos.

7. Sistema Gerencial de Compras Não Produtivas

O Sistema Gerencial de Compras Não Produtivas abrange as decisões, as ações e as informações necessárias para gerenciar aquelas Compras referentes a materiais e a equipamentos não comercializados pelas Divisões/Coligadas, através da otimização da relação Custo/Benefício.

O Processo a seguir enumerado pode fazer parte do Sistema Gerencial de Compras Não Produtivas.

a. Compra de Materiais e Equipamentos Não Produtivos

Processo que inclui decisões, ações e informações, com relação à pesquisa, à sugestão, à negociação e à compra de material e equipamentos, necessários à Corporação, a Divisões e a Coligadas. Exceção feita às mercadorias para Venda; aos itens de pequeno valor, que não transitem por estoque, nem estejam sujeitos à Autorização de Projetos.

8. Sistema Gerencial de Recursos Humanos

O Sistema Gerencial de Recursos Humanos abrange as decisões, as ações e as informações necessárias para gerenciar os Recursos Humanos, em termos de quantidade e qualidade, para atender à demanda da Corporação e assegurar um nível motivacional adequado às necessidades individuais.

Os Processos abaixo relacionados podem fazer parte do Sistema de Recursos Humanos.

a. Planejamento de recursos humanos (parte do planejamento global da corporação)

Processo compreendendo decisões, ações e informações, com o fim de identificar a quantidade e a qualidade de recursos humanos necessários à execução do Plano Global da Corporação.

b. Recrutamento e seleção

Processo de decisões, ações e informações, com o fim de atrair e selecionar Recursos Humanos do mercado de trabalho e colocá-los nas empresas do Grupo.

c. Promoções e transferências

Processo que abrange decisões, ações e informações, com o fim de identificar e colocar colaboradores em outros cargos das empresas do Grupo.

d. Administração de pessoal

Processo que compreende planejamento, decisões, execuções e informações de ações administrativas e/ou legais, em relação aos colaboradores das empresas do Grupo.

e. Treinamento operacional

Processo de decisões, ações e informações para suprir necessidades de capacitação de colaboradores das empresas do Grupo para melhor desempenho no cargo atual/futuro.

f. Plano de carreira e desenvolvimento

Processo de planejamento, decisões, execuções e informações pelo qual os colaboradores das empresas do Grupo têm acesso aos cargos de maior responsabilidade.

g. Avaliação de desempenho

Processo de decisões, ações e informações para identificar e comunicar a consistência do desempenho dos colaboradores das empresas do Grupo com os requisitos do cargo.

h. Relações trabalhistas

Processo de decisão, execução e informação de ações gerenciais de relacionamento com colaboradores das empresas do Grupo.

i. Relações sindicais

Processo de Planejamento, decisões, execução e informação de ações gerenciais ou legais de relacionamento da Corporação com entidades de representação dos colaboradores das empresas do Grupo.

j. Segurança e higiene do trabalho

Processo de planejamento, decisão, execução e informação sobre condições de trabalho dos colaboradores das empresas do Grupo para atender às necessidades legais e/ou operacionais.

k. Administração de salários e benefícios

Processo de decisão, execução e informação de ações de remuneração e benefícios dos colaboradores das empresas do Grupo.

l. Administração e desenvolvimento de executivos

Processo de planejamento, decisões, execução e informações para seleção, remuneração e benefícios, avaliação, plano de carreira e desenvolvimento dos executivos das empresas do Grupo, que exerçam funções-chave para que os objetivos estratégicos da Corporação sejam atingidos.

m. Contenciosos trabalhistas

Processo abrangendo decisões, execução e informações para gerenciar o Contencioso, de natureza trabalhista, do Grupo.

9. *Sistema Gerencial de Planejamento e Marketing*

O Sistema Gerencial de Planejamento e *Marketing* compreende as decisões, as ações e as informações necessárias para implantar e gerenciar o Processo de Planejamento Corporativo, de maneira contínua, e disseminar, nas operações, o conceito de *Marketing.*

Os Processos abaixo enumerados fazem parte do Sistema Gerencial de Planejamento e *Marketing.*

a. Planejamento corporativo

Processo de descrição de decisões, ações, informações, previsões e controles, necessários para levar a Corporação (incluindo os acionistas) de uma situação referencial inicial, a uma outra desejada, futura, baseado em:

- objetivos estilísticos dos acionistas;
- premissas corporativas;
- um direcionamento estratégico;
- uma análise situacional, contemplando as oportunidades, as restrições e as ameaças;
- estratégias corporativas.

(Este processo, em realidade, tem seu ponto de partida no nível de acionista.)

b. Planejamento operacional

Processo de descrição de decisões, ações, informações, previsões e controles, necessários para levar a Operação de uma situação referencial inicial, a uma outra desejada, futura, baseado em

- premissas corporativas e operacionais;
- objetivos de realização de negócios e utilização de recursos;
- uma análise situacional, contemplando as oportunidades, as restrições e as ameaças;
- estratégias operacionais.

c. Planejamento de *marketing*

Este Processo faz parte do Processo maior de Planejamento Operacional, mas devido à sua importância para o negócio de Varejo e Serviços, poderá receber um destaque especial.

Compreende a descrição de decisões, ações, informações, previsões e controles, necessários para levar a posição de *Marketing* de uma situação referencial inicial, a uma outra desejada, futura, baseado em:

- premissas operacionais;
- objetivos de realização de negócios e utilização de recursos;
- uma análise situacional, contemplando as oportunidades, as restrições e as ameaças;
- estratégias de *marketing*.

d. Apoio ao planejamento

Processo de decisões, ações e informações, através de estabelecimento de premissas básicas, pesquisa de mercado, preparação de *guidelines*, construção de cenários (sociais, políticos, econômicos, financeiros, de mercado etc.) e de um continuado processo educacional para criar, manter e desenvolver, em todo o Grupo, o conceito de Processo de Planejamento Contínuo.

10. Sistema Gerencial Informático

O Sistema Gerencial Informático compreende as decisões, as ações e as informações necessárias para gerenciar os Recursos Computacionais, visando à otimização dos Sistemas de Informação da Corporação.

Os Processos abaixo relacionados podem ser considerados parte do Sistema Gerencial Informático.

a. Entrada de dados

Processo de decisões, ações e informações, envolvendo a coleta, a transcrição, o processamento e a transmissão de Dados de Entrada dos Sistemas Informáticos, bem como os recursos metodológicos e tecnológicos, necessários para sua execução.

b. Processamento de dados (sistemas estruturados)

Processo de decisões, ações e informações que envolvem o Processamento de Dados dos Sistemas Informáticos, bem como os recursos metodológicos, algorítmicos e tecnológicos, necessários para sua execução.

c. Processamento de dados (centros de informação)

Processo que inclui decisões, ações e informações para a formação e a manutenção de Centros de Informação.

d. Saída de dados

Processo de decisões, ações e informações, envolvendo a saída, a transcrição, o processamento e a transmissão de Dados de Saída dos Sistemas Informáticos, bem como os recursos metodológicos e tecnológicos, necessários para sua execução.

e. Suporte técnico

Processo que abrange decisões, ações e informações para garantir a instalação e a manutenção do Sistema Operacional do Sistema Informático e do *software* de suporte.

f. Administração de dados

Processo que abrange decisões, ações e informações com a finalidade de garantir a integridade física e lógica dos Dados, inclusive daqueles dos Centros de Informação das Divisões/Coligadas, bem como o desenvolvimento de Sistemas Estruturados.

g. Telecomunicações

Processo que abrange decisões, ações e informações para aquisição, instalação e manutenção de Sistemas de Telecomunicações (telefones, *telex*, *telefax*, automação de escritório, *call-dispatching* etc.).

11. Sistema Gerencial de Organização & Métodos

O Sistema Gerencial de Organização e Métodos compreende as decisões, as ações e as informações necessárias para gerenciar recursos metodológicos e procedimentos, visando à otimização das rotinas operacionais do Grupo.

Os Processos abaixo elencados podem ser considerados como parte do Sistema Gerencial de Organização e Métodos.

a. Atualização de procedimentos

Processo que envolve decisões, ações e informações para garantir a atualização dos Procedimentos de Ação e as Políticas referentes às rotinas administrativas do Grupo.

b. Operacionalização

Processo que inclui decisões, ações e informações para operacionalização dos procedimentos e das metodologias, aplicáveis às rotinas administrativas de nível corporativo e operacional do Grupo.

c. O & M coligada/consultoria externa

Processo que envolve decisões, ações e informações para a coordenação e a supervisão das atividades de Consultores Externos nos trabalhos de Organização e Métodos.

12. *Sistema Gerencial de Auditoria*

O Sistema Gerencial de Auditoria abrange as decisões, as ações e as informações necessárias para examinar e avaliar a adequação e a eficácia do Sistema de Controle Interno do Grupo, e da qualidade e fidelidade do desempenho da operação.

O Sistema Gerencial de Auditoria é composto pelo processo abaixo descrito.

a. Processo e Auditoria

Processo composto de decisões, ações e informações indispensáveis para manter a eficácia dos controles internos do grupo, do adequado uso dos procedimentos centralizados e da fidelidade dos dados necessários ao bom desempenho das operações.

13. *Sistema Gerencial de Segurança*

O Sistema Gerencial de Segurança abrange as decisões, as ações e as informações necessárias para criar e manter, em todo o Grupo, uma filosofia de Segurança preventiva com relação aos bens patrimoniais, aos dirigentes, a nível pessoal e familiar, e, em conjunto com o Sistema de Recursos Humanos, promover e aplicar o conceito de Segurança e Higiene no trabalho.

O Sistema Gerencial de Segurança pode ser considerado composto pelos Processos descritos abaixo.

a. Treinamento em segurança

Processo que envolve decisões, ações e informações para transmitir e disseminar as diretrizes e as normas básicas de segurança no Grupo (ambiente de trabalho, pessoal e familiar).

b. Registro de armas e munições

Processo que abrange as decisões, as ações e as informações relativas ao registro, junto ao Poder Público, das armas e das munições alocadas para efeito de segurança, bem como para a guarda da reserva de armas e munições.

c. Relações com o poder público

Processo abrangendo as decisões, as ações e as informações necessárias para manter um nível adequado de relacionamento com autoridades ligadas à segurança.

d. Operacionalização da segurança

Processo abrangendo as decisões, as ações e as informações necessárias para operacionalizar a segurança nas diversas unidades das Coligadas/Divisões.

E7. Gabaritos

Como exemplo da metodologia proposta, está representado a seguir uma situação hipotética de um levantamento do Processo Decisório (***Decisão***), usando um gabarito para o nível ***Corporação*** do Sistema Financeiro de uma empresa Varejo.

Vale repetir que gabaritos similares devem ser usados para a Execução, para a Previsão, para o Controle e para os Procedimentos, segundo Políticas preestabelecidas, abrangendo todos os sistemas gerenciais (corporativos e operacionais) da empresa, grupo ou *holding*. No gabarito, estão também incluídos os atributos (quando aplicáveis) quantitativos, qualitativos, temporais, financeiros, geográficos e grau de satisfação.

A análise e a consolidação dos diversos gabaritos servirá como subsídio para o Processo de Planejamento Global da Empresa ou do Grupo, definindo, inclusive o perfil Profissional/Funcional dos Recursos Humanos, tanto do nível corporativo como do operacional.

Uma das vantagens no uso de matrizes é a identificação de duplicidades ou omissões nos sistemas gerenciais, no que se referem às decisões, às ações, às previsões, aos controles, às políticas e aos procedimentos.

	Acionista							Conselho							Nível Corporativo							Nível Operacional						
Decisão	**G**	**Qt**	**Ql**	**Tp**	**$**	**Lc**	**Sç**	**G**	**Qt**	**Ql**	**Tp**	**$**	**Lc**	**Sç**	**G**	**Qt**	**Ql**	**Tp**	**$**	**Lc**	**Sç**	**G**	**Qt**	**Ql**	**Tp**	**$**	**Lc**	**Sç**
Vendas																						x	x	x	x	x	x	x
Recolhimentos																						x	x		x	x	x	x
Empréstimos								x	x		x	x	x		x	x		x	x	x								
Aumento Capital	X	x		x	x	x		x	x		x	x	x		x	x		x	x	x								
Outros Recebim.																						x	x		x	x	x	x
Aplic./Receit. Financ.															x	x		x	x	x								
Dividendos	X	x		x	x	x		x	x		x	x	x		x	x		x	x	x								
Pagam./Receb. Fornecedores																						x	x		x	x	x	x
Aplic. Financeiras								x	x		x	x	x		x	x		x	x	x								
Salários																						x	x		x	x	x	x
ICM/ISS/Outros Impostos																						x	x		x	x	x	x
Investimentos								x	x		x	x	x		x	x		x	x	x								
Publicidade																						x	x		x	x	x	x
Aluguéis																						x	x		x	x	x	x
Desp. Financ./Empr.																						x	x		x	x	x	x
Outros Pagamentos																						x	x		x	x	x	x
Operação de Caixa																						x	x		x	x	x	x

G – geral   Qt – Quantidade   Ql – Qualidade   Tp – Tempo $ – Custo/Despesa   Lc – Local   Sç – Satisfação

Bibliografia

Ainsworth-Land, George. *New Rules for Growth and Change – Leader Manager*.

Ansoff, Igor. *Implanting Strategic Management*. Prentice-Hall International (UK) Ltd. 1990.

Bertalanffy, Ludwig Von. *Teoria Geral dos Sistemas*.

Buckley, Walter. *Sociology and the Modern Systems Theory*. Ed. Prentice-Hall (NJ) 1967.

Capra, Fritjof. *The Turning Point*, 1982.

__________. *The Tao of Physics*, 1983.

Cabott Lodge, George. *The New American Ideology*, 1977.

Chaves, Mario M. *Saúde & Sistemas*, 1978.

Etzioni, Amitai. *Complex Organizations, 1981*.

Forester, Jay. *Industrial Dynamics*.

Foster, Richard. *Innovation: The Attacker's Advantage*.

Kosik, Karel. *Dialética do Concreto*. Ed. Paz e Terra (RJ) 1976.

Lalonde, Jean Marc. *A New Perspective on the Health of Canadians*, 1978.

Machiavelli, Nicoló. *O Príncipe*.

Perrone, Renato G. *Monografias*.

Porter, Michael E. *Competitive Strategy*, 1980.

Peters, Thomas J. e Waterman Jr, Robert H. *In Search of Excellence*, 1982. – Harfer & Row, Publishers (NY).

Rokeach, Milton. *Beliefs Attitudes and Values: A Theory of Organization and Change*, 1968.

Terence E, Deal and Allen A. Kennedy. *Corporate Cultures*. Addison-Wesley Publishing Co. Inc. 1986.

Wiener, Norbert. *Cibernética*.

Yoneji Masuda. *The Information Society*.

Zaleznik, Abraham. *O Poder e a Mente Empresarial*.

DADOS TÉCNICOS
FORMATO: 16 X 23
MANCHA: 12 X 19
CORPO: 11
ENTRELINHA: 13
FONTE: TIMES NEW ROMAN
TOTAL DE PÁGINAS: 304

Impresso por:

Edil
Artes Gráficas

Tel/Fax: (21) 2159 7979
E-mail: edil@edil.com.br